Governança de Inteligência Decisória

Fundamentos e Disciplina para a Empresa Centrada em Decisões

Matias Rein

Primeira Edição - 2026

Dados Internacionais de Catalogação na Publicação (CIP)
(Câmara Brasileira do Livro, SP, Brasil)
Livia Dias Vaz - Bibliotecária - CRB-8/9638

Rein, Matias
Governança de inteligência decisória: fundamentos e disciplina para a empresa centrada em decisões / Matias Rein. -- São Paulo: Ed. do Autor, 2026.
330p

ISBN 978-65-02-08323-9

1. Administração 2. Aprendizagem de máquina 3. *Business intelligence* 4. Dados - Análise 5. Gestão 6. Governança 7. Inteligência artificial 8. Tecnologia 9. Tomada de decisão I. Título.

Índices para catálogo sistemático:
1. Tomada de decisões: Administração 658.403

Nota sobre o Uso de Inteligência Artificial

Ferramentas de inteligência artificial também foram utilizadas como apoio durante a elaboração desta obra. A estrutura editorial, a formulação do problema, a modelagem conceitual, a curadoria e o julgamento final quanto ao conteúdo foram conduzidos pelo autor. A IA serviu como apoio à pesquisa, organização, iteração e estruturação. O resultado é, portanto, uma obra de autoria humana, apoiada por assistência editorial e analítica ampliada por inteligência artificial.

Sumário

CAPÍTULO 3

CAPÍTULO 4

CAPÍTULO 5

CAPÍTULO 6

CAPÍTULO 7

CAPÍTULO 8

CAPÍTULO 9

CAPÍTULO 10

CAPÍTULO 11

CAPÍTULO 12

CAPÍTULO 13

CAPÍTULO 14

CAPÍTULO 15

CAPÍTULO 16

CAPÍTULO 17

APÊNDICES

PREFÁCIO

O pacto com o leitor

"A questão nunca foi apenas se tínhamos mais dados. Era se sabíamos a que estávamos comprometendo a organização quando decidíamos com base neles."
- O Autor

P.1 - Para quem este livro foi escrito

Há uma pergunta cada vez mais difícil de adiar. No fundo, ela não é apenas uma pergunta sobre dados, embora os dados façam parte dela. Também não é simplesmente uma pergunta sobre inteligência artificial, embora a IA tenha tornado o problema mais urgente. É, antes de tudo, uma pergunta sobre decisão: se as organizações aprenderam a governar dados, riscos, tecnologia e, cada vez mais, sistemas de IA, por que a governança do compromisso decisório ainda permanece periférica no debate de mercado justamente no ponto em que a capacidade analítica e algorítmica começa a produzir consequência organizacional?

Este livro foi escrito para leitores que já reconhecem a legitimidade dessa pergunta, ou que, ao acompanhar o argumento, passam a perceber que ela deveria ter sido formulada antes. Ele se dirige a executivos, lideranças decisórias, profissionais de governança, especialistas em riscos e conformidade, profissionais na área de dados e IA, pesquisadores, auditores, construtores de plataformas e formuladores institucionais que percebem que o problema decisivo já não é apenas produzir informação analítica, mas governar o ponto em que essa informação se converte em compromisso.

Os dados existem. As ferramentas se multiplicaram. A inteligência analítica e o uso de IA ganharam visibilidade prática e de mercado. Plataformas são cada vez mais descritas como centradas em decisões. Normas e regulações relacionadas à IA se tornaram mais densas. Ainda assim, um ponto permanece insuficientemente formalizado: o momento em que informação qualificada, julgamento analítico, avaliação de risco, contexto e contribuição algorítmica passam a sustentar uma decisão com consequência material sob responsabilidade identificável. É nesse ponto que esta obra localiza sua proposta: Governança da Inteligência Decisória (*Decision Intelligence Governance*) — DIG.

P.2 - A tese central

A tese central deste livro é que o próximo limiar organizacional depois da empresa orientada por dados é a empresa centrada em decisões, e que a Governança da Inteligência Decisória — DIG —, como subdisciplina emergente de governança no campo mais amplo da inteligência decisória, oferece a fundação disciplinar para tornar essa passagem governável.

Nas últimas décadas, as organizações aprenderam a tratar dados como ativos. A governança de dados deu a esse ativo uma linguagem disciplinada de qualidade, linhagem, ciclo de vida, responsabilização e curadoria. Esta obra sustenta que as decisões devem ser tratadas com seriedade comparável, não como subprodutos difusos da análise, mas como ativos organizacionais próprios: o ponto em que risco se materializa, julgamento é assumido e responsabilidade fiduciária se concentra.

Essa tese não rejeita a empresa orientada por dados. Ela parte dela. A maturidade orientada por dados foi necessária porque as organizações não poderiam se tornar analiticamente mais maduras sem tratar dados como ativos confiáveis, governados e reutilizáveis. O argumento desenvolvido aqui é que essa maturidade revela uma pergunta seguinte: se os dados são governados, se a análise produz informação útil e se sistemas de IA geram recomendações, o que governa o compromisso que converte esses insumos em consequência organizacional?

A empresa centrada em decisões nasce nesse ponto. Ela não é simplesmente uma organização com mais painéis, mais modelos ou mais automação. É uma organização que estrutura dados, análise, IA, processos, papéis e mecanismos de aprendizagem ao redor das decisões materiais por meio das quais valor, risco e responsabilidade se convertem em consequência.

P.3 - Da orientação por dados à centralidade decisória

A diferença entre uma organização orientada por dados e uma organização centrada em decisões não é apenas semântica. Ela marca uma mudança no que a empresa trata como unidade central de desenho, governança e aprendizagem. A organização orientada por dados pergunta como usar melhor os dados. A organização centrada em decisões pergunta quais decisões materiais importam, que evidências devem sustentá-las, quem responde por elas, como são assumidas, como podem ser auditadas e como a organização aprende com seus resultados.

Tabela P.1 - Empresa orientada por dados e empresa centrada em decisões

Empresa orientada por dados	Empresa centrada em decisões
Parte dos dados e da capacidade analítica.	Parte das decisões materiais e dos compromissos que elas criam.
Governa qualidade, linhagem, acesso, ciclo de vida e curadoria dos dados.	Governa suficiência da evidência, alternativas, responsabilidade, contexto e aprendizagem.
Pergunta: como podemos usar melhor os dados?	Pergunta: quais decisões importam e sob quais condições elas são justificáveis?
Mede painéis, modelos, fluxos de dados e alcance analítico.	Mede rastreabilidade, qualificação da evidência, atribuição de responsabilidade, comparabilidade e aprendizagem decisória.
Pode deixar o compromisso decisório como efeito posterior da análise.	Trata o compromisso como objeto organizacional governável.
Cria ativos de dados e informação analítica.	Cria capital decisório: compromissos governados, evidência qualificada, resultados comparáveis e recalibração.

O objetivo não é substituir a maturidade centrada em dados por outro slogan. É mostrar que o valor de dados, análise e IA se realiza no ponto da decisão. Uma organização pode ser rica em dados, equipada por modelos e intensiva em automação e, ainda assim, permanecer frágil na governança dos compromissos sustentados por essas capacidades. Nesse sentido, uma empresa só se torna verdadeiramente centrada em decisões quando a decisão deixa de ser um evento invisível ao final do fluxo e passa a ser um objeto identificável, atribuível e aprendível.

P.4 - A pilha de governança

A maturidade organizacional não é um movimento linear simples de mais dados para melhores resultados. Ela pode ser compreendida como a formação progressiva de camadas de governança, cada uma dirigida a um objeto distinto. Cada camada importa. Nenhuma elimina as demais. DIG opera no ponto em que as camadas anteriores convergem em compromisso decisório.

Pilha conceitual P.1 - A pilha de governança por trás de uma empresa centrada em decisões

Camada de aprendizagem	**Interpretação de resultados, reconstrução causal, recalibração e capital decisório.**
Camada decisória	Compromisso material sob responsabilidade identificável. Este é o espaço principal de DIG.
Camada de IA e modelos	Modelos, previsões, recomendações, assistentes, agentes e execução delegada.
Camada analítica	Informação útil, diagnóstico, previsão, prescrição, simulação e otimização.
Camada de dados	Dados governados como ativos organizacionais: qualidade, linhagem, metadados, acesso e curadoria.

A camada de dados governa os dados como ativos. A camada analítica governa a informação produzida pela interpretação. A camada de IA e modelos governa modelos, saídas, recomendações e comportamento dos sistemas. A camada decisória governa o compromisso por meio do qual evidência e julgamento se tornam obrigação organizacional. A camada de aprendizagem governa o que a organização aprende depois, quando resultados podem ser comparados com as expectativas e condições que sustentaram o compromisso original.

Essa pilha também esclarece por que DIG não deve ser confundido com disciplinas vizinhas. A governança de dados governa a camada de dados. A gestão de risco de modelos, a governança de IA e controles correlatos governam sistemas e modelos. A inteligência decisória organiza capacidades para melhorar decisões em escala. DMN ajuda a modelar decisões de negócio e regras de negócio. DIG governa o compromisso que utiliza essas estruturas, insumos e saídas como base para consequência material.

P.5 - O horizonte metodológico

Esta edição não apresenta DIG como uma metodologia finalizada. Ela estabelece o objeto disciplinar, os princípios, as fronteiras e as condições mínimas a partir dos quais uma futura metodologia de governança de decisões poderá ser desenvolvida. Essa distinção é essencial: um método que aparece antes de a disciplina esclarecer seu objeto corre o risco de se tornar um conjunto de ferramentas sem fundamento epistemológico.

DIG ocupa, portanto, uma posição deliberada. Ainda não é o método completo de implementação, mas é a fundação disciplinar sem a qual um método sério de governança de decisões não pode ser construído. O horizonte metodológico aberto pela disciplina pode ser resumido em algumas famílias de instrumentos futuros. Elas não são entregues aqui como artefatos fechados; são nomeadas para mostrar o que uma metodologia posterior teria de traduzir, testar e validar.

Tabela P.2 - Horizonte metodológico aberto por DIG

Família de instrumento futuro	Função em uma metodologia posterior baseada em DIG
Inventário de decisões	Identificar quais decisões materiais merecem governança explícita e classificá-las por materialidade, reversibilidade, dependência de IA, recorrência e partes afetadas.
Registro do compromisso decisório	Preservar o momento em que alternativas, evidência, responsabilidade, contexto e risco aceito convergem em compromisso material.
Qualificação da evidência	Tornar visíveis o tipo, a robustez, a adequação contextual e os limites conhecidos da base evidencial usada no compromisso.
Mapeamento da responsabilidade humano-IA	Distinguir o que o sistema informou, recomendou, sintetizou ou executou daquilo que uma autoridade humana ou organizacional assumiu como compromisso.

Ciclo de aprendizagem decisória	Reconectar resultado, expectativa, contexto e interpretação causal para que a experiência se torne capital decisório, e não apenas memória narrativa.
Lógica de maturidade	Avaliar com que consistência o núcleo mínimo de DIG é aplicado em diferentes contextos sem transformar a disciplina em burocracia.

Essas famílias de instrumentos são identificadas aqui uma única vez como horizonte metodológico natural da disciplina. Os capítulos seguintes só voltarão a elas quando acrescentarem uma função argumentativa nova. Estruturas futuras, avaliações, plataformas, trilhas de formação e aplicações setoriais deverão ser julgadas por sua capacidade de operacionalizar o núcleo mínimo sem distorcê-lo.

P.6 - A jornada organizacional

O movimento proposto neste livro pode ser lido como uma progressão de maturidade organizacional. Essa progressão não é um modelo universal de maturidade nem um instrumento validado de pontuação. É uma jornada conceitual que ajuda a situar DIG em relação ao caminho histórico que vai da consciência sobre dados à inteligência decisória em escala.

Tabela P.3 - Da capacidade orientada por dados à governança habilitada por DIG

Estágio	Centro de gravidade	Papel de DIG
Consciente dos dados	A organização reconhece o valor dos dados, mas ainda decide sobretudo por autoridade, hábito ou evidência fragmentada.	Mostra que o valor dos dados permanece incompleto se o compromisso não for governável.
Orientada por dados	Dados e análise são usados de forma sistemática para informar decisões.	Esclarece que informação analítica não é o mesmo que compromisso.
Consciente das decisões	A organização começa a identificar quais decisões são críticas e recorrentes o suficiente para merecer atenção explícita.	Introduz a necessidade de inventários de decisão e rigor proporcional.

Centrada em decisões	Decisões materiais tornam-se a unidade organizadora de desenho, governança e aprendizagem.	Formaliza compromisso, evidência, responsabilidade, contexto e aprendizagem como condições governáveis.
Com inteligência decisória	Inteligência decisória, IA, automação, orquestração e aprendizagem melhoram decisões em escala.	Governa o último trecho em que capacidade se converte em compromisso.
Habilitada por DIG	Compromissos decisórios são rastreáveis, qualificados por evidência, comparáveis, atribuíveis e aprendíveis.	Torna a centralidade decisória verificável, e não apenas declarada.

Essa jornada é útil porque evita colapso conceitual. Orientação por dados é uma orientação: usar dados para informar decisões. Centralidade decisória é uma arquitetura organizacional: tratar decisões materiais como unidade central de governança e aprendizagem. Inteligência decisória é o campo mais amplo de métodos, tecnologias e práticas para melhorar decisões. DIG é a subdisciplina emergente de governança que governa o compromisso produzido nesse ambiente.

P.7 - O que esta obra afirma

Esta é uma obra disciplinar. Ela não se apresenta como manual de plataforma, roteiro de consultoria ou método completo de implementação. Sua ambição é anterior a isso: delimitar um objeto, declarar princípios, organizar condições, distinguir fronteiras e criar a base conceitual a partir da qual instrumentos metodológicos futuros possam ser desenvolvidos.

A afirmação central é precisa. As principais referências de governança examinadas nesta obra, incluindo DAMA-DMBOK, COBIT 2019, ISO 31000, ISO/IEC 42001, EU AI Act, NIST AI RMF, orientações atuais de gestão de risco de modelos, DMN e tradições decisórias adjacentes, não formalizam plenamente, dentro de seus escopos públicos, a governança da qualidade epistemológica da evidência no ponto em que essa evidência se converte em compromisso decisório material. Cada uma governa legitimamente seu próprio objeto. O que permanece em aberto é outro problema: a conversão de insumos governados em compromisso atribuível.

O que esta obra não afirma é igualmente importante. Ela não sustenta que as organizações necessariamente decidem mal. Não afirma que resultados positivos sejam irrelevantes. Não sugere que os referenciais existentes falhem em seus próprios domínios. Não declara DIG como disciplina já plenamente consolidada. E não pretende entregar, neste volume, o método final de implementação, um regime completo de maturidade ou uma arquitetura acabada de software.

O problema examinado aqui não começou com a IA. Ele existiu sempre que dados, análise, risco e julgamento humano foram convertidos em compromisso organizacional. O que a IA fez foi intensificar a visibilidade, a velocidade, a escala e a sensibilidade dessa conversão.

Ao longo do livro, o termo fiduciário é usado principalmente em sentido organizacional e disciplinar, exceto quando a lei ou a regulação exigirem significado mais estrito. Ele designa o ponto em que o compromisso começa a concentrar deveres mais densos de justificação, responsabilidade atribuível, consequência material e possível prestação de contas posterior. Não deve ser lido como transposição automática de todos os sentidos jurídicos técnicos de dever fiduciário em todas as jurisdições.

P.8 - Autoria, fontes e verificabilidade

Uma obra com ambição disciplinar precisa ser explícita não apenas sobre o que afirma, mas também sobre a origem dessas afirmações. Por essa razão, este livro distingue cuidadosamente fundamentos verificados, formulações autorais, sinais de mercado e ecossistema, e proposições ainda dependentes de validação futura.

Primeiro, algumas afirmações se apoiam em fontes primárias, normativas ou academicamente consolidadas. É o caso de Herbert Simon, Daniel Kahneman, Judea Pearl, Ronald Howard, Howard Raiffa, Austin Bradford Hill, Gordon Guyatt, DAMA-DMBOK, COBIT 2019, ISO 31000, ISO/IEC 42001, NIST AI RMF, EU AI Act, DMN e orientações contemporâneas de gestão de risco de modelos. Nesses casos, esta obra não reivindica originalidade para o fundamento em si. Seu papel é interpretar, conectar e reposicionar essas contribuições em relação ao objeto examinado.

Segundo, algumas afirmações são formulações explicitamente autorais. Isso inclui a centralidade do compromisso decisório como objeto de governança, a articulação entre decisão, causalidade, hierarquia de evidência, responsabilidade fiduciária e capital decisório, e a proposta de DIG como subdisciplina emergente. Essas formulações não são apresentadas como verdades isoladas, mas como construções racionais abertas a crítica, refinamento e revisão.

Terceiro, algumas proposições dependem de validação empírica mais ampla. Sempre que o argumento se desloca da formalização conceitual para questões de institucionalização, maturidade, implementação, efeito organizacional mensurável ou metodologia futura, essa dependência é declarada de modo deliberado.

Por fim, materiais de mercado, sinais de ecossistema e referências de fornecedores são usados com cautela. Eles podem indicar relevância, reconhecimento de categoria, adoção ou visibilidade pública. Não constituem, por si só, o fundamento epistemológico da disciplina.

P.9 - Caminhos de leitura

Este livro foi desenhado para leitura completa. Ainda assim, leitores diferentes chegam com perguntas, responsabilidades e restrições diferentes. Executivos buscarão, em geral, justificação estratégica e linguagem adequada ao conselho. Líderes de dados, análise, IA e plataformas perguntarão como DIG complementa, e não substitui, o ambiente de governança existente. Profissionais de risco, conformidade, auditoria e controles perguntarão como o compromisso decisório se torna reconstruível. Pesquisadores perguntarão se o objeto é defensável, se o núcleo mínimo é suficiente e o que contaria como validação ou refutação.

Por essa razão, esta edição preserva, nos apêndices, caminhos de leitura por perfil. Esses caminhos não substituem o conjunto. Apenas reconhecem que uma obra disciplinar pode servir a leitores diferentes em sequências distintas sem perder sua coerência interna.

P.10 - Limitações desta edição

Esta é uma primeira edição. Como toda primeira edição de uma proposta disciplinar, ela possui limites que devem ser declarados sem evasão. A primeira limitação é empírica. A disciplina formulada aqui foi construída, neste volume, no plano conceitual e argumentativo. Seu objeto foi delimitado, suas fronteiras foram esclarecidas e suas condições mínimas foram organizadas. Isso não equivale a validação em larga escala entre setores, maturidades organizacionais e regimes regulatórios.

A segunda limitação diz respeito ao método. Este volume não entrega o método completo de implementação, um instrumento fechado de maturidade, uma estrutura operacional acabada ou uma arquitetura completa de produto. Essa contenção é intencional. O propósito do livro é formular a disciplina antes de tentar encerrar todas as suas possíveis traduções em método ou ferramenta.

A terceira limitação é temporal. Parte do contexto que torna esta obra contemporânea, especialmente em torno de IA, supervisão, gestão de risco de modelos, densidade regulatória e plataformas de inteligência decisória, ainda está em movimento. Edições futuras poderão exigir diálogo atualizado com normas, interpretações, práticas de mercado, jurisprudência e prática institucional.

A quarta limitação é bibliográfica. A revisão por trás desta obra foi ampla e deliberada, mas não pretende exaustividade final. Outras tradições, práticas setoriais ou formulações institucionais podem existir e tocar parte ou a totalidade do espaço que este livro busca formalizar.

Há também uma limitação institucional. Uma disciplina não se estabelece apenas porque foi bem argumentada em um livro. Ela se estabelece quando é testada, contestada, refinada, ensinada, adotada, auditada e tornada legível na prática profissional e acadêmica. No máximo, este livro pode participar do início desse processo.

Por essa razão, esta obra não pede adesão automática. Pede leitura rigorosa e contestação qualificada. Se pesquisas futuras, revisões mais amplas ou práticas institucionais demonstrarem que o espaço descrito aqui já é adequadamente ocupado por outra disciplina ou por combinações estáveis de referenciais existentes, a tese aqui avançada deverá ser revista. A abertura à revisão não é modéstia ornamental; é parte da honestidade metodológica que a própria proposta exige.

Em síntese, esta edição oferece uma proposta estruturada, mas não fechada; fundamentada, mas não concluída; explícita o suficiente para ser testada. Ela também oferece uma tese organizacional mais forte: o limite da empresa orientada por dados não está na ausência de dados, mas na ausência de governança sobre o compromisso que transforma dados em consequência. A empresa centrada em decisões é a resposta organizacional a esse limite. DIG é a subdisciplina de governança que torna essa resposta verificável.

CAPÍTULO 1

O paradoxo da abundância analítica

"A questão não é o que você olha, mas o que você vê."
- Henry David Thoreau, Diário, 5 de agosto de 1851

Mais dados, mais ferramentas analíticas, mais inteligência artificial - e ainda uma pergunta que o campo não respondeu com clareza formal equivalente: como governar e demonstrar a qualidade do processo que transforma informação em compromisso decisório material?

Esse é o paradoxo da abundância analítica. As organizações acumularam uma capacidade informacional e computacional sem precedentes. Investiram em plataformas de dados, painéis de indicadores, modelos preditivos, análise de autosserviço e, mais recentemente, inteligência artificial generativa e sistemas com maior autonomia operacional. Esses investimentos importam. Eles produziram eficiência, segmentação, visibilidade de risco, automação e acesso mais rápido à análise. Mas não criaram, por si mesmos, uma disciplina pública e padronizada para governar o momento em que a saída analítica se converte em compromisso organizacional.

O problema não é a falta de informação. Em muitos ambientes, há informação demais. O problema é que informação, por mais abundante que seja, não se transforma automaticamente em evidência; evidência, por mais sofisticada que pareça, não se transforma automaticamente em julgamento; e julgamento, por mais confiante que seja, não se transforma automaticamente em compromisso governado. A pergunta central deste capítulo, portanto, não é se as organizações se tornaram mais orientadas por dados. Muitas se tornaram. A pergunta é se a empresa orientada por dados chegou ao ponto em que precisa tornar-se uma empresa centrada em decisões para converter maturidade analítica em ação responsável, aprendível e justificável.

Este capítulo estabelece o primeiro passo do argumento do livro. Ele mostra por que o movimento orientado por dados foi necessário, por que continua insuficiente como horizonte organizacional final e por que a Governança da Inteligência Decisória — DIG —, definida mais adiante de forma precisa como subdisciplina emergente de governança dentro da inteligência decisória, começa a importar exatamente no ponto em que dados, análise, IA, risco, contexto e julgamento humano são convertidos em compromisso material sob responsabilidade identificável.

1.1 - O crescimento dos dados e a promessa da orientação por dados

A história recente da análise organizacional pode ser lida como uma sequência de respostas a um problema simples e crescente: mais dados exigem mais estrutura, mais ferramentas e mais capacidade interpretativa para se tornarem úteis. Em 2011, o McKinsey Global Institute descreveu *big data* como uma nova fronteira para inovação, competição e produtividade. Esse diagnóstico capturou uma intuição gerencial que se tornaria decisiva na década seguinte: dados já não eram apenas registros operacionais. Tornavam-se insumos estratégicos para criação de valor e competição.

Thomas H. Davenport já havia ajudado a consolidar uma ideia complementar em *Competing on Analytics*: a análise poderia tornar-se fonte durável de vantagem competitiva quando usada com disciplina, escala e intenção gerencial. Esse movimento deslocou a análise das margens do reporte para o centro da gestão. Também ajudou a criar a aspiração organizacional depois resumida pela expressão empresa orientada por dados.

A resposta técnica ocorreu em ondas sobrepostas. A primeira concentrou-se em infraestrutura: armazéns de dados, rotinas de extração e integração, estruturas OLAP e ambientes de inteligência de negócios construídos para responder à pergunta o que aconteceu. A segunda ampliou o acesso analítico por meio de análise de autosserviço, visualização interativa, ciência de dados e modelos de aprendizado de máquina, levando a organização a perguntas como por que aconteceu e o que pode acontecer. A terceira, acelerada pela IA generativa, tornou a interação com a informação mais conversacional e generativa: sistemas passaram a resumir, recomendar, redigir, classificar, simular e, em alguns casos, executar sequências de ação.

Cada onda resolveu uma limitação real deixada pela anterior. Os armazéns organizaram dados dispersos. A inteligência de negócios tornou esses dados visíveis. Os modelos preditivos tornaram a análise antecipatória. A IA generativa tornou a informação mais fácil de interrogar e traduzir em propostas de ação. Evidências recentes de pesquisa mostram que o uso de IA se tornou amplo em funções de negócio, embora muitas organizações ainda permaneçam em fases de experimentação ou piloto, e não em escala empresarial plena. Esse padrão confirma uma tensão central: a capacidade se dissemina mais rapidamente do que a governança dos compromissos que essa capacidade ajuda a produzir.

A promessa da orientação por dados, portanto, não foi falsa. Foi incompleta. A maturidade orientada por dados tornou as organizações mais capazes de ver, analisar, prever e recomendar. O que ela não resolveu foi a governança do compromisso que se segue ao que foi visto, analisado, previsto e recomendado.

Tabela 1.1 - Da promessa orientada por dados à pergunta centrada em decisões

Avanço da orientação por dados	Pergunta centrada em decisões que permanece
Mais dados disponíveis	Quais decisões materiais esses dados devem sustentar?
Melhor qualidade e rastreabilidade dos dados	A evidência resultante é suficiente para este compromisso?
Mais painéis e indicadores	Que compromisso foi assumido a partir do que foi apresentado?
Mais modelos preditivos e prescritivos	Quem aceitou, modificou ou rejeitou a recomendação?

Mais saídas produzidas por IA	Qual foi o papel da saída da IA no compromisso final?
Mais acompanhamento de resultados	A organização consegue separar o que veio da decisão do que veio do contexto?

1.2 - Abundância não governa compromisso

A abundância analítica cria visibilidade, mas visibilidade não é o mesmo que governabilidade. Um painel de indicadores pode apresentar números limpos. Um modelo preditivo pode entregar uma probabilidade. Um sistema de IA generativa pode formular uma recomendação aparentemente coerente. Em cada caso, o decisor recebe um sinal estruturado. Mas o sinal não governa a si mesmo e não explica como deve ser convertido em compromisso.

Essa distinção é o primeiro ponto em que a passagem da orientação por dados para a centralidade decisória se torna necessária. Uma organização orientada por dados pergunta como usar melhor os dados. Uma organização centrada em decisões pergunta quais decisões materiais importam, que evidências devem sustentá-las, quem responde por elas, como são assumidas, como são auditadas e como a organização aprende com elas. Os dados continuam indispensáveis. Eles apenas deixam de ocupar sozinhos o centro da arquitetura.

Uma empresa centrada em decisões, no sentido adotado neste livro, é uma organização que estrutura dados, análise, IA, processos, papéis e mecanismos de aprendizagem em torno das decisões materiais por meio das quais valor, risco e responsabilidade se tornam consequência organizacional. Essa definição não é um slogan. Ela identifica uma mudança de objeto. A decisão - mais precisamente, o compromisso decisório material - torna-se a unidade em torno da qual a governança deve ser organizada.

Isso não significa que DIG já seja uma metodologia acabada de governança de decisões. Neste ponto da obra, DIG deve ser lida como a fundação disciplinar a partir da qual tal metodologia poderá ser desenvolvida posteriormente. O objeto precisa ser estabilizado antes que instrumentos, modelos de maturidade, rotinas operacionais ou arquiteturas tecnológicas possam ser avaliados com coerência.

Essa passagem pode ser descrita como uma sequência simples: dados governados alimentam a camada analítica; análises e modelos produzem informação útil, previsão, recomendação ou síntese; esses *outputs* entram na camada decisória; e somente ali podem se converter em compromisso material sob responsabilidade identificável. A camada de aprendizagem vem depois, quando a organização reconecta resultado, expectativa, contexto e base evidencial original.

Conceito-chave: A abundância analítica só se torna governável quando a organização consegue demonstrar como informações, modelos e recomendações foram convertidos em compromisso material sob responsabilidade identificável.

1.3 - Resultados e processo decisório

A distinção entre resultado e processo é fundacional para este livro. Um resultado organizacional é aquilo que aparece depois que uma decisão foi tomada e executada: a receita sobe, um lançamento ocorre no prazo, um risco se materializa ou não, uma meta é atingida ou perdida. Resultados são observáveis, mensuráveis e corretamente centrais para a responsabilidade gerencial.

A qualidade do processo decisório é outra coisa. Ela diz respeito às condições em que o compromisso foi formado antes que o resultado fosse conhecido. A base evidencial foi qualificada? Alternativas reais foram examinadas? Os limites das premissas foram reconhecidos? A influência de painéis, modelos ou recomendações de IA foi documentada? O compromisso pode ser reconstruído por um conselho, regulador, auditor ou futura equipe decisória?

A prática organizacional frequentemente confunde essas dimensões. Quando o resultado é favorável, questionar o processo pode parecer desnecessário. Quando o resultado é adverso, revisar o processo parece óbvio. Mas essa assimetria produz uma ilusão perigosa: a de que um bom resultado valida o processo que o gerou, e a de que um resultado ruim prova que o processo foi fraco.

Herbert Simon mostrou que os decisores operam sob racionalidade limitada. Eles não conseguem identificar todas as alternativas possíveis, processar todas as informações disponíveis nem calcular exaustivamente todas as consequências. Daniel Kahneman mostrou depois como distorções cognitivas previsíveis afetam o julgamento sob incerteza. A implicação para a governança é direta: se a racionalidade é limitada e os vieses são sistemáticos, a qualidade do processo por meio do qual esses limites são tratados importa tanto quanto o resultado produzido - e, para fins de governança, às vezes mais.

Um processo sólido pode levar a um resultado desfavorável em condições adversas. Um processo frágil pode coincidir com sucesso. Confundir uma coisa com a outra compromete tanto a responsabilidade quanto a aprendizagem.

Tabela 1.2 - Avaliação de resultado e governança do compromisso

Objeto avaliado	Pergunta típica	Implicação para DIG
Resultado	O que aconteceu depois que a decisão foi executada?	Necessário para avaliar desempenho, mas insuficiente para governar a decisão.
Processo analítico	Quais dados, modelos, premissas e análises informaram a decisão?	Necessário para entender os insumos, mas insuficiente para identificar o compromisso.
Compromisso decisório material	O que foi assumido, por quem, entre quais alternativas e com qual evidência qualificada?	Objeto central que DIG propõe governar.
Aprendizagem decisória	O que pode ser aprendido comparando expectativa, resultado, contexto e compromissos semelhantes?	Base para o acúmulo de capital decisório.

Considere uma varejista que expande sua operação para uma nova região e supera a meta de receita do primeiro ano. O resultado é celebrado. Ainda assim, o sucesso não informa se os dados de mercado já estavam defasados, se as premissas de demanda foram transplantadas de uma região pouco comparável, se um concorrente adiou sua entrada por acaso ou se a decisão permaneceria sólida em circunstâncias semelhantes. O resultado favorável não responde a nenhuma dessas perguntas de governança.

Considere agora uma empresa farmacêutica decidindo se deve avançar um de dois compostos para a próxima fase de desenvolvimento. O composto A é selecionado e depois falha. A pergunta relevante para governança não é apenas se a escolha foi errada. É se a decisão foi tomada com base em evidência cuja qualidade, limites e perfil de risco eram conhecidos e registrados. Se o comitê sabia que a evidência era frágil e, ainda assim, avançou com reconhecimento explícito dessa fragilidade, o processo tinha qualidade governável mesmo com resultado adverso. Se a limitação era desconhecida, ignorada ou não registrada, o processo permaneceu opaco.

Conceito-chave: Resultados e processo são objetos distintos de avaliação. Medir resultados é necessário; medir a qualidade do processo que os produziu é o que torna possível aprendizagem disciplinada e governança verificável.

1.4 - Os limites dos bons resultados

A objeção mais imediata a esse argumento é também a mais comum: nossos resultados são bons; portanto, decidimos bem. A intuição é compreensível. A inferência é mais fraca do que parece.

Um voo comercial pousa em segurança. Esse fato, por si só, não prova que o protocolo de manutenção foi rigorosamente seguido. Prova apenas que o resultado foi favorável. O protocolo pode ter sido integralmente observado, parcialmente observado ou violado sem que a falha se materializasse naquela ocasião específica. Segurança do resultado e integridade do processo são relacionadas, mas não idênticas.

Em setores de alta consequência, seria inaceitável esperar o desastre para verificar se o processo era robusto. A confiança depende não apenas de um resultado favorável, mas da verificabilidade do processo que o antecedeu. A mesma lógica se aplica às decisões organizacionais. Um investimento lucrativo não prova que a base evidencial era sólida, que as alternativas foram genuinamente comparadas ou que o risco foi ponderado de modo proporcional. Prova apenas que o resultado foi favorável.

A medicina oferece um precedente útil. A abordagem GRADE formalizou a classificação da qualidade da evidência e da força das recomendações. Um clínico operando nessa lógica não justificaria uma recomendação apenas dizendo que o último paciente melhorou. A justificativa depende da natureza e da qualidade da evidência disponível. A analogia não deve ser exagerada: decisões organizacionais não são decisões clínicas. Mas a lição epistemológica se desloca bem. Uma recomendação ou compromisso se torna mais responsável quando a força e os limites de sua base evidencial estão explícitos.

Para DIG, o horizonte metodológico decorre desse ponto. A futura metodologia não existirá para garantir bons resultados. Existirá para tornar as condições do compromisso explícitas o bastante para que resultados possam ser interpretados, falhas possam ser localizadas e decisões futuras possam ser recalibradas. Essa é a diferença entre um relatório de desempenho e a governança da decisão.

1.5 - A pergunta em aberto

O campo de dados e análise produziu respostas sofisticadas para muitas perguntas importantes. Como armazenar dados em escala? Armazéns, lagos e arquiteturas híbridas ofereceram respostas amplas. Como visualizar informações? Plataformas de inteligência de negócios amadureceram essa resposta. Como antecipar padrões? Modelos estatísticos e aprendizado de máquina expandiram a capacidade preditiva. Como gerar texto, código, imagens ou recomendações a partir de comandos? A IA generativa introduziu uma nova classe de capacidade.

Mas uma pergunta ainda não foi respondida com rigor formal equivalente: como medir e demonstrar a qualidade do processo quando uma organização converte dados, análise, avaliação de risco, contexto e saída de IA em compromisso decisório material?

As referências existentes governam seus próprios objetos. O DAMA-DMBOK formaliza a gestão e a governança de dados em escala disciplinar. COBIT formaliza a governança e a gestão da informação e da tecnologia empresarial. A ISO 31000 estrutura a gestão de riscos. A ISO/IEC 42001 formaliza um sistema de gestão de IA. O EU AI Act e o NIST AI RMF reforçam supervisão, responsabilidade e uso responsável de sistemas de IA. Essas estruturas não são concorrentes fracas. São referências fortes dentro de seus próprios escopos.

O ponto não resolvido é mais específico. Dados podem ser governados. Modelos podem ser governados. Tecnologia pode ser governada. Riscos podem ser avaliados. Supervisão humana pode ser exigida. Ainda assim, o momento em que esses insumos governados são convertidos em um compromisso concreto com consequência material pode permanecer subformalizado. Essa é a lacuna disciplinar examinada por este livro.

A linguagem pública do mercado também confirma que a decisão se tornou um eixo organizador central. A Gartner descreve plataformas de inteligência decisória como softwares usados para criar soluções centradas em decisões que apoiam, ampliam e automatizam decisões humanas ou de máquinas por meio de dados, análise, conhecimento e IA. Esse é um sinal importante de movimento do mercado. Mas uma categoria de mercado, ainda que útil, não resolve por si só a pergunta disciplinar: sob quais condições um compromisso concreto é justificável, rastreável, atribuível e aprendível?

Essa distinção protege o argumento contra excesso de pretensão. DIG não afirma que as organizações não decidem, que plataformas não ajudam ou que as estruturas existentes de governança sejam irrelevantes. Afirma algo mais estreito: no escopo público revisado para esta obra, o campo ainda carece de uma disciplina de governança amplamente padronizada e centrada especificamente no compromisso decisório material como objeto próprio.

1.6 - Da orientação por dados à centralidade decisória: a primeira tradução operacional

A passagem da orientação por dados para a centralidade decisória não deve ser tratada como exercício de marca. Ela é uma tradução operacional do argumento. A empresa orientada por dados construiu catálogos, fluxos, linhagem, responsabilidades, controles de qualidade, plataformas de dados, capacidades analíticas e fóruns de governança. A empresa centrada em decisões requer construções análogas, mas organizadas em torno de outro objeto: a decisão material.

Essa analogia é útil porque impede que o argumento permaneça abstrato. Ela mostra que a centralidade decisória pode ser operacionalizada sem fingir, neste estágio, que a metodologia completa já esteja pronta. Assim como a governança de dados exigiu linguagem comum, papéis definidos, ativos estruturados e rotinas de gestão, a governança de decisões exigirá tratamento comparável para decisões.

Analogia operacional: A analogia com a governança de dados pode ser afirmada sem transformar o capítulo em manual. Assim como organizações orientadas por dados criaram inventários, catálogos, linhagem, controles de qualidade e responsáveis por dados, organizações centradas em decisões precisarão, em algum momento, de inventários de decisões, visibilidade decisória, rastreabilidade do compromisso, qualificação da evidência e responsabilidade decisória. A analogia mostra que DIG não rejeita a governança de dados; ele a estende até o ponto em que dados governados se convertem em compromisso governado.

A analogia tem limites. Decisões não são objetos de dados. Elas são compromissos que envolvem julgamento, responsabilidade, risco e consequência. Mas a analogia cumpre uma função importante: mostra que a centralidade decisória não é apenas uma atitude. Ela requer artefatos, papéis, registros e mecanismos de aprendizagem.

Uma organização centrada em decisões, portanto, não pergunta apenas se seus dados são confiáveis. Pergunta se o compromisso que usou esses dados era reconstruível, proporcional, consciente da evidência, atribuível e capaz de gerar aprendizagem posterior. Esse é o início prático de DIG.

1.7 - O horizonte metodológico

O argumento deste capítulo aponta para uma futura metodologia, mas não reduz a disciplina a essa metodologia. Uma metodologia só pode ser séria se operacionalizar um objeto disciplinado. Aqui, esse objeto é o compromisso decisório material, e a tarefa imediata é mostrar por que ele requer governança.

Por essa razão, o horizonte metodológico deve ser lido como uma primeira abertura conceitual, não como uma estrutura acabada. Ele introduz os tipos de instrumentos que uma futura metodologia baseada em DIG poderá exigir, deixando seu desenvolvimento completo para capítulos posteriores e para trabalho metodológico futuro.

A implicação metodológica é mais exigente do que a ideia de estrutura inicial pode sugerir. Uma futura metodologia baseada em DIG não será apenas um conjunto de formulários anexado às governanças existentes. Ela precisará operacionalizar as cinco condições mínimas já antecipadas nesta obra - rastreabilidade do compromisso, qualificação da evidência, separação entre decisão e contexto, comparabilidade e atribuição de responsabilidade - em um regime proporcional à materialidade, à reversibilidade e à dependência de IA. Sem essa tradução, a subdisciplina permaneceria conceitualmente forte, mas organizacionalmente inerte. Com ela, poderá se converter em método prático de governança de decisões, sem se reduzir a uma lista de verificação.

Por isso, o horizonte apresentado aqui não é prematuro. Ele indica que o livro não está apenas nomeando uma lacuna; está também estabelecendo o padrão pelo qual uma futura metodologia deverá ser julgada. A metodologia ainda pertence ao trabalho posterior, mas o critério para avaliá-la começa neste ponto: ela só será coerente com DIG se conseguir tornar compromissos decisórios rastreáveis, evidencialmente qualificados, responsáveis, comparáveis e capazes de gerar aprendizagem.

Horizonte metodológico: Neste estágio inicial, a tradução metodológica futura só pode ser indicada em linhas gerais. Um método coerente baseado em DIG precisará identificar decisões materiais, classificá-las por materialidade, reversibilidade e dependência de IA, registrar o compromisso, qualificar a evidência, atribuir responsabilidade e reconectar resultados ao aprendizado futuro. Esses instrumentos pertencem a um desenvolvimento posterior; o que este capítulo estabelece é por que eles se tornam necessários.

Nota crítica: DIG não é apresentado neste livro como metodologia acabada. É apresentado como a fundação disciplinar a partir da qual uma metodologia poderá ser construída, testada, refinada e institucionalizada no futuro.

1.8 - Onde está a lacuna

Este capítulo percorreu um arco que começa na abundância e termina em uma ausência mais precisa. A abundância é real: mais dados, mais ferramentas, mais modelos, mais capacidade computacional e mais interação habilitada por IA. As organizações responderam ao crescimento informacional com sofisticação técnica crescente. Plataformas de dados amadureceram. Modelos preditivos tornaram-se operacionais. A IA generativa deixou de ser novidade e passou a ser instrumento de trabalho.

A ausência é menos visível, mas não menos consequente. O campo que governa dados ainda não formalizou plenamente, em forma pública padronizada, o ponto em que dados se tornam premissas para compromisso material. O campo que governa sistemas de IA ainda não formalizou, com clareza equivalente, o compromisso que usa esses sistemas como evidência. O campo que governa riscos ajuda a estruturar a incerteza, mas não esgota a decisão que aceita, mitiga, transfere ou recusa esse risco. Cada domínio governa competentemente seu próprio objeto. O objeto que permanece entre eles é a decisão como compromisso governável.

A distinção entre resultado e processo é a fundação conceitual dessa proposta. Se a qualidade do processo pudesse ser inferida diretamente dos resultados, a governança seria desnecessária; bastaria esperar para ver. Mas racionalidade limitada, vieses, instabilidade contextual e o papel crescente da IA em recomendação e execução tornam essa inferência fraca demais. Resultados são ruidosos. Compromissos, por outro lado, podem tornar-se rastreáveis, conscientes da evidência, atribuíveis, comparáveis e aprendíveis.

Outros campos já reconheceram lógica análoga. A medicina formalizou formas de classificar a qualidade da evidência. A aviação formalizou a verificação preventiva dos processos que sustentam a segurança. A governança de dados formalizou critérios para tratar dados como ativos administrados com responsabilidade. Em cada caso, a disciplina não surgiu porque os resultados eram sempre ruins. Surgiu porque resultados favoráveis, sozinhos, não eram evidência suficiente de que o processo subjacente era robusto.

A lacuna, portanto, não está apenas nas organizações individuais. Está no campo disciplinar, que ainda não produziu, formalizou e padronizou em escala suficiente os instrumentos que permitiriam às organizações demonstrar a qualidade de seus compromissos decisórios com rigor comparável ao já aplicado à qualidade dos dados e, progressivamente, à governança de IA e de modelos.

É a partir daqui que o livro prossegue. O próximo capítulo acompanha a evolução histórica dos sistemas de apoio à decisão até a inteligência decisória e mostra por que essa evolução, embora importante, ainda não chegou ao seu ponto final. O campo avançou dos dados para a análise, da análise para a recomendação e da recomendação para arquiteturas centradas em decisões. O que ainda permanece é a governança do compromisso em si.

Pontos para reflexão

1. Se sua organização fosse auditada não pelos resultados de suas decisões, mas pela qualidade do processo que as produziu, o que essa auditoria encontraria?
2. Na prática, o que separa dados de alta qualidade de decisões de alta qualidade - e qual mecanismo realiza essa travessia dentro da sua organização?
3. Se sua organização se descreve como orientada por dados, ela também consegue identificar as decisões materiais em torno das quais dados, análise, IA, responsabilidade e aprendizagem estão organizados?
4. Se uma futura metodologia para governar decisões estivesse disponível, de qual componente sua organização precisaria primeiro: inventário de decisões, registro da decisão, matriz de evidência, mapa de responsabilidade humano-IA ou ciclo de aprendizagem?

Leituras sugeridas

Referências fundacionais e conceituais

DAVENPORT, Thomas H. "*Competing on Analytics.*" Harvard Business Review, v. 84, n. 1, jan. 2006. Artigo seminal para consolidar a gestão orientada por análise e abrir a pergunta deste capítulo: se a análise pode ser fonte de vantagem, quem governa a qualidade dos compromissos que ela informa?

KAHNEMAN, Daniel. Thinking, Fast and Slow. New York: Farrar, Straus and Giroux, 2011. Obra central para compreender heurísticas, vieses e limites do julgamento, que tornam indispensável a distinção entre resultado e processo.

SIMON, Herbert A. Models of Man, Social and Rational: Mathematical Essays on Rational Human Behavior in a Social Setting. New York: John Wiley & Sons, 1957. Referência clássica sobre racionalidade limitada e leitura essencial para compreender por que a qualidade do processo deve ser tratada como variável central, não periférica.

DAMA INTERNATIONAL. DAMA-DMBOK: Data Management Body of Knowledge. 2nd ed. Bradley Beach: Technics Publications, 2017; DAMA-DMBOK 2.0 Revised Edition, 2024. Corpo de conhecimento que formalizou, em escala disciplinar, princípios, funções e práticas de gestão de dados. É referência importante para pensar o que uma futura disciplina de governança de decisões poderá requerer.

GUYATT, Gordon H. et al. "GRADE: an emerging consensus on rating quality of evidence and strength of recommendations." BMJ, v. 336, n. 7650, p. 924-926, 2008. Sistema que formalizou a classificação da qualidade da evidência na medicina e cuja lógica de hierarquia epistemológica informa, com adaptações necessárias, a abordagem aqui proposta para decisões organizacionais.

Sinais de mercado e ecossistema

MCKINSEY GLOBAL INSTITUTE. Big Data: The Next Frontier for Innovation, Competition, and Productivity. 2011. Usado aqui como fonte histórica de contexto de mercado sobre o crescimento de dados e capacidades analíticas, não como evidência disciplinar suficiente em si.

MCKINSEY & COMPANY. The State of AI: Global Survey 2025. 2025. Usado aqui como sinal contextual da ampliação do uso de IA e da dificuldade persistente de escalar IA para valor empresarial, não como base disciplinar suficiente em si.

GARTNER. Decision Intelligence Platforms Reviews and Ratings. 2026. Usado aqui como sinal público de mercado de que soluções centradas em decisões se tornaram reconhecíveis, não como fundamento disciplinar primário para DIG.

CAPÍTULO 2

A evolução que ainda não chegou ao fim

Dos sistemas de apoio à decisão à inteligência decisória - e a camada de governança que ainda precisa ser formalizada.

"Meça o que é mensurável e torne mensurável o que ainda não o é."

- Frase comumente atribuída a Galileu Galilei; a atribuição é incerta. Mantida aqui pelo princípio que expressa, não como certeza documental.

O capítulo anterior examinou o paradoxo da abundância analítica: mais dados, mais ferramentas, mais inteligência artificial e, ainda assim, ausência de uma disciplina amplamente padronizada para governar a qualidade do processo que converte saídas analíticas em compromisso decisório material.

Este capítulo acompanha a trajetória que levou o campo até esse ponto. Ele parte das primeiras gerações de sistemas de apoio à decisão e inteligência de negócios, passa pela análise preditiva, pela análise prescritiva, pela IA generativa, pelas plataformas de inteligência decisória e pelos padrões emergentes centrados em decisões. O movimento é real e relevante. Cada estágio ampliou o que as organizações podiam ver, explicar, antecipar, recomendar ou automatizar.

A tese central deste capítulo é que essa evolução ainda não chegou ao fim. O campo se aproximou progressivamente da ação, mas quanto mais os sistemas analíticos e algorítmicos se aproximam da ação, mais visível se torna a pergunta de governança ainda não resolvida: em que condições uma recomendação, previsão, saída de modelo ou justificativa gerada por sistema é convertida em compromisso organizacional pelo qual alguém pode responder?

É também nessa pergunta que a transição organizacional se torna mais clara. A empresa orientada por dados foi uma conquista necessária. Ela tornou os dados visíveis, reutilizáveis, governados e estrategicamente relevantes. Mas o próximo limiar organizacional é a empresa centrada em decisões: aquela que estrutura dados, análise, IA, papéis, processos e aprendizagem ao redor de decisões materiais. A inteligência decisória amplia as capacidades para essa transição. A Governança da Inteligência Decisória - DIG - propõe a fundação disciplinar para tornar governável o compromisso resultante.

Este capítulo, portanto, cumpre duas funções. Primeiro, reconstrói a evolução dos sistemas de apoio à decisão até a inteligência decisória. Segundo, mostra por que essa evolução aponta para uma futura metodologia de governança de decisões sem afirmar, nesta obra, que DIG já seja um método acabado. A disciplina vem primeiro; o método futuro deverá ser julgado pela fidelidade com que operacionaliza essa disciplina.

2.1 - Do apoio à decisão à inteligência decisória

A evolução da análise organizacional pode ser lida como uma sequência de tentativas de reduzir a incerteza em torno da ação. Os primeiros sistemas de apoio à decisão foram concebidos para ajudar gestores a estruturar informações, comparar alternativas e melhorar o julgamento sob restrição. Eles não substituíam a responsabilidade gerencial. Buscavam apoiá-la.

A inteligência de negócios deu depois às organizações uma linguagem mais sistemática para visibilidade. Relatórios, indicadores, painéis, armazéns de dados e estruturas multidimensionais respondiam a uma pergunta muitas vezes mais difícil do que parecia: o que aconteceu? Essa camada descritiva foi decisiva porque organizações não governam aquilo que não conseguem primeiro enxergar com alguma consistência.

A análise diagnóstica levou o campo além da visibilidade e o aproximou da explicação. Passou a perguntar por que o desempenho se moveu, quais fatores pareciam relevantes, quais segmentos se comportavam de modo diferente e quais variáveis pareciam associadas à mudança. A análise preditiva deslocou o horizonte temporal, perguntando o que pode acontecer. Modelos estatísticos, aprendizado de máquina e rotinas de previsão deram às organizações visões probabilísticas sobre demanda, evasão, inadimplência, falhas, perdas, rotatividade e oportunidades.

A análise prescritiva aproximou-se ainda mais da ação. Otimização, simulação, mecanismos de recomendação, regras e serviços de decisão começaram a sugerir o que deveria ser feito. Mais recentemente, a IA generativa e os sistemas com maior autonomia operacional comprimiram ainda mais o intervalo entre análise e proposta de ação. Eles resumem, redigem, classificam, recomendam e, em alguns casos, executam sequências dentro de limites autorizados.

A inteligência decisória surgiu porque a análise prescritiva era estreita demais para descrever aquilo que as organizações passaram a tentar fazer. O objeto relevante já não era apenas o relatório, o modelo, a previsão ou a recomendação. Era a decisão como ponto organizador em torno do qual dados, análise, IA, conhecimento, contexto e ação precisavam ser conectados.

Tabela 2.1 - Evolução analítica e a pergunta de governança que permanece

Estágio evolutivo	**Capacidade dominante**	**Pergunta de governança ainda aberta**
Sistemas de apoio à decisão	Estruturam informações e alternativas para apoiar o julgamento gerencial.	Quando o julgamento apoiado se torna compromisso material?
Inteligência de negócios / análise descritiva	Torna o desempenho passado e atual visível por meio de relatórios, indicadores e painéis.	Que decisão foi efetivamente assumida em função do que se tornou visível?
Análise diagnóstica	Busca relações, fatores explicativos e hipóteses de causa.	Correlações foram tratadas como fundamento causal para compromisso?
Análise preditiva	Projeta futuros possíveis por meio de estatística e aprendizado de máquina.	Como a incerteza foi ponderada antes da assunção do compromisso?
Análise prescritiva	Recomenda ações por meio de otimização, regras, simulação e serviços de decisão.	Quem aceitou, modificou ou rejeitou a recomendação - e com base em que evidência?

IA generativa e sistemas autônomos	Produzem justificativas sintetizadas, recomendações, código, conteúdo ou sequências delegadas de ação.	Onde termina a saída do sistema e onde começa o compromisso decisório atribuível?
Inteligência decisória	Conecta dados, análise, conhecimento, IA e ação ao redor de decisões em escala.	Que disciplina governa o compromisso concreto produzido nesse ambiente centrado em decisões?

Conceito-chave: O campo não deixou de evoluir. Ele evoluiu em direção à decisão. O problema remanescente é que a governança ainda não formalizou a camada do compromisso com a mesma clareza.

2.2 - O que cada estágio resolveu - e o que deixou em aberto

Cada estágio da evolução resolveu um problema real. A análise descritiva enfrentou a opacidade. A análise diagnóstica enfrentou a variação sem explicação. A análise preditiva enfrentou a incerteza temporal. A análise prescritiva enfrentou a distância entre análise e ação recomendada. Sistemas generativos e mais autônomos enfrentam hoje a velocidade, a escala e a acessibilidade linguística do trabalho analítico.

Mas cada estágio também deixou uma fronteira. Visibilidade não é explicação. Explicação não é previsão. Previsão não é prescrição. Prescrição não é compromisso. Justificativa gerada por sistema não é governança. Execução por sistema não é, por si só, responsabilidade fiduciária.

Essa sequência importa porque a linguagem organizacional frequentemente colapsa essas distinções. Um painel é tratado como se tivesse explicado o problema. Um modelo é tratado como se tivesse justificado a ação. Uma recomendação é tratada como se já tivesse decidido. Uma justificativa gerada é tratada como se tivesse reconstruído o processo. Quanto mais sofisticada se torna a saída, mais fácil é confundir completude analítica com governabilidade decisória.

A obra de Judea Pearl sobre causalidade é importante aqui porque torna uma fronteira especialmente clara: uma relação observada não é necessariamente uma base causal para ação. A força preditiva pode ser praticamente útil, mas não estabelece automaticamente por que um resultado ocorre nem se uma intervenção específica produzirá o efeito desejado. A aprendizagem decisória exige mais do que boa previsão; exige algum modo de reconectar compromisso, contexto, resultado e interpretação causal.

Os padrões de modelagem de decisões também pertencem a esse cenário. A Decision Model and Notation, da Object Management Group, oferece uma linguagem e notação para especificar com precisão decisões de negócio e regras de negócio. Seu valor é real: ajuda a modelar requisitos decisórios, regras, tabelas de decisão e lógicas decisórias em formas compreensíveis e implementáveis. Mas modelar uma decisão e governar o compromisso que usa evidência, julgamento, risco e responsabilidade são objetos diferentes. A notação pode ajudar a representar e automatizar a lógica decisória. DIG trata da governança fiduciária do compromisso material.

Capacidade e compromisso: Relatórios, painéis, análises diagnósticas, previsões, recomendações e saídas geradas oferecem formas legítimas de capacidade. Eles podem revelar, explicar, prever, sugerir ou sintetizar. O que não resolvem sozinhos é se a organização possuía evidência qualificada, responsabilidade clara, alternativas visíveis e condições de aprendizagem suficientes para tratar o compromisso resultante como governado.

2.3 - A emergência da inteligência decisória

A inteligência decisória apareceu no ponto em que as organizações precisavam de um campo mais amplo que a análise de dados, mas mais focado que a gestão genérica. A pergunta deixou de ser apenas como analisar dados e passou a ser como conectar dados, modelos, contexto, julgamento humano, tecnologia e resultados ao redor de decisões.

Cassie Kozyrkov ajudou a popularizar essa mudança ao apresentar a inteligência decisória como um campo que combina ciência de dados aplicada, ciências sociais e raciocínio gerencial para melhorar a tomada de decisão. Lorien Pratt e N. E. Malcolm, em The Decision Intelligence Handbook, desenvolveram o campo em linguagem prática, conectando decisões a ações, resultados, evidências e desenho de sistemas.

O mercado também se moveu. A Gartner descreve plataformas de inteligência decisória como softwares para criar soluções centradas em decisões que apoiam, ampliam e automatizam decisões humanas ou de máquinas por meio da combinação de dados, análise, conhecimento e IA. A Gartner também enfatiza modelagem de decisões, orquestração, monitoramento, governança da qualidade decisória e aprendizagem a partir de ações e resultados. Essa categoria pública importa porque mostra que arquiteturas centradas em decisões passaram da linguagem conceitual para o reconhecimento de mercado.

O OpenDI aponta na mesma direção. Ele apresenta a inteligência decisória como uma abordagem centrada em decisões que liga tecnologia e dados a ações e resultados, apoiada por padrões compartilhados e interoperabilidade. Isso é um sinal relevante de ecossistema: o campo busca linguagem comum e estruturas reutilizáveis ao redor de decisões, e não apenas ferramentas isoladas.

Esses desenvolvimentos fortalecem a relevância deste livro, mas não encerram seu argumento. Categorias de mercado, capacidades de plataforma, padrões de modelagem de decisões e iniciativas abertas podem estruturar fluxos decisórios, modelos e interoperabilidade. Eles não resolvem, por si sós, a pergunta disciplinar sobre o compromisso material: quando uma decisão concreta é assumida, a base evidencial foi qualificada, a responsabilidade era atribuível, o contexto estava visível e o compromisso poderá ser reconstruído e aprendido depois?

Tabela 2.3 - Inteligência decisória e Governança da Inteligência Decisória

Dimensão	Inteligência decisória	Governança da Inteligência Decisória (DIG)
Orientação principal	Melhorar decisões por meio de dados, análise, IA, conhecimento e desenho.	Governar o compromisso decisório material sob responsabilidade identificável.
Pergunta central	Como as organizações podem decidir melhor e em escala?	Sob quais condições um compromisso pode ser justificado, rastreado, auditado e aprendido?
Artefatos típicos	Modelos de decisão, fluxos, orquestrações, serviços decisórios e capacidades de plataforma.	Rastreabilidade do compromisso, qualificação da evidência, atribuição de responsabilidade, comparabilidade e condições de aprendizagem.
Contribuição principal	Amplia a capacidade de modelar, apoiar, ampliar, automatizar e aprender com decisões.	Formaliza as condições sob as quais o compromisso resultante se torna governável.
Fronteira	Não resolve automaticamente a responsabilidade fiduciária de cada compromisso concreto.	Não substitui a inteligência decisória nem entrega, nesta obra, método ou plataforma de implementação acabados.

Formulação disciplinar: A inteligência decisória amplia a capacidade de decidir; DIG governa o compromisso pelo qual essa capacidade se transforma em consequência organizacional.

2.4 - Da orientação por dados à centralidade decisória

A distinção entre empresa orientada por dados e empresa centrada em decisões não é meramente semântica. Ela marca uma mudança no objeto ao redor do qual a maturidade organizacional é interpretada. A empresa orientada por dados começa com a pergunta: como podemos usar melhor os dados? A empresa centrada em decisões começa com outra pergunta: quais decisões materiais importam e quais condições precisam estar presentes para que elas sejam tomadas, registradas, justificadas e aprendidas com qualidade demonstrável?

O movimento orientado por dados continua indispensável. Ele estabeleceu dados como ativos, fortaleceu a análise e tornou possível a adoção de IA em escala organizacional. Mas seu próprio sucesso expôs a pergunta seguinte. Uma vez que dados são governados, análise está disponível, modelos estão operacionais e a IA pode recomendar ou executar, o ponto decisivo passa a ser o compromisso que usa essas capacidades.

Uma empresa centrada em decisões, portanto, não é apenas uma organização orientada por dados com mais painéis ou mais automação. É uma organização que estrutura dados, análise, IA, processos, papéis, controles e mecanismos de aprendizagem ao redor das decisões materiais pelas quais valor, risco, responsabilidade e consequência efetivamente convergem.

Nesse sentido, o caminho não é orientação por dados contra centralidade decisória. O caminho é da orientação por dados para a centralidade decisória. A capacidade orientada por dados fornece a base. A arquitetura centrada em decisões reorganiza essa base ao redor da decisão. A inteligência decisória amplia a capacidade de decidir em escala. DIG oferece a disciplina de governança para o compromisso produzido nesse ambiente.

Tabela 2.4 - Transição organizacional da capacidade orientada por dados à governança habilitada por DIG

Estágio organizacional	Centro de gravidade	Limite que cria o estágio seguinte
Consciência sobre dados	Reconhecimento de que dados importam para gestão e desempenho.	Os dados são valorizados, mas decisões ainda podem ser intuitivas, locais e pouco documentadas.
Orientação por dados	Uso sistemático de dados, análise e painéis para informar decisões.	O *insight* pode estar disponível, mas o compromisso que o utiliza pode permanecer opaco.
Consciência decisória	Reconhecimento de que certas decisões são objetos materiais que exigem atenção explícita.	Decisões críticas podem ser identificadas, mas ainda não governadas por condições comuns.

Centralidade decisória	Dados, análise, IA, papéis e processos são organizados ao redor de decisões materiais.	A arquitetura aponta para decisões, mas a governança do compromisso ainda exige disciplina formal.
Inteligência decisória	Capacidades de inteligência decisória apoiam, ampliam, automatizam e aprendem em escala.	A capacidade aumenta, mas a automação pode intensificar a opacidade no ponto de compromisso.
Governança habilitada por DIG	Compromissos materiais são governados por rastreabilidade, qualificação da evidência, separação do contexto, comparabilidade e responsabilidade atribuída.	A institucionalização requer metodologia futura, instrumentos, validação e comunidade de prática.

Centro de gravidade: A transição também pode ser lida como deslocamento entre camadas. Dados governados fornecem o ativo informacional. A análise produz *insight*, diagnóstico, previsão e prescrição. IA e modelos acrescentam recomendação, síntese e automação. A camada decisória é onde essas capacidades se convertem em compromisso material. A camada de aprendizagem é onde compromissos se convertem em recalibração e capital decisório.

Esse modelo também esclarece por que DIG não é uma tentativa de renomear a governança de dados. A governança de dados governa dados como ativos. DIG governa o momento em que a base evidencial construída a partir de dados, modelos, riscos e contexto se torna compromisso. A primeira é necessária para a segunda. Não é suficiente para a segunda.

O mesmo vale para a inteligência decisória. Ela oferece à organização meios mais fortes para desenhar, apoiar, ampliar, automatizar e aprender ao redor de decisões. DIG opera dentro desse campo mais amplo como subdisciplina emergente de governança: pergunta se o compromisso concreto produzido nesse ambiente é rastreável, evidencialmente qualificado, atento ao contexto, comparável e atribuível. Sem essa camada, a organização pode ser centrada em decisões na arquitetura e ainda frágil na governança do compromisso.

2.5 - Por que a governança vem em seguida

Três pressões tornam a próxima camada cada vez mais difícil de adiar: pressão regulatória, pressão econômica e pressão epistemológica.

A primeira pressão é regulatória. O EU AI Act, a ISO/IEC 42001, o NIST AI RMF e referências correlatas de governança apontam para supervisão, rastreabilidade, responsabilidade e uso responsável de sistemas de IA. A gestão de risco de modelos também continuou a amadurecer, como demonstra a SR 26-2 do Federal Reserve, que substituiu orientações anteriores e enfatizou uma abordagem baseada em risco, ajustada ao perfil de risco de modelos e à complexidade das organizações bancárias. Esses desenvolvimentos importam porque mostram que domínios adjacentes estão se tornando mais disciplinados. Também tornam mais visível a camada decisória remanescente.

A segunda pressão é econômica. Organizações continuam investindo em dados, análise, IA, automação e plataformas decisórias, mas frequentemente têm dificuldade para demonstrar valor com a mesma clareza com que demonstram capacidade técnica. Isso não prova todo o caso de DIG, mas reforça a relevância prática da pergunta. O valor é capturado ou perdido no ponto em que a capacidade se converte em compromisso.

A terceira pressão é epistemológica. Decisores humanos continuam sujeitos à racionalidade limitada. Operam sob limites de informação, atenção, tempo, interpretação e avaliação. A IA não elimina esses limites. Muitas vezes os desloca para a interpretação de saídas cujas premissas, limites e condições de validade podem estar parcialmente ocultos. A organização passa a julgar não apenas seu próprio raciocínio, mas também o status epistemológico de recomendações produzidas por sistemas que talvez não compreenda plenamente de modo não assistido.

Essas pressões convergem no mesmo ponto: o ato de compromisso. A regulação pergunta quem supervisionou e quem responde. A economia pergunta onde o valor se realiza. A epistemologia pergunta se a base do julgamento era forte o suficiente para o compromisso assumido.

DIG reúne essas perguntas em um único objeto sem reduzi-las a conformidade, retorno financeiro ou acurácia técnica isolada.

Tabela 2.5 - Pressões que tornam inevitável a governança do compromisso

Pressão	O que ela exige	Por que DIG se torna relevante
Regulatória	Rastreabilidade, supervisão, responsabilidade e controle proporcional.	A governança do sistema não explica plenamente como um compromisso concreto usou a saída do sistema.
Econômica	Demonstração da conversão de investimentos em dados, análise e IA em valor.	A realização de valor ocorre por compromissos, não por capacidade isolada.
Epistemológica	Reconhecimento da racionalidade limitada, da incerteza, dos limites da evidência e da ambiguidade causal.	Compromissos exigem qualificação de evidência, separação de contexto e aprendizagem posterior.
Operacional	Decisões mais rápidas e frequentes sob automação e escala.	Volume e velocidade exigem governança proporcional, não burocracia máxima nem opacidade sem controle.
Cultural	Maior responsabilidade executiva sobre como escolhas consequenciais são assumidas.	A centralidade decisória só se torna verificável quando compromissos são atribuíveis e reconstruíveis.

2.6 - Um mercado reconhecido, uma lacuna disciplinar persistente

A emergência das plataformas de inteligência decisória é importante porque mostra que o mercado começou a reconhecer a decisão como categoria organizadora. Plataformas podem modelar decisões, orquestrar fluxos decisórios, conectar dados e IA a ações, monitorar resultados e apoiar serviços de decisão. Esse é um desenvolvimento relevante. Confirma que o campo foi além da visualização de dados e da análise isolada em direção a arquiteturas centradas em decisões.

Ainda assim, reconhecimento de mercado e suficiência disciplinar não são a mesma coisa. Uma plataforma pode ajudar a organização a modelar e executar fluxos de decisão sem que a organização possua uma disciplina comum para qualificar a força evidencial de cada compromisso concreto. Uma recomendação pode ser registrada, um resultado pode ser monitorado e um modelo de decisão pode ser representado, enquanto a organização ainda não consegue dizer com rigor suficiente quão forte era a evidência de apoio, quais limites foram reconhecidos, como o contexto foi ponderado e quem assumiu o julgamento fiduciário.

Essa distinção precisa ser preservada com cuidado. O argumento não é que as plataformas sejam fracas. É que ferramentas e disciplinas operam em planos diferentes. Plataformas podem habilitar, acelerar e operacionalizar parcialmente um ambiente centrado em decisões. DIG, como subdisciplina de governança, formaliza as condições que qualquer ambiente desse tipo precisa satisfazer para que os compromissos resultantes sejam tratados como governados, e não apenas automatizados ou documentados.

Por isso, materiais de ecossistema devem ser lidos com o estatuto evidencial correto. Gartner, OpenDI, comentários de praticantes e materiais de fornecedores fornecem sinais públicos de formação de categoria e relevância de mercado. Não constituem, por si só, a fundação epistemológica de DIG. A fundação está em outro lugar: racionalidade limitada, análise de decisão, causalidade, qualificação da evidência, responsabilidade e distinção entre insumos governados e compromisso governado.

Horizonte metodológico: O percurso evolutivo descrito neste capítulo aponta para instrumentos futuros, mas ainda não os transforma em método fechado. Uma metodologia posterior baseada em DIG precisará operacionalizar inventários de decisões, registros de compromisso, qualificação da evidência, responsabilidade humano-IA, ciclos de aprendizagem e lógica de maturidade. Neste ponto da obra, esses instrumentos permanecem como horizonte aberto pela disciplina, não como pacote de implementação finalizado.

Nota crítica: Esta obra não apresenta DIG como metodologia concluída. Ela apresenta a fundação disciplinar que torna uma futura metodologia de governança de decisões inteligível, testável e discutível institucionalmente.

2.7 - A tese evolutiva

A trajetória dos sistemas de apoio à decisão até a inteligência decisória não deve ser lida como uma história de substituição. Cada geração preservou parte da anterior enquanto ampliava seu alcance. Armazéns de dados não eliminaram relatórios. Inteligência de negócios não eliminou julgamento gerencial. Análise preditiva não eliminou diagnóstico. Análise prescritiva não eliminou escolha. IA generativa não elimina responsabilidade. Inteligência decisória não elimina a governança do compromisso.

O padrão real é cumulativo. O campo aprendeu a organizar dados, produzir visibilidade, interpretar padrões, prever possibilidades, recomendar ações e agora orquestrar capacidades centradas em decisões em escala. Quanto mais fortes essas camadas se tornaram, mais visível ficou a camada de governança remanescente. A evolução ainda não chegou ao fim porque o ponto mais consequencial - o próprio compromisso - ainda exige uma linguagem disciplinar própria.

É por isso que DIG pertence ao momento atual. Ele não surge antes de o campo estar pronto. Surge porque governança de dados, análise, governança de IA, governança de modelos, padrões de modelagem decisória e inteligência decisória avançaram o suficiente para expor a camada que ainda permanece insuficientemente formalizada. A passagem da orientação por dados para a centralidade decisória não é rejeição do passado. É o próximo passo exigido pela maturidade do passado.

Em forma condensada, a tese é esta: a maturidade orientada por dados produz capacidade analítica; a arquitetura centrada em decisões reorganiza essa capacidade ao redor de decisões materiais; a inteligência decisória amplia a capacidade decisória em escala; e DIG governa o compromisso por meio do qual essas capacidades se convertem em consequência organizacional.

Tese em sequência: A maturidade orientada por dados cria capacidade analítica; a arquitetura centrada em decisões reorganiza essa capacidade ao redor das decisões materiais; a inteligência decisória amplia a capacidade de apoiar, aumentar e automatizar decisões em escala; e DIG governa o compromisso pelo qual essas capacidades se tornam consequência organizacional.

Pontos para reflexão

1. Se sua organização se descreve como orientada por dados, ela também consegue identificar as decisões materiais ao redor das quais seus dados, análises, IA e mecanismos de aprendizagem estão organizados?
2. Quando um sistema recomenda um curso de ação, sua organização distingue a recomendação do compromisso que a aceita, modifica ou rejeita?
3. Se a inteligência decisória se tornou um campo e uma categoria de mercado reconhecíveis, o que ainda impede sua organização de governar o compromisso concreto que emerge dentro desse ambiente centrado em decisões?
4. Que instrumento futuro mais ajudaria sua organização a passar da aspiração de centralidade decisória ao compromisso governado: inventário de decisões, registro de compromisso, matriz de evidência, matriz de responsabilidade humano-IA, ciclo de aprendizagem ou lógica de maturidade?

Leituras sugeridas

Referências fundacionais e conceituais

DAVENPORT, Thomas H. "Competing on Analytics." Harvard Business Review, v. 84, n. 1, Jan. 2006. Texto seminal para compreender a virada que posicionou a análise como fonte de vantagem competitiva e que, retrospectivamente, ajuda a explicar o movimento do campo em direção às capacidades preditiva e prescritiva.

PRATT, Lorien Y.; MALCOLM, N. E. The Decision Intelligence Handbook: Practical Steps for Evidence-Based Decisions in a Complex World. Sebastopol: O'Reilly Media, 2023. Referência prática para compreender a inteligência decisória como campo estruturado de ação e para localizar onde uma camada distinta de governança do compromisso se torna complementar.

PEARL, Judea. Causality: Models, Reasoning, and Inference. 2nd ed. Cambridge: Cambridge University Press, 2009. Obra fundacional para distinguir correlação e causalidade - distinção essencial entre saída analítica e aprendizagem decisória robusta.

BASSETT, Gib. "Decision Intelligence: analytics finds its operating system." Medium, Feb. 3, 2026. Texto útil de praticante para situar o movimento do ecossistema em direção à orquestração orientada por decisões. Deve ser lido como comentário contextual, não como prova disciplinar primária.

Sinais de mercado, ecossistema e modelagem

GARTNER. Magic Quadrant for Decision Intelligence Platforms. Janeiro de 2026. Usado aqui como sinal público de reconhecimento de categoria e tração de ecossistema, não como base disciplinar primária.

OpenDI. OpenDI Intro. Disponível em: opendi.org. Usado aqui como sinal de ecossistema de convergência ao redor da decisão como eixo organizador, não como prova disciplinar suficiente por si só.

OBJECT MANAGEMENT GROUP. Decision Model and Notation (DMN). Disponível em: omg.org/dmn. Incluída como referência relevante de modelagem e notação para decisões de negócio e regras de negócio; distinguida aqui da governança do compromisso decisório material.

FEDERAL RESERVE. SR 26-2: Revised Guidance on Model Risk Management. Board of Governors of the Federal Reserve System, 2026. Incluída como sinal contextual de maturidade na governança de risco de modelos e da lógica baseada em risco que permanece distinta da governança do compromisso decisório.

CAPÍTULO 3

O espaço entre os marcos de governança

Por que os referenciais existentes importam - e por que não fecham a lacuna do compromisso.

"A maturidade dos marcos existentes não elimina a necessidade de DIG; ela a revela."

- Formulação autoral. Não é citação direta.

Os capítulos anteriores estabeleceram duas premissas. Primeiro, a abundância analítica não produz, por si só, compromisso decisório governado. Segundo, a evolução histórica dos sistemas de apoio à decisão até a inteligência decisória aproximou progressivamente as organizações da ação, mas ainda não formalizou plenamente a governança do ponto em que saídas analíticas e algorítmicas se tornam compromisso organizacional material.

Este capítulo testa essa afirmação diante dos referenciais de governança que mais provavelmente poderiam contestá-la. O exercício não é defensivo em sentido superficial. É disciplinar. Uma nova subdisciplina não pode ser declarada de maneira responsável se não demonstrar que seu objeto ainda não está plenamente governado por marcos, normas, regulações ou tradições profissionais vizinhas.

O capítulo, portanto, lê os referenciais existentes com respeito e precisão. DAMA-DMBOK, COBIT, ISO 31000, ISO/IEC 42001, Regulamento Europeu de IA, NIST AI RMF, DMN, Qualidade Decisória, gestão baseada em evidências, gestão de risco de modelos, AI TRiSM, DORA, BCBS 239 e referências ligadas à IA generativa e à geração aumentada por recuperação cumprem trabalhos importantes. A pergunta não é se esses referenciais são valiosos. A pergunta é se eles já governam o compromisso decisório material como objeto específico definido nesta obra.

A resposta desenvolvida aqui é deliberadamente estreita: eles não eliminam, dentro de seus escopos públicos e comumente reconhecidos, a necessidade de DIG. Alguns governam insumos. Outros governam sistemas. Outros governam risco, tecnologia, uso de modelos, resiliência ou modelagem de decisões. Alguns ajudam a estruturar decisões ou a melhorar o uso de evidências. Mas nenhum deles, isoladamente, formaliza a governança completa do compromisso pelo qual evidência, julgamento, risco, contexto e contribuição algorítmica se convertem em consequência organizacional sob responsabilidade identificável.

Essa distinção é essencial para a arquitetura editorial da obra. Governança bancária, regulação financeira europeia, geração aumentada por recuperação, AI TRiSM e gestão de risco de modelos não são a origem de DIG. São referências de alta maturidade que tornam a necessidade de DIG mais visível. DIG permanece multissetorial e multirregional por desenho, porque seu objeto - o compromisso decisório material - aparece em qualquer ambiente em que organizações convertam evidência em compromisso consequente.

3.1 - Por que a comparação importa

A comparação entre marcos de governança não é uma revisão panorâmica por si mesma. Ela cumpre uma função argumentativa específica. Mostra que a lacuna identificada por DIG não surge porque os referenciais existentes sejam fracos. Ela surge porque eles são fortes dentro de seus próprios objetos e, justamente por isso, tornam outro objeto mais visível.

Este capítulo usa a expressão marco de forma ampla. Ela abrange corpos de conhecimento, referenciais de governança, normas, regulações, orientações supervisoras, linguagens de modelagem, referências de mercado e tradições profissionais adjacentes. Esses elementos não têm o mesmo estatuto institucional. Normas ISO, regulação europeia, orientações do NIST, corpos de conhecimento profissionais, supervisão bancária e conceitos de mercado do Gartner não devem ser tratados como equivalentes em força epistemológica. Sua função aqui é comparativa: cada um ajuda a localizar uma fronteira.

A fronteira central é a diferença entre governar um insumo e governar o compromisso que usa esse insumo. Dados governados podem ser evidência necessária. Tecnologia governada pode tornar o processo confiável e auditável. Risco governado pode disciplinar a incerteza. IA governada pode fortalecer transparência, monitoramento e supervisão. Mas o compromisso decisório ainda formula outra pergunta: em que condições esses elementos foram tratados como base suficiente para agir, quem assumiu esse julgamento e como ele poderá ser reconstruído e aprendido posteriormente?

Por isso, este capítulo evita dois erros. Não diminui os marcos existentes para fazer DIG parecer necessário. Também não infla DIG até transformá-lo em uma metagovernança que absorveria todos os domínios vizinhos. O argumento é mais estreito: cada referência governa algo importante; DIG governa o ponto de conversão em que esses objetos governados passam a sustentar compromisso material.

Tabela 3.1 - Referenciais principais de governança e a lacuna do compromisso

Referência	Objeto principal governado	Contribuição	Por que a lacuna DIG permanece
DAMA-DMBOK	Dados como ativo organizacional	Governança, qualidade, linhagem, ciclo de vida, arquitetura, metadados e responsabilidades sobre dados.	Dados podem ser confiáveis e rastreáveis enquanto o compromisso que os usa permanece sem qualificação evidencial ou atribuição clara.
COBIT 2019	Informação e tecnologia empresarial	Objetivos de governança e gestão de tecnologia, alinhamento a valor, controles, monitoramento e desempenho.	Um ambiente tecnológico controlado não explica como evidência, alternativas e responsabilidade convergiram em compromisso.
ISO 31000	Risco como efeito da incerteza sobre objetivos	Abordagem estruturada para identificar, analisar, avaliar, tratar, monitorar e comunicar riscos.	A avaliação de risco informa o compromisso; não é o ato que aceita, mitiga, transfere ou recusa o risco.

ISO/IEC 42001	Sistema de gestão de IA	Requisitos para estabelecer, implementar, manter e melhorar um sistema de gestão de IA.	Um sistema de IA governado não governa automaticamente a decisão concreta que usa sua saída como evidência.
Regulamento Europeu de IA	Sistemas de IA em regime regulatório baseado em risco	Obrigações sobre IA de alto risco, transparência, supervisão humana e proporcionalidade.	Supervisão humana e obrigações do sistema não formalizam integralmente o estatuto fiduciário do compromisso decisório.
NIST AI RMF 1.0	Riscos de IA para indivíduos, organizações e sociedade	Funções Governar, Mapear, Medir e Gerenciar para gestão voluntária de riscos de IA.	A gestão de riscos de IA fortalece a governança do sistema, mas o compromisso ainda exige qualificação da evidência, atribuição e aprendizagem.

3.2 - Os referenciais principais: objetos fortes, compromisso em aberto

A comparação desta seção parte do objeto governado por cada referência. Um marco de governança não alcança maturidade disciplinar porque responde a todas as perguntas organizacionais, mas porque define um objeto e o governa com coerência interna. O DAMA-DMBOK estabiliza os dados como objeto principal; o COBIT estabiliza informação e tecnologia empresarial; a ISO 31000 estabiliza o risco como incerteza em relação aos objetivos; e os referenciais de governança de IA estabilizam sistemas, usos, riscos, supervisão e controles de ciclo de vida. DIG aproveita essa lição disciplinar, mas rejeita a inferência falsa de que um objeto vizinho bem governado já esgota o compromisso decisório.

O DAMA-DMBOK oferece a analogia disciplinar mais clara para esta obra porque mostra como um campo pode se estabilizar ao redor de um objeto. Seu objeto são os dados. A segunda edição de 2017 e a edição revisada de 2024 reforçam um corpo de conhecimento voltado à gestão de dados, governança de dados, qualidade, metadados, arquitetura, segurança, ciclo de vida e responsabilidades. Essa contribuição continua indispensável. DIG depende de dados governados; não os substitui.

A distinção é que qualidade de dados não equivale a suficiência evidencial. Um conjunto de dados pode ser preciso, completo, atual e bem governado e, ainda assim, ser inadequado para um compromisso específico. Pode ser indireto demais, estreito demais, pouco comparável ou pouco aderente ao contexto da decisão. DIG, portanto, recebe a governança de dados como insumo e formula uma pergunta adicional: como a base evidencial construída a partir desses dados foi tratada no momento do compromisso?

O COBIT 2019 contribui por outro caminho. Ele estrutura a governança e a gestão da informação e da tecnologia empresarial. Nas organizações contemporâneas, isso é inseparável da decisão, porque painéis, fluxos, plataformas, motores de regras, ambientes analíticos e componentes de IA frequentemente mediam o caminho decisório. Ainda assim, governar o meio não é governar o compromisso. Um fluxo pode estar controlado e ainda comprimir a deliberação. Uma plataforma pode registrar aprovação e ainda não mostrar por que a base evidencial era suficiente.

A ISO 31000 oferece à obra uma linguagem disciplinada para a incerteza. Ela define risco como o efeito da incerteza sobre objetivos e apresenta princípios, estrutura e processo para gestão de riscos. Mas a passagem do risco avaliado para a exposição aceita é um ato decisório. DIG começa onde a avaliação de risco entra no compromisso: quem aceitou a exposição residual, quais alternativas foram rejeitadas e como a base dessa aceitação foi explicitada?

A ISO/IEC 42001, o Regulamento Europeu de IA e o NIST AI RMF acrescentam a camada contemporânea de governança de IA. Eles ajudam as organizações a gerir sistemas de IA, seus riscos, transparência, supervisão e uso organizacional. Essas referências não são superficiais. O artigo 14 do Regulamento Europeu de IA, por exemplo, trata a supervisão humana de sistemas de alto risco como requisito funcional conectado a risco, autonomia e contexto de uso. O NIST AI RMF, especialmente por sua função Governar, aborda responsabilização, cultura, supervisão, papéis e políticas. O ponto não é que esses referenciais ignorem governança. O ponto é que seu objeto declarado não é a governança completa do compromisso material que usa uma saída de IA como evidência.

A conclusão, portanto, não é adversarial. Os referenciais existentes governam objetos importantes: dados, tecnologia, risco, sistemas de IA e riscos de IA. DIG governa o momento em que esses objetos, já governados ou avaliados, são convertidos em compromisso decisório material.

Por isso, a questão não deve ser apresentada como referenciais existentes contra DIG. A leitura correta é outra: objetos antes do compromisso e compromisso como objeto distinto. A maturidade desses referenciais ajuda o argumento porque mostra o que não está ausente: governança de dados, governança de tecnologia, gestão de riscos, sistemas de gestão de IA e governança de riscos de IA já possuem linguagens reconhecíveis. O que permanece insuficientemente estabilizado é uma disciplina comum para o ponto em que seus resultados passam a sustentar um compromisso organizacional atribuível.

3.3 - Tradições adjacentes que estreitam a lacuna

Algumas referências se aproximam mais da decisão em si. Elas são importantes justamente porque impedem que a obra exagere a novidade de sua proposta. Para que DIG seja defensável, precisa reconhecer esses vizinhos e explicar por que eles não eliminam a necessidade da subdisciplina aqui proposta.

Essas tradições vizinhas tocam a decisão por ângulos diferentes. DMN atua principalmente no nível representacional e lógico. Qualidade Decisória atua no nível da qualidade estruturada da escolha. A gestão baseada em evidências atua no uso disciplinado de evidências pela administração. A gestão de risco de modelos atua no ciclo de vida dos modelos e em seu perfil de risco. AI TRiSM atua no plano operacional de confiança, risco e segurança de sistemas e aplicações de IA. DIG não nega nenhuma dessas contribuições. Ele formula uma pergunta mais estreita e mais consequente: quando os resultados dessas camadas entram em um compromisso concreto, o que governa a suficiência da evidência, a atribuição de responsabilidade e a possibilidade de aprendizagem posterior?

Essa não é uma distinção meramente semântica. Uma decisão pode ser modelada sem que seu compromisso seja governado. Uma recomendação pode ser bem estruturada sem que o momento do compromisso seja rastreável. Uma prática gerencial pode usar evidências sem qualificar o estatuto evidencial de um compromisso específico. Um modelo pode ser validado sem que a organização consiga reconstruir como sua saída foi aceita, modificada, rejeitada ou tratada como base predominante. DIG entra onde essas contribuições vizinhas convergem, mas não resolvem plenamente o estatuto do ato assumido pela organização.

DMN - Decision Model and Notation - é o vizinho técnico mais importante a ser incorporado de forma explícita. Ele oferece linguagem e notação para especificação precisa de decisões de negócio e regras de negócio. Ajuda organizações a representar decisões, lógicas, dependências e componentes decisórios reutilizáveis. Isso é altamente relevante. Mas modelar uma decisão não é o mesmo que governar o compromisso. DMN pode mostrar como uma decisão está estruturada. DIG pergunta se o compromisso material foi assumido com evidência qualificada, responsabilidade identificável, visibilidade de contexto e capacidade de aprendizagem posterior.

Qualidade Decisória e gestão baseada em evidências também estreitam a lacuna. A primeira, ligada à tradição da análise de decisões e desenvolvida em linguagem de negócios por Spetzler, Winter e Meyer, oferece critérios práticos para decisões melhores. A segunda, associada a Pfeffer, Sutton, Rousseau e outros autores, defende o uso disciplinado de evidências na gestão. Ambas são valiosas. DIG não as nega. Sua afirmação é mais estreita: o campo ainda carece de uma subdisciplina pública e padronizada de governança centrada especificamente no compromisso decisório material sob responsabilidade identificável.

A gestão de risco de modelos é outro vizinho crítico, especialmente em serviços financeiros. A orientação revisada SR 26-2, publicada em 2026 nos Estados Unidos, tornou ainda mais explícita a gestão proporcional e baseada em risco dos modelos. Isso fortalece o argumento, não o substitui. A gestão de risco de modelos governa desenvolvimento, uso, validação, monitoramento e controles de modelos. DIG governa o compromisso que trata uma saída de modelo como evidência, recomendação, base predominante ou execução delegada.

AI TRiSM ocupa outro estatuto. Não é uma norma ISO nem uma regulação; é uma construção de mercado e operação do Gartner para confiança, risco e segurança em IA. É útil porque nomeia uma camada prática de governança, monitoramento, segurança, privacidade, confiabilidade, justiça e risco operacional em aplicações de IA. Ainda assim, a distinção permanece: AI TRiSM ajuda a proteger e monitorar a camada de IA. DIG governa a camada do compromisso decisório.

Referências específicas de IA generativa intensificam a mesma distinção. O NIST AI 600-1 oferece um perfil de IA generativa alinhado ao NIST AI RMF. A ISO/IEC 23894 orienta a gestão de riscos específicos de IA. A ISO/IEC 42005 trata de avaliação de impacto de sistemas de IA. O OWASP Top 10 para aplicações baseadas em grandes modelos de linguagem ajuda a identificar riscos de segurança como injeção de *prompts*, tratamento inseguro de saídas, envenenamento de dados de treinamento e vulnerabilidades de cadeia de suprimentos. Essas referências fortalecem a governança de sistemas, riscos, impactos e segurança. Por si só, não governam o compromisso organizacional que trata uma saída gerada ou recuperada como base suficiente para agir.

Por isso, as tradições adjacentes não devem ser tratadas como precursores fracos. Elas compõem o perímetro intelectual e operacional ao redor de DIG. Mostram que o problema já foi abordado por vários lados, mas ainda não estabilizado em um objeto público único: o compromisso decisório material sob responsabilidade identificável. O estatuto de DIG depende de reconhecer esse perímetro, não de fingir que está fora dele.

Tabela 3.2 - Referências adjacentes que estreitam a lacuna sem fechá-la

Referência ou tradição	Plano de contribuição	O que fortalece	Por que não substitui DIG
DMN	Modelagem de decisões e regras de negócio	Representação precisa de decisões, regras, dependências e componentes reutilizáveis.	Modelar a estrutura da decisão não governa evidência, atribuição, contexto ou aprendizagem no momento do compromisso.
Qualidade Decisória	Qualidade do processo decisório	Critérios práticos para escolhas melhores, alternativas, valores, incerteza e compensações.	Melhora a prática decisória, mas não é enquadrada aqui como subdisciplina padronizada de governança do compromisso.
Gestão baseada em evidências	Uso gerencial de evidências	Disciplina contra decisões baseadas apenas em autoridade, anedota ou convicção.	Não formaliza integralmente rastreabilidade do compromisso, atribuição, comparabilidade e separação decisão-contexto.
Gestão de risco de modelos / SR 26-2	Desenvolvimento, uso, validação, monitoramento e controles de modelos	Abordagem proporcional e baseada em risco para governança de modelos, especialmente em bancos.	Um modelo governado não explica como sua saída foi aceita, modificada, ponderada ou rejeitada no compromisso.
AI TRiSM	Confiança, risco e segurança em IA	Monitoramento, proteção, justiça, privacidade, confiabilidade e gestão de riscos de IA em operação	Controla e monitora a camada de IA; DIG governa a camada em que a saída vira compromisso.
NIST AI 600-1	Perfil de risco de IA generativa	Ações de gestão de riscos de IA generativa alinhadas ao AI RMF.	Governança de risco de IA generativa não governa a decisão concreta que usa uma saída gerada.
ISO/IEC 23894 e 42005	Gestão de riscos e avaliação de impacto de sistemas de IA	Identificação, avaliação e documentação de riscos e impactos de sistemas de IA.	Avaliar riscos e impactos não substitui a governança do compromisso específico que aceita esses riscos.

OWASP Top 10 para LLMs	Segurança de aplicações com grandes modelos de linguagem	Consciência técnica sobre injeção de *prompts*, saídas inseguras, cadeia de suprimentos, envenenamento de dados e riscos correlatos.	Controles de segurança reduzem risco sistêmico, mas não governam a decisão que se apoia na saída do sistema.

3.4 - Governança bancária como referência, não como origem

Serviços financeiros merecem atenção neste capítulo porque oferecem um dos ambientes de governança mais maduros nos quais o problema do compromisso se torna visível. Eles não devem, porém, ser confundidos com a origem de DIG. A governança bancária é uma referência poderosa e um possível acelerador de adoção. Não é a fonte da qual a subdisciplina deriva.

A razão para usar bancos como referência é intensidade, não genealogia. Nos bancos, dados governados, gestão de risco de modelos, resiliência operacional, expectativas supervisoras, controles de IA, dependência de terceiros e auditabilidade convergem sob alta materialidade. Essa convergência torna a camada do compromisso especialmente visível. Mas não a torna exclusivamente bancária. A mesma estrutura aparece sempre que decisões consequentes dependem de insumos governados que ainda precisam ser convertidos em compromisso organizacional atribuível.

O BCBS 239 é um bom exemplo. Ele formalizou princípios para agregação efetiva de dados de risco e reporte de risco em bancos, com ligação direta à melhoria da gestão de riscos e da tomada de decisão. O Banco Central Europeu continua tratando agregação e reporte de dados de risco como prioridade supervisora, justamente porque decisões maduras de risco dependem de informações confiáveis, tempestivas, precisas e adaptáveis. Isso sustenta DIG, mas não o substitui. Dados e reportes de risco podem ser fortes; o compromisso que os usa ainda exige governança de suficiência evidencial e responsabilidade.

DORA acrescenta outra forma de maturidade. Seu foco é a resiliência operacional digital das entidades financeiras e a gestão de riscos de tecnologia da informação e comunicação, incluindo dependências de terceiros. Em um mundo no qual processos decisórios dependem de provedores de nuvem, plataformas, APIs, fornecedores de modelos, sistemas de recuperação de conhecimento e automações operacionais, resiliência importa muito. Mas resiliência do ambiente digital não é o mesmo que governança do compromisso que usa esse ambiente.

A mesma lógica se aplica à geração aumentada por recuperação e à IA generativa em bancos. Autoridades e supervisores bancários europeus têm observado adoção crescente de IA, incluindo IA generativa, IA de uso geral e casos de uso com agentes. A geração aumentada por recuperação é particularmente importante porque introduz uma camada de recuperação de conhecimento entre o material-fonte e a resposta gerada. Ela pode melhorar o enraizamento factual, mas não governa o compromisso. Uma resposta com RAG pode citar uma política interna, documento regulatório ou fragmento de base de conhecimento; DIG pergunta se a fonte recuperada estava atual, autorizada, aplicável ao contexto, suficientemente completa e ponderada com o peso evidencial adequado antes de o compromisso ser assumido.

A geração aumentada por recuperação introduz pelo menos três perguntas evidenciais que DIG não pode ignorar: qual fonte foi recuperada, se essa fonte estava vigente e era autorizada, e se a resposta gerada permaneceu dentro dos limites do que a fonte consegue sustentar. Essas não são apenas perguntas técnicas sobre qualidade de recuperação. Tornam-se perguntas de governança quando a resposta passa a ser usada como base para o compromisso. Nesse sentido, RAG amplia a cadeia evidencial; não fecha o problema de governança.

Para DIG, a questão central não é saber se a geração aumentada por recuperação melhora o enraizamento técnico de uma resposta. Muitas vezes melhora. A questão central é saber se o conhecimento recuperado e sintetizado foi tratado como contexto, evidência, recomendação ou base predominante para o compromisso; quem aceitou esse estatuto; e como o compromisso poderá ser reconstruído se a resposta se mostrar incompleta, obsoleta, enviesada ou enganosa. RAG pode melhorar o enraizamento; não governa o compromisso.

O setor bancário, portanto, funciona como teste de estresse de alta maturidade. Ele mostra que, mesmo quando dados, modelos, regulação, resiliência operacional e supervisão de IA são densos, a camada do compromisso pode permanecer insuficientemente explícita. A lição se generaliza. O mesmo problema aparece em saúde, seguros, energia, telecomunicações, varejo, manufatura, agronegócio, governo e serviços intensivos em tecnologia. DIG é multissetorial e multirregional porque o compromisso decisório material não é específico de um setor.

Essa leitura também fortalece DIG como candidato a adoção ampla. A governança financeira madura mostra que o problema não desaparece quando as organizações acrescentam controles; ele muda de lugar. Quando dados, modelos, sistemas, resiliência e supervisão de IA se tornam densos, a opacidade remanescente frequentemente se concentra no ato que trata esses insumos como base suficiente para agir. Essa estrutura não é exclusiva dos bancos. Ela aparece onde quer que compromissos de alta consequência dependam de evidências sofisticadas, tecnologia e julgamento humano sob incerteza.

Tabela 3.3 - RAG como ponto de inflexão evidencial para DIG

Camada RAG	Pergunta de governança	Relevância para DIG
Fonte de conhecimento	A fonte é autorizada, atual, completa e aplicável ao contexto desta decisão?	Amplia a qualificação da evidência da qualidade do dado para a adequação da fonte de conhecimento.
Indexação e recuperação	O sistema recuperou o material, a versão e o escopo corretos?	Cria necessidade de rastreabilidade da fonte, não apenas de linhagem de dados.
Síntese gerada	A resposta preservou o sentido das fontes ou extrapolou além delas?	Exige qualificação da evidência gerada e dos limites de confiança.
Revisão humana ou sistêmica	O saída foi revisado substantivamente ou apenas aceito porque parecia fundamentado?	Conecta RAG à responsabilidade humano-IA e ao viés de automação.
Compromisso material	O saída baseado em RAG foi tratado como insumo, recomendação, base predominante ou gatilho delegado?	Define o rigor proporcional e a atribuição fiduciária sob DIG.

3.5 - Dos insumos governados ao compromisso governado

A comparação entre marcos pode agora ser condensada em um ponto arquitetural. Os referenciais existentes governam muitas das camadas que alimentam a decisão. O que permanece insuficientemente formalizado é a passagem do insumo governado para o compromisso governado.

O ponto de convergência pode ser formulado sem transformá-lo em uma pilha tecnológica. A Governança de Dados contribui com dados governados; a Governança de Tecnologia contribui com tecnologia controlada; a Gestão de Riscos contribui com incerteza avaliada; a Governança de IA e o AI TRiSM contribuem com uma camada de IA mais controlada; e arquiteturas com RAG podem contribuir com conhecimento recuperado. DIG governa a passagem em que esses insumos convergem em compromisso material, e a camada de aprendizagem converte esse compromisso e seu resultado em recalibração e capital decisório. Trata-se de uma passagem disciplinar, não de uma arquitetura proposta.

Isso também explica por que DIG não deve ser reduzido a uma extensão de conformidade. A conformidade pode exigir que regras sejam seguidas, sistemas sejam controlados, supervisão exista e registros sejam mantidos. DIG formula uma pergunta mais específica: a organização governou o compromisso em si ou apenas as condições ao redor das quais o compromisso emergiu?

A resposta importa porque organizações podem ser maduras em todas as camadas ao redor e ainda frágeis no ponto de conversão. Podem conhecer a linhagem dos dados, o estado de validação do modelo, a classificação de risco da exposição, a categoria regulatória do sistema de IA e a postura de resiliência do provedor tecnológico. Ainda assim, podem não conseguir reconstruir por que o compromisso foi assumido, que evidência foi tratada como suficiente, quais alternativas foram rejeitadas e quem respondeu fiduciariamente pelo julgamento.

3.6 - O que DIG acrescenta - e o que não afirma

DIG acrescenta um objeto de governança, não um novo nome para tudo o que já é governado. Seu objeto é o compromisso decisório material. Seu núcleo mínimo é o conjunto de cinco condições já introduzidas nos capítulos anteriores: rastreabilidade do compromisso, qualificação da evidência, separação decisão-contexto, comparabilidade entre compromissos e atribuição fiduciária de responsabilidade.

Essas condições não pretendem substituir os marcos adjacentes. Elas operam no ponto de cruzamento. Da governança de dados, DIG recebe dados que podem se tornar evidência. Da gestão de riscos, recebe incerteza avaliada. Da governança de IA e do AI TRiSM, recebe uma camada de IA mais controlada. Do DMN, pode receber modelos decisórios estruturados. Da governança bancária, pode receber disciplina sobre dados de risco, uso de modelos, resiliência e responsabilização. DIG então pergunta como esses insumos foram convertidos em compromisso.

A subdisciplina também torna visível um horizonte metodológico. Uma metodologia futura baseada em DIG provavelmente exigirá inventário de decisões, registro do compromisso decisório, gramática de evidências, matriz de responsabilidade humano-IA, mecanismos de rastreabilidade de fontes para RAG, controles de materialidade acumulada, regras de proporcionalidade e ciclos de aprendizagem. Este capítulo não entrega esses instrumentos. Ele esclarece por que serão necessários.

Essa contenção faz parte da postura profissional da obra. DIG ainda não é um método de implementação fechado, um modelo de maturidade ou uma plataforma. É uma subdisciplina emergente de governança no campo mais amplo da inteligência decisória. Seu papel é tornar verificável a centralidade decisória, governando o compromisso pelo qual dados, análises, IA, risco, contexto e julgamento se convertem em consequência organizacional.

Para o horizonte metodológico futuro, o capítulo oferece uma lição específica: qualquer método baseado em DIG precisará receber insumos governados por outros domínios sem absorver esses domínios para dentro de si. Terá de classificar a materialidade da decisão, qualificar a evidência no momento do compromisso, mapear contribuições de IA e RAG sem tratá-las como decisões autogovernadas e preservar a responsabilidade em contextos multissetoriais e multirregionais. O capítulo, portanto, fortalece o método futuro ao esclarecer fronteiras, não ao substituir os marcos que já existem.

Em síntese, a contribuição metodológica deste capítulo é delimitada, mas decisiva: qualquer método futuro baseado em DIG precisará receber insumos governados por outros domínios sem absorvê-los; classificar a materialidade da decisão; qualificar a evidência no momento do compromisso; registrar a responsabilidade humano-IA; tratar fontes recuperadas por RAG; e aplicar proporcionalidade, inclusive quando a materialidade for acumulada por decisões recorrentes. O capítulo não entrega esses instrumentos. Ele mostra por que eles se tornam necessários.

3.7 - O espaço que permanece

O espaço entre os marcos, portanto, não é vazio na vida prática. Organizações frequentemente governam partes dele por meio de comitês, políticas, matrizes de aprovação, fóruns de risco, revisões de modelos, conselhos de arquitetura, pareceres jurídicos, trilhas de auditoria e julgamento executivo. O problema não é ausência de toda prática. O problema é a ausência, nos limites desta revisão, de uma subdisciplina pública, padronizada e amplamente compartilhável centrada especificamente no compromisso decisório material como objeto próprio.

Essa distinção protege a tese contra exageros desnecessários. DIG não afirma que organizações nunca governam decisões. Afirma que a governança do compromisso decisório ainda não foi formalizada com a mesma clareza disciplinar pública existente para dados, riscos, tecnologia, sistemas de IA e domínios adjacentes. Práticas podem preceder disciplinas. Mas, quando permanecem dispersas, tácitas, setoriais ou dependentes de cultura local, tornam-se difíceis de ensinar, comparar, auditar e institucionalizar.

O capítulo, portanto, conclui com uma formulação precisa: a maturidade dos marcos existentes não elimina a necessidade de DIG; ela a revela. Quanto mais maduras se tornam as camadas ao redor, mais visível se torna o ponto de conversão. Esse ponto de conversão é a camada decisória. Seu objeto é o compromisso material. Sua governança é o trabalho que DIG propõe formalizar.

O próximo capítulo pode agora avançar para a fundação definicional exigida por essa afirmação. Se a lacuna está localizada no ponto do compromisso, o objeto precisa ser definido com precisão. A pergunta se torna inevitável: o que, no sentido forte adotado por esta obra, é uma decisão?

Nota crítica: Governança bancária, gestão de risco de modelos, DORA, BCBS 239, RAG e AI TRiSM não originam DIG. Funcionam como referências de alta maturidade que tornam sua adoção mais difícil de adiar. DIG não é setorial por origem. É multissetorial e multirregional por objeto: a governança do compromisso decisório material.

Pontos para reflexão

1. Se sua organização já governa dados, tecnologia, riscos, modelos, sistemas de IA e resiliência, quem governa o ponto em que esses insumos governados se tornam compromisso material?
2. Quando um modelo, plataforma, sistema com RAG ou aplicação de IA contribui para uma decisão consequente, sua organização consegue reconstruir como a saída foi ponderado, aceito, modificado ou rejeitado?
3. Se seu setor possui tradições fortes de governança, elas funcionam como substituto da governança do compromisso ou como evidência de que a camada decisória já está madura o suficiente para exigir disciplina própria?

Leituras sugeridas

Referências fundamentais de governança

DAMA INTERNATIONAL. DAMA-DMBOK: Data Management Body of Knowledge. 2ª ed. Bradley Beach: Technics Publications, 2017; DAMA-DMBOK 2.0 Revised Edition, 2024. Referência central para compreender como gestão e governança de dados se estabilizam em torno de um objeto definido.

ISACA. COBIT 2019 Framework: Governance and Management Objectives. Schaumburg: ISACA, 2019. Referência importante para governança e gestão da informação e da tecnologia empresarial.

ISO. ISO 31000:2018 - Risk Management - Guidelines. Geneva: ISO, 2018. Base para compreender risco como efeito da incerteza sobre objetivos e para a lógica de calibração contextual.

ISO/IEC. ISO/IEC 42001:2023 - Information Technology - Artificial Intelligence - Management System. Geneva: ISO/IEC, 2023. Referência central para sistemas de gestão de IA e uso organizacional responsável de IA.

EUROPEAN UNION. Regulation (EU) 2024/1689 - Artificial Intelligence Act. Official Journal of the European Union, 2024. Especialmente relevante para regulação de IA baseada em risco e para o artigo 14 sobre supervisão humana.

NIST. Artificial Intelligence Risk Management Framework (AI RMF 1.0). Gaithersburg: National Institute of Standards and Technology, 2023. Especialmente relevante pelas funções Governar, Mapear, Medir e Gerenciar.

Referências adjacentes e operacionais

OBJECT MANAGEMENT GROUP. Decision Model and Notation (DMN), especificação atual. Relevante para distinguir modelagem de decisões e regras de negócio da governança do compromisso.

SPETZLER, Carl; WINTER, Hannah; MEYER, Jennifer. Decision Quality: Value Creation from Better Business Decisions. Hoboken: Wiley, 2016. Tradição vizinha importante para qualidade estruturada de decisões.

PFEFFER, Jeffrey; SUTTON, Robert I. Hard Facts, Dangerous Half-Truths, and Total Nonsense. Boston: Harvard Business Review Press, 2006; ROUSSEAU, Denise M. "Is There Such a Thing as Evidence-Based Management?"

Academy of Management Review, 2006. Referências centrais para o uso disciplinado de evidências na gestão.

FEDERAL RESERVE. SR 26-2: Revised Guidance on Model Risk Management. Board of Governors of the Federal Reserve System, 2026. Atualização importante para a fronteira entre risco de modelos e governança do compromisso.

GARTNER. Materiais públicos sobre AI Trust, Risk and Security Management (AI TRiSM). Úteis como referência operacional de mercado para confiança, risco, segurança, monitoramento e governança de aplicações de IA.

NIST. Artificial Intelligence Risk Management Framework: Generative Artificial Intelligence Profile (NIST AI 600-1). Gaithersburg: NIST, 2024. Referência importante para gestão de riscos de IA generativa.

ISO/IEC. ISO/IEC 23894:2023 - Artificial Intelligence - Guidance on Risk Management; ISO/IEC 42005:2025 - Artificial Intelligence - AI System Impact Assessment. Referências adjacentes importantes para risco e impacto de IA.

OWASP. OWASP Top 10 for Large Language Model Applications, 2025. Referência técnica útil para riscos de aplicações com grandes modelos de linguagem, como injeção de *prompts* e tratamento inseguro de saídas.

Referências setoriais e de alta maturidade

BASEL COMMITTEE ON BANKING SUPERVISION. BCBS 239: Principles for Effective Risk Data Aggregation and Risk Reporting. Basel: BIS, 2013. Relevante como precedente bancário de disciplina sobre dados de risco e suporte decisório.

EUROPEAN CENTRAL BANK. Guide on Effective Risk Data Aggregation and Risk Reporting. Frankfurt: ECB Banking Supervision, 2024. Útil para compreender a continuidade do foco supervisor em capacidades de agregação e reporte de dados de risco.

EUROPEAN UNION. Digital Operational Resilience Act (DORA), Regulation (EU) 2022/2554. Relevante para resiliência de tecnologia, risco de terceiros e robustez operacional do setor financeiro.

EUROPEAN BANKING AUTHORITY. Special Topic - Artificial Intelligence. Relevante como sinal de mercado e supervisão sobre adoção de IA, IA generativa e aplicações relacionadas a RAG no setor bancário europeu.

BANK FOR INTERNATIONAL SETTLEMENTS / IRVING FISHER COMMITTEE. Generative Artificial Intelligence in Central Banking. IFC Bulletin No. 67, 2026. Relevante como sinal institucional contemporâneo sobre IA generativa e RAG em contextos financeiros regulados.

CAPÍTULO 4

O que é, de fato, uma decisão

Distinguindo o objeto antes de governá-lo

"O começo da sabedoria está na definição dos termos."

— Frase comumente atribuída a Sócrates. Mantida aqui pelo princípio que expressa, não como citação primária verificada.

O capítulo anterior mostrou que os principais marcos de governança examinados nesta obra governam seus próprios objetos com legitimidade e clareza. Também mostrou que, dentro dos limites da revisão realizada, a camada decisória ainda não possui uma disciplina pública padronizada equivalente. Antes de avançar na formulação dessa disciplina, porém, uma pergunta anterior precisa ser enfrentada diretamente: o que, exatamente, é uma decisão?

A pergunta importa porque toda governança depende do objeto que pretende governar. A governança de dados precisou tratar dados como ativos. A governança de riscos precisou definir risco de modo operacional. A governança de IA exige uma compreensão clara do sistema, do uso, dos riscos e da supervisão humana. A governança de decisões exige o mesmo rigor. Se a palavra decisão continuar cobrindo desde uma preferência casual até um compromisso organizacional praticamente irreversível, a disciplina perde seu objeto antes mesmo de começar.

Este capítulo, portanto, realiza um ato fundacional de delimitação. Ele esclarece o que conta como decisão no sentido forte adotado por esta obra, distingue esse objeto de noções vizinhas e mostra por que a decisão — e não o dado, o modelo, o *insight* ou a ação posterior — é a unidade natural da governança do compromisso decisório. O capítulo também conecta essa definição à empresa centrada em decisões: uma organização que trata compromissos consequentes como objetos identificáveis, governáveis, atribuíveis e aprendíveis.

4.1 - A palavra comum e o objeto governável

Na linguagem cotidiana, as pessoas decidem quase tudo: o que comer, qual mensagem enviar, qual fornecedor acionar, se devem entrar em um novo mercado ou se devem alocar milhões em uma nova linha de produto. O verbo é o mesmo, mas o objeto não é. Essa ambiguidade é aceitável na conversa comum; não é aceitável em governança. Uma disciplina não pode governar um objeto que ainda não foi suficientemente delimitado.

Para os fins desta obra, decisão não é qualquer ato de escolher. Decisão, no sentido forte, é o compromisso com uma alternativa que mobiliza recursos e carrega um custo relevante de reversão. Essa definição é funcional, não ornamental. Ela oferece à disciplina algo que pode ser identificado, reconstruído, avaliado e comparado.

Essa definição também protege a obra contra exageros. DIG não está sendo proposto como mecanismo para supervisionar todo ato ordinário de escolha dentro de uma organização. Seu foco é o compromisso decisório material: o ponto em que uma alternativa começa a vincular a organização por meio da alocação de recursos, da aceitação de exposição, da exclusão de caminhos concorrentes ou da assunção de responsabilidade por uma autoridade identificável.

O limiar, portanto, não é a preferência psicológica, nem a presença de uma recomendação analítica, nem a simples execução de uma tarefa. O limiar é o compromisso. Uma preferência pode permanecer privada. Uma escolha pode permanecer provisória. Uma recomendação pode continuar sendo apenas aconselhamento. Uma intenção pode permanecer aspiracional. Uma ação pode ser apenas execução mecânica de uma decisão anterior. A decisão, no sentido forte, é o ponto em que a organização passa a dever algo ao caminho que selecionou.

Tabela 4.1 — Noções vizinhas e o limiar da decisão

Noção	**O que expressa**	**Por que ainda não é a decisão governável**
Preferência	Inclinação por uma alternativa.	Pode nunca se converter em compromisso organizacional.
Opção	Caminho possível disponível para consideração.	Permanece possibilidade até que a organização se comprometa.
Escolha	Seleção provisória entre alternativas.	Pode ser tentativa e reversível sem consequência relevante.
Intenção	Direção ou aspiração declarada.	Sinaliza propósito, mas pode não alocar recursos nem excluir caminhos.
Recomendação	Indicação produzida por pessoa, modelo, sistema ou comitê.	Informa o julgamento, mas não assume a responsabilidade pelo compromisso.
Ação	Execução prática de algo.	Pode implementar uma decisão anterior, sem constituir a decisão em si.
Resultado	Efeito observado após ação e contexto se desdobrarem.	É objeto de avaliação e aprendizagem, não o ato decisório.
Decisão no sentido forte	Compromisso material com uma alternativa sob responsabilidade identificável.	Este é o objeto que DIG propõe governar.

Conceito-chave: DIG governa decisões quando elas se tornam compromissos materiais. A disciplina não fiscaliza toda escolha; ela governa o ato organizacional pelo qual alternativas, evidências, risco, julgamento e responsabilidade se convertem em consequência.

4.2 - Decisão como compromisso

A tradição de análise da decisão ajuda a esclarecer por que o compromisso ocupa o centro do objeto definido aqui. Howard Raiffa e Ralph Keeney deixaram claro que decisões relevantes envolvem alternativas, incerteza, consequências, preferências e trocas entre objetivos. Ronald A. Howard, pela linhagem da análise da decisão, deu clareza duradoura à ideia de que uma decisão se torna real quando recursos são comprometidos de modo que a reversão seja impossível ou tenha custo relevante.

Esta obra não afirma que esses autores formularam uma teoria de governança fiduciária da decisão nos termos aqui utilizados. A afirmação é mais precisa e mais defensável: a tradição que eles ajudaram a consolidar permite distinguir deliberação de compromisso e compromisso de execução. Essa distinção é fundacional para a governança.

Uma decisão material possui pelo menos seis atributos reconhecíveis. Possui alternativas, porque um caminho só ganha sentido em relação aos caminhos não escolhidos. Possui materialidade, porque realoca recursos financeiros, humanos, operacionais, reputacionais, regulatórios ou políticos. Possui consequência, porque altera aquilo a que a organização passará a estar exposta. Possui evidência, porque se apoia em alguma base de informação, análise, experiência, inferência, *output* de modelo ou julgamento contextual. Possui responsabilidade, porque alguém autoriza ou assume o julgamento que converte análise em compromisso. E possui potencial de aprendizagem, porque a organização pode, depois, comparar expectativa, compromisso, contexto, resultado e interpretação causal.

Vista dessa forma, a decisão não é simplesmente o momento em que alguém prefere uma opção a outra. É o ponto em que a organização deixa de apenas considerar e começa a se comprometer. Por isso o compromisso, e não a deliberação isolada, torna-se o núcleo do objeto que DIG pretende governar.

A ênfase no compromisso também evita outra confusão comum: a confusão entre decisão e resultado. Um resultado favorável não prova que o compromisso foi bem governado. Um resultado desfavorável não prova que o compromisso foi irracional ou mal formado. A governança precisa localizar o compromisso antes do resultado, e não reconstruí-lo apenas depois, sob a pressão do retrospecto.

O ponto de conversão pode ser expresso diretamente: dados e evidências, avaliação de risco, saídas de IA ou modelos, contexto e julgamento humano convergem em compromisso decisório material. Depois desse compromisso vêm execução, resultado e aprendizagem posterior.

DIG governa a conversão em si, não apenas os insumos que a antecedem ou o resultado que a sucede.

4.3 - Decisão como unidade de governança na empresa centrada em decisões

Se dados podem ser governados como ativos e sistemas de IA podem ser governados como instrumentos, a pergunta proposta por esta obra se torna inevitável: qual é a unidade natural de governança no ponto em que evidência, julgamento, risco e consequência convergem? A resposta proposta aqui é a decisão. Mais precisamente: a decisão como compromisso organizacional consequente.

É isso que significa, neste livro, a tese da decisão como ativo. Não se trata de afirmar que decisões são ativos em sentido contábil. Trata-se de afirmar que decisões são objetos organizacionais governáveis porque concentram consequência, trocas aceitas, carga evidencial e responsabilidade rastreável. Onde a organização se compromete, a governança deve ser capaz de localizar, examinar e revisitar o que ocorreu.

Essa tese também esclarece o movimento da lógica orientada por dados para a lógica centrada em decisões. Uma empresa orientada por dados pergunta como tornar dados confiáveis, disponíveis, interpretáveis e úteis. Uma empresa centrada em decisões pergunta quais compromissos materiais importam, quais evidências devem sustentá-los, quem tem autoridade para assumi-los, como eles devem ser registrados e como a organização aprenderá com eles depois. A segunda pergunta não cancela a primeira. Ela reorganiza a primeira em torno do ponto em que valor, risco e responsabilidade realmente se materializam.

Essa distinção importa porque muitas organizações possuem forte capacidade analítica sem possuir forte governabilidade decisória. Elas podem conhecer a linhagem de um conjunto de dados, o desempenho de um modelo e o responsável por uma plataforma, mas ainda assim não conseguir reconstruir, com rigor comparável, a base sobre a qual um compromisso consequente foi assumido. Uma empresa centrada em decisões fecha essa lacuna ao tratar compromissos materiais como objetos que podem ser inventariados, classificados, registrados, comparados e transformados em aprendizagem.

A mesma distinção esclarece a passagem da maturidade orientada por dados para a governabilidade centrada em decisões. Catálogos de dados, saídas de modelos, painéis e recomendações analíticas só se tornam decisórios quando participam de um compromisso material. Nesse ponto, a organização precisa de mais do que linhagem de dados ou documentação de modelo. Precisa de rastreabilidade do compromisso, qualificação da evidência, atribuição de responsabilidade e base para aprendizagem posterior. A empresa centrada em decisões, portanto, não é aquela que usa mais retórica sobre decisão, mas aquela em que o compromisso material se torna visível como unidade que articula valor, risco, evidência e responsabilidade.

A analogia com a governança de dados pode ser afirmada diretamente. Onde a maturidade centrada em dados criou ativos de dados, responsáveis por dados, linhagem, controles de qualidade, catálogos, *outputs* analíticos e painéis de desempenho, a maturidade centrada em decisões exigirá, em algum momento, ativos decisórios, responsáveis por decisões, rastreabilidade do compromisso, suficiência evidencial, inventários de decisão, bases decisórias e registros de aprendizagem decisória. A analogia não pretende transformar este capítulo em método; ela mostra como o objeto governado se desloca do insumo informacional para o compromisso que o utiliza.

4.4 - Compromissos ocultos e distorções cognitivas

A literatura comportamental acrescenta uma complicação essencial. Se a análise da decisão ajuda a delimitar a estrutura de uma decisão relevante, os trabalhos de Daniel Kahneman, Amos Tversky e autores relacionados mostram por que atores humanos não entram nessa estrutura a partir de uma posição de neutralidade perfeita. Heurísticas e vieses afetam não apenas qual alternativa é escolhida, mas também se o ator reconhece que um compromisso real está sendo assumido.

Os efeitos de enquadramento são especialmente importantes. A mesma situação pode ser apresentada de formas equivalentes em informação, mas distintas em peso psicológico, produzindo julgamentos materialmente diferentes. O viés do estado atual cria outro problema: manter o arranjo existente pode parecer ausência de decisão, mesmo quando preserva claramente uma alocação de recursos e, portanto, funciona como compromisso real. O efeito do custo já incorrido cria outra distorção, fazendo a continuidade parecer justificada apenas porque muito já foi investido.

Esses vieses importam porque borram o objeto. Uma organização pode dizer a si mesma que está apenas aguardando, revisando, preservando opcionalidade ou evitando uma ação prematura quando, na prática, já está mantendo um compromisso custoso. O problema de governança, portanto, começa antes do que muitos processos reconhecem. Ele começa não apenas com a alternativa escolhida, mas com a identificação correta do ponto em que o compromisso efetivamente se torna real.

Há também compromissos ocultos produzidos pela inação. Não agir pode preservar uma exposição, permitir o acúmulo de risco ou continuar alocando capital e atenção a um caminho que já se tornou custoso. Na linguagem comum, a organização pode dizer que nenhuma decisão foi tomada. Na linguagem da governança, isso pode ser incorreto. A falta de mudança de direção pode ser um compromisso com a direção existente quando reversão, atraso ou continuidade carregam consequência material.

DIG não promete eliminar vieses. O que exige é maior visibilidade sobre as condições pelas quais vieses podem remodelar o significado do compromisso. Uma disciplina de governança decisória precisa, portanto, fazer mais do que definir o objeto em abstrato; precisa tornar esse objeto reconhecível sob as limitações cognitivas da vida organizacional real.

As principais distorções cognitivas relevantes para este capítulo podem ser expressas sem transformá-las em um quadro próprio. Efeitos de enquadramento podem fazer situações equivalentes parecerem diferentes e alterar o compromisso. O viés do status quo pode ocultar que manter o caminho atual também é uma decisão. O efeito de custo irrecuperável pode justificar continuidade apenas porque recursos já foram gastos. O excesso de confiança pode fazer evidências fracas parecerem mais fortes do que são. O viés de automação pode levar à aceitação de uma recomendação de IA sem escrutínio suficiente. Cada uma dessas distorções importa porque pode obscurecer o ponto em que o compromisso se torna real.

4.5 - Uma taxonomia das decisões organizacionais

Nem toda decisão organizacional exige a mesma intensidade de governança. Uma disciplina que ignora esse fato se torna impraticável; uma disciplina que exagera esse fato se dissolve em informalidade. A resposta proposta por esta obra é a proporcionalidade, e a proporcionalidade exige classificação.

Três dimensões são especialmente importantes. A primeira é a materialidade: quanto capital, exposição, visibilidade ou consequência o compromisso mobiliza. A segunda é a reversibilidade: quão difícil ou custoso seria desfazer o compromisso depois de assumido. A terceira é a dependência de IA: em que medida o compromisso se apoia em saídas produzidas por modelos preditivos, classificadores, sistemas de recomendação, copilotos, sistemas generativos, arquiteturas baseadas em recuperação de conhecimento ou agentes.

Essas dimensões não operam separadamente. Elas se combinam para determinar o peso do compromisso. Uma decisão de baixa materialidade, facilmente reversível e com pouca dependência algorítmica não precisa da mesma densidade de governança que uma decisão de alta materialidade, baixa reversibilidade e forte influência de saídas de IA. A disciplina permanece a mesma. O que muda é a intensidade com que suas condições precisam aparecer de modo explícito.

Uma quarta lente também deve ser reconhecida sem se transformar em eixo concorrente: a materialidade acumulada. Algumas decisões são pequenas individualmente, mas consequentes em conjunto. Um único ajuste automatizado de preço, uma decisão de roteamento de crédito, uma triagem de sinistro, uma intervenção de atendimento ou um tratamento dado a cliente pode ser baixo em isolamento. Repetido milhares ou milhões de vezes, porém, esse tipo de compromisso pode produzir efeitos financeiros, reputacionais, regulatórios ou sociais materiais. DIG deve, portanto, considerar tanto a materialidade isolada quanto a materialidade acumulada.

Essa taxonomia não é a disciplina inteira. É um primeiro dispositivo de ordenação. Ela permite que a organização saiba que tipo de compromisso está enfrentando antes de definir quanta rastreabilidade, qualificação evidencial, revisão e aprendizagem posterior o caso exigirá.

Tabela 4.2 — Dimensões de classificação para decisões materiais

Dimensão	Pergunta de governança	Implicação típica
Materialidade	Qual nível de consequência o compromisso mobiliza?	Materialidade maior exige qualificação evidencial mais densa e responsabilidade mais clara.
Reversibilidade	Quão difícil ou custoso é desfazer o compromisso?	Menor reversibilidade aumenta a necessidade de rastreabilidade antes do compromisso.
Dependência de IA	Quanto o compromisso depende de saída algorítmica?	Maior dependência exige mapeamento explícito da contribuição da IA e do julgamento humano.
Materialidade acumulada	Compromissos recorrentes de baixo nível podem criar efeito material agregado?	Alto volume pode exigir governança mesmo quando cada decisão isolada parece pequena.
Exposição externa	A decisao afeta clientes, reguladores, mercados, comunidades ou direitos?	Impacto externo aumenta a necessidade de justificação e reconstrução posterior.

4.6 - O teste de limiar: quando uma escolha se torna decisão material

As seções anteriores permitem formular um teste prático de limiar. Esse teste não é apresentado aqui como metodologia finalizada. É um apoio disciplinar: uma forma de verificar se determinado evento deve ser tratado como compromisso decisório material para os fins de DIG.

O teste começa com uma pergunta simples: a organização apenas considerou uma alternativa ou começou a se vincular a ela de modo a produzir consequência? A partir daí surgem outras perguntas. Recursos foram alocados? Caminhos concorrentes foram excluídos? A reversão passou a ter custo relevante? Uma autoridade identificável assumiu responsabilidade? O compromisso se apoiou em evidência cuja qualidade deveria ser qualificada? O resultado precisará ser usado posteriormente para aprendizagem?

Se a resposta a essas perguntas for negativa, o evento pode ser uma preferência, uma recomendação, uma intenção, uma ação operacional ou uma exploração preliminar. Se for afirmativa, o evento pertence à classe de objetos que DIG pretende governar. O valor desse teste não é burocrático. Ele evita dois excessos: DIG não deve sobrecarregar escolhas triviais, mas também não deve deixar compromissos consequentes sem nome.

Um teste preliminar de limiar decorre da própria definição. A organização deve perguntar se recursos começaram a ser vinculados, se a reversão teria custo significativo, se alternativas deixaram de ser opções reais, se a responsabilidade pode ser identificada, se a evidência foi tratada como suficiente e se o evento pode ser reconstruído posteriormente. Quando essas respostas são substancialmente afirmativas, o evento deixa de ser mera preferência, intenção, recomendação ou ação. Ele se torna compromisso decisório material e deve ser governado como tal.

Essas perguntas de limiar não são formulários separados; são sinais da mesma passagem subjacente. Há decisão material quando alternativas eram reais, recursos começaram a ser vinculados, a reversão passou a ter custo relevante, a incerteza foi aceita ou tratada, IA ou modelo teve peso material e o compromisso resultante pode ser posteriormente reconstruído e comparado.

4.7 - Implicações para a governança

Uma vez definida a decisão como compromisso consequente, várias implicações de governança aparecem imediatamente. Primeiro, a organização precisa distinguir compromisso de preferência, intenção, recomendação e simples execução. Segundo, precisa identificar quem assumiu o compromisso e sob qual autoridade. Terceiro, precisa registrar quais evidências e alternativas estavam presentes no momento em que o compromisso foi assumido.

Quarto, precisa revisitar a decisão posteriormente sem reduzir o passado a uma narrativa simplificada pelo resultado. Isso exige manter rastreabilidade suficiente para comparar expectativa, base evidencial, responsabilidade e resultado observado. Quinto, precisa calibrar a governança de modo proporcional, para que compromissos menores não sejam sobrecarregados e compromissos maiores não sejam tratados casualmente.

Nenhum desses requisitos transforma DIG em burocracia por si mesma. O objetivo não é tornar toda decisão cerimonial. O objetivo é impedir que compromissos consequentes permaneçam conceitualmente vagos exatamente onde a responsabilidade se torna real. Onde a organização compromete recursos, aceita exposição e exclui alternativas, o objeto de governança não deve mais ser ambíguo.

Este capítulo também esclarece por que DIG pode se tornar a fundação de uma metodologia futura sem ser apresentado, nesta edição, como essa metodologia já concluída. Uma metodologia futura precisaria traduzir a definição desenvolvida aqui em instrumentos como inventário de decisões, modelo de responsabilidade decisória, registro do compromisso decisório, triagem de proporcionalidade, matriz de responsabilidade humano-IA e ciclo de aprendizagem. Esses instrumentos não criariam a disciplina; operacionalizariam o objeto definido por ela.

Os capítulos seguintes constroem sobre essa premissa. Se a decisão é o objeto governável, a disciplina também precisa explicar as condições limitadas sob as quais ela é assumida, a sequência que a torna justificável, a lógica causal que torna possível a aprendizagem posterior e a hierarquia de evidências que determina a força real de sua base.

A definição também antecipa a tradução metodológica futura. Uma vez delimitado o objeto, a metodologia posterior poderá construir instrumentos ao seu redor: inventários de decisões para localizar compromissos materiais, registros do compromisso para preservar rastreabilidade, matrizes de evidência para qualificar a base do julgamento, mapas de responsabilidade para distinguir contribuições humanas e algorítmicas e mecanismos de aprendizagem para comparar expectativa, contexto e resultado. Esses instrumentos não são concluídos aqui; tornam-se possíveis porque o objeto foi primeiro delimitado.

Pontos para reflexão

1. Se alguém perguntasse à sua organização qual é sua definição formal de decisão, haveria uma resposta clara e consistente entre áreas e instâncias de governança?
2. Sua organização distingue compromissos de alta materialidade de compromissos de baixa materialidade de modo que isso realmente afete o rigor do processo decisório?
3. Quando a IA contribui para uma decisão consequente, sua organização registra claramente o que o sistema produziu, o que o humano julgou e quando o compromisso efetivo foi assumido?
4. Quais escolhas recorrentes da sua organização parecem pequenas isoladamente, mas podem se tornar materialmente relevantes quando repetidas em escala?

Leituras sugeridas

Referências fundacionais e conceituais

RAIFFA, Howard. Decision Analysis: Introductory Lectures on Choices under Uncertainty. Reading, Mass.: Addison-Wesley, 1968. Referência fundacional para a tradição prescritiva da análise da decisão e para a estruturação explícita de escolhas sob incerteza.

KEENEY, Ralph L.; RAIFFA, Howard. Decisions with Multiple Objectives: Preferences and Value Tradeoffs. New York: Wiley, 1976. Texto decisivo para compreender como trocas entre objetivos concorrentes moldam compromissos relevantes.

HOWARD, Ronald A. "The Foundations of Decision Analysis Revisited." In: EDWARDS, Ward; MILES JR., Ralph F.; VON WINTERFELDT, Detlof (eds.). Advances in Decision Analysis. Cambridge: Cambridge University Press, 2007. Ponte útil entre a tradição clássica de análise da decisão e as preocupações de governança discutidas nesta obra.

HOWARD, Ronald A.; ABBAS, Ali E. Foundations of Decision Analysis. Upper Saddle River: Pearson, 2015. Referência sistemática para a tradição de análise da decisão e para a distinção entre decisão, incerteza, resultado e valor.

HAMMOND, John S.; KEENEY, Ralph L.; RAIFFA, Howard. Smart Choices: A Practical Guide to Making Better Decisions. Boston: Harvard Business School Press, 1999. Referência prática para enquadramento, alternativas, consequências, trocas e estruturação disciplinada de decisões.

Referências comportamentais e organizacionais

KAHNEMAN, Daniel. Thinking, Fast and Slow. New York: Farrar, Straus and Giroux, 2011. Obra central para compreender como heurísticas e vieses afetam julgamentos sob incerteza.

TVERSKY, Amos; KAHNEMAN, Daniel. "The Framing of Decisions and the Psychology of Choice." Science, v. 211, n. 4481, p. 453-458, 1981. Artigo fundacional para entender por que a forma de enquadrar um problema decisório pode alterar o julgamento feito a partir de informações equivalentes.

SIMON, Herbert A. Models of Man, Social and Rational. New York: John Wiley & Sons, 1957. Referência fundacional sobre racionalidade limitada e limites dos processos decisórios reais.

STAW, Barry M. "Knee-Deep in the Big Muddy: A Study of Escalating Commitment to a Chosen Course of Action." Organizational Behavior and Human

Performance, v. 16, n. 1, p. 27-44, 1976. Complemento útil para compreender por que a continuidade pode se tornar compromisso e como compromissos anteriores podem distorcer julgamentos posteriores.

CAPÍTULO 5

Racionalidade limitada

A condição permanente

Por que a qualidade da evidência não é detalhe - é estrutura.

"A capacidade da mente humana de formular e resolver problemas complexos é muito pequena quando comparada ao tamanho dos problemas cuja solução seria necessária para um comportamento objetivamente racional no mundo real."

- Herbert A. Simon, Models of Man (1957, p. 198). Formulação adaptada em português para os fins desta obra.

O capítulo anterior definiu o objeto que esta obra propõe governar: a decisão como compromisso organizacional com uma alternativa que realoca recursos e cria custo relevante de reversão. Definir o objeto, porém, é apenas o primeiro passo. Uma disciplina de governança de decisões também precisa considerar as condições sob as quais esse compromisso é efetivamente formado.

Essas condições não são ideais. Decisões reais não são tomadas a partir de conhecimento completo, atenção ilimitada, previsão perfeita ou capacidade computacional irrestrita. Elas são tomadas sob restrição: informação parcial, tempo limitado, atenção seletiva, pressão institucional, influência social e consequências incertas. Essa condição é estrutural, não acidental.

Por isso, a qualidade da evidência passa a ocupar posição central no argumento. Se os decisores não conseguem ver tudo, processar tudo nem testar todas as alternativas de modo exaustivo, então a qualidade da base evidencial que efetivamente recebem se torna uma variável de governança do próprio compromisso. A evidência não é um acessório procedimental. Ela integra a arquitetura do julgamento responsável.

O ponto não é constranger a decisão humana comparando-a com um padrão impossível de racionalidade perfeita. O ponto é começar pela condição real sob a qual as organizações decidem. Quando essa condição é reconhecida, a pergunta muda. Já não se trata de saber se o decisor era onisciente. Trata-se de saber se a organização criou condições para que um julgamento limitado operasse com evidências explícitas, limitações conhecidas, rigor proporcional e possibilidade de revisão posterior.

Este capítulo examina, portanto, a racionalidade limitada como condição permanente da decisão. Mostra por que Herbert Simon permanece indispensável à disciplina proposta nesta obra, por que a racionalidade limitada é organizacional e não apenas individual, por que heurísticas e experiência devem ser tratadas com nuance, por que a IA desloca o problema sem eliminá-lo e por que a governança deve ser desenhada em torno da suficiência disciplinada, não da fantasia de otimização perfeita.

5.1 - Simon e a reorientação da teoria da decisão

Herbert A. Simon mudou os termos da conversa sobre escolha nas organizações. Em vez de partir do ideal do agente plenamente racional, ele partiu das realidades da vida organizacional: informação incompleta, capacidade cognitiva finita, objetivos concorrentes e pressão prática de tempo. Com esse movimento, Simon não descartou a racionalidade; ele a reformulou sob condições reais.

Essa reformulação continua decisiva porque muitas práticas de governança ainda herdam, às vezes de modo inconsciente, uma imagem idealizada do decisor. Supõem que, se informação suficiente estiver disponível em algum lugar da organização, a decisão naturalmente a absorverá. Simon mostrou por que essa suposição é frágil. Informação não se transforma automaticamente em julgamento. Alternativas não se tornam automaticamente comparáveis. Consequências não se tornam automaticamente calculáveis. O decisor busca, simplifica, prioriza, interpreta e, em algum momento, precisa parar.

O homem administrativo de Simon não é irracional. Ele é racional dentro de limites. Não maximiza em abstrato; procura alternativas que satisfaçam determinados limiares sob restrições de tempo, atenção, informação e viabilidade institucional. Isso não é um ajuste menor na teoria clássica da decisão. Muda a pergunta de governança. Se as organizações não decidem por otimização exaustiva, governar decisões não pode significar verificar se a organização chegou a uma resposta ideal, inacessível na prática. Deve significar verificar se a organização governou os limites sob os quais o compromisso foi assumido.

A obra de March e Simon amplia esse *insight* do indivíduo para a organização. As organizações não apenas agregam limites cognitivos individuais; elas os moldam. Rotinas determinam o que é percebido. Hierarquias determinam o que chega à atenção da alta liderança. Incentivos influenciam o que é enfatizado ou omitido. Estruturas de reporte definem as categorias por meio das quais a realidade se torna legível. A busca por alternativas muitas vezes começa apenas quando o desempenho cai abaixo de um nível de aspiração e, mesmo assim, tende a permanecer local, limitada por categorias existentes, fornecedores conhecidos, premissas herdadas ou alternativas politicamente aceitáveis.

A racionalidade limitada, portanto, não é apenas propriedade da mente executiva. É propriedade do sistema organizacional por meio do qual evidências são selecionadas, resumidas, enquadradas, autorizadas e convertidas em compromisso. Um conselho, comitê ou time executivo pode parecer decidir com base em um dossiê completo. Na realidade, esse dossiê é a expressão final de muitos filtros anteriores: o que foi medido, o que foi excluído, o que foi escalado, o que foi simplificado, o que foi considerado relevante e o que já estava normalizado antes de a decisão chegar ao fórum formal.

É por isso que a racionalidade limitada importa tão diretamente para DIG. Um processo decisório não pode ser avaliado apenas perguntando se chegou à resposta ideal. Ele também precisa ser avaliado perguntando se, sob os limites efetivamente existentes, a organização trabalhou com evidências de qualidade conhecida, usou critérios inteligíveis, preservou alternativas reais e manteve um caminho rastreável da deliberação ao compromisso.

Vista por esse ângulo, a racionalidade limitada não é um defeito a ser disfarçado. É a condição permanente que a governança precisa acomodar. Uma disciplina séria não finge que esses limites não existem. Ela constrói estruturas que tornam a decisão sob restrição mais explícita, mais revisável e mais capaz de gerar aprendizagem posterior.

5.2 - A forma organizacional da limitação

A racionalidade limitada se torna mais clara quando não é reduzida a uma limitação mental privada. O decisor raramente encontra o mundo de forma direta. O mundo chega ao decisor por instrumentos organizacionais: painéis, materiais de comitê, relatórios, modelos, pareceres jurídicos, avaliações de risco, resumos orçamentários, previsões, notas técnicas e, cada vez mais, sínteses geradas por IA. Esses instrumentos são necessários. Também são filtros.

A primeira limitação é informacional. Nenhum decisor possui toda a informação que seria idealmente relevante. Parte dela ainda não existe. Parte é inacessível. Parte existe, mas está dispersa entre sistemas, áreas, jurisdições ou agentes externos. Parte está presente, mas não é suficientemente atual, comparável ou contextualizada para apoiar o compromisso em questão. Em uma organização rica em dados, a limitação pode deixar de ser a escassez de informação e passar a ser a dificuldade de determinar qual informação merece peso decisório.

A segunda limitação é interpretativa. Mesmo quando a informação está disponível, ela chega já moldada. Um painel seleciona métricas. Um relatório de risco classifica exposições segundo determinada taxonomia. Um *output* de modelo reflete escolhas de desenho, dados de treinamento, limiares e premissas. Uma apresentação executiva decide o que aparece na primeira página e o que fica no anexo. Nenhuma dessas mediações é, por si só, inadequada. Mas cada uma delas altera aquilo que o decisor efetivamente consegue enxergar.

A terceira limitação é avaliativa. Pessoas interpretam evidências por meio de ancoragens, saliência, excesso de confiança, aversão à perda, viés de confirmação e outras distorções recorrentes. O problema não é apenas que os decisores sabem pouco. É também que podem superestimar o que sabem, subestimar o que contradiz a direção preferida ou atribuir confiança excessiva a informações apresentadas com aparência técnica ou autoridade institucional.

A quarta limitação é institucional. Organizações decidem por meio de papéis, status, incentivos, rotinas e política interna. Uma visão divergente pode ser formalmente permitida e praticamente desestimulada. Um risco pode aparecer em nota técnica e desaparecer da narrativa executiva. Uma alternativa pode continuar teoricamente disponível, mas estar politicamente morta. Um comitê pode aprovar um compromisso sem que nenhum participante sinta, individualmente, todo o peso da responsabilidade. Essas condições não são periféricas à racionalidade. Elas fazem parte da forma como a racionalidade é limitada na vida organizacional.

Para DIG, isso importa porque a qualidade da evidência não pode ser compreendida apenas como qualidade do dado bruto. A pergunta relevante é qual base evidencial efetivamente chegou ao ponto de compromisso. Uma fonte de dados pode ser forte, mas o resumo derivado dela pode induzir erro. Um modelo pode ser estatisticamente robusto, mas pouco aderente ao contexto da decisão. Uma avaliação de risco pode ser rigorosa, mas ter sido incorporada de modo fraco à deliberação. A governança precisa examinar não apenas se a informação existia, mas como ela foi convertida em base para o compromisso.

Um exemplo simples ilustra o ponto. Um comitê executivo recebe um único índice de atratividade de mercado para uma possível expansão. O índice parece preciso e visualmente convincente. Mas pode combinar crescimento histórico, poder de compra, abertura regulatória, logística e intensidade competitiva de uma forma que oculta grandes assimetrias entre as variáveis. Se o comitê trata o índice como evidência suficiente sem compreender sua composição, a limitação não está na falta de dados, mas na compressão não examinada dos dados em aparente certeza.

A forma organizacional da racionalidade limitada torna, portanto, indispensável a qualificação da evidência. A pergunta não é se a organização tinha informação. É se a organização sabia que tipo de informação tinha, como ela havia sido filtrada, o que podia sustentar e onde começavam seus limites. Sem essa consciência, a governança da decisão permanece vulnerável justamente em organizações que se percebem analiticamente sofisticadas.

5.3 - Heurísticas, experiência e disciplina do julgamento

A literatura sobre julgamento sob incerteza acrescenta uma segunda camada ao problema. Kahneman e Tversky mostraram que heurísticas podem gerar erros sistemáticos, especialmente quando as pessoas enfrentam incerteza, complexidade e *feedback* incompleto. Ancoragem, disponibilidade, representatividade, viés de confirmação e excesso de confiança não distorcem apenas opiniões pessoais; podem remodelar compromissos organizacionais.

Ainda assim, a conclusão de governança não deve ser simplista. Seria um erro ler a literatura comportamental como se toda intuição fosse defeituosa e toda análise formal fosse superior. O trabalho de Gigerenzer sobre racionalidade limitada e heurísticas adaptativas lembra que regras simplificadas podem funcionar bem quando são adequadas ao ambiente. O trabalho de Klein sobre decisão naturalística mostra que profissionais experientes frequentemente reconhecem padrões relevantes sob pressão de uma forma que não se reduz integralmente a cálculo formal. Tetlock acrescenta outra nuance: o julgamento pode melhorar quando é calibrado, exposto a *feedback*, aberto à revisão e disciplinado por raciocínio probabilístico explícito.

Para DIG, a lição não é anti-humana nem anti-analítica. A disciplina não deve substituir julgamento por procedimento. Tampouco deve permitir que o julgamento se esconda atrás de autoridade, confiança ou experiência. O problema é governar as condições sob as quais o julgamento se transforma em compromisso. A experiência era relevante para esse contexto? A heurística era adequada ao ambiente? Interpretações divergentes foram consideradas? Incerteza e confiança foram distinguidas? O decisor estava consciente dos limites da base evidencial?

Essa distinção é especialmente importante em ambientes executivos. Líderes experientes carregam reconhecimento de padrões acumulado ao longo de décadas. Essa experiência pode ser valiosa. Mas não se valida por si mesma. Pode ser forte em ambientes semelhantes àqueles em que foi formada e frágil em ambientes estruturalmente alterados. Um líder que aprendeu com determinado ciclo de mercado pode interpretar mal outro. Um gestor de risco que reconhece sinais familiares de alerta pode estar correto; o mesmo gestor também pode atribuir peso excessivo à crise mais recente. Um comitê habituado a um ambiente regulatório pode subestimar outro.

A posição disciplinada, portanto, não é rejeitar a experiência, mas tornar visível seu status evidencial. Experiência é uma forma de evidência, mas nem toda experiência tem a mesma relevância para todo compromisso. Ela pode funcionar como fonte de hipóteses, guia de atenção, contraponto a *outputs* puramente mecânicos ou interpretação contextual da análise formal. O que não deve se tornar, sem qualificação, é substituto não examinado da evidência explícita quando a materialidade da decisão exige mais.

Essa é uma das razões pelas quais DIG insiste na qualificação da evidência, não na simples acumulação de evidências. A organização pode possuir dados, saídas de modelos, julgamento especializado, narrativas de mercado e experiência ao mesmo tempo. O problema de governança não é declarar uma categoria sempre superior. É saber o que cada categoria pode razoavelmente sustentar em relação ao compromisso específico. Nesse sentido, a disciplina do julgamento começa quando a organização deixa de tratar confiança como equivalente de evidência.

5.4 - IA e o deslocamento do problema

Uma objeção comum surge quase automaticamente: se sistemas de IA conseguem processar mais informação do que qualquer equipe humana, a racionalidade limitada ainda importa da mesma maneira? A resposta desta obra é cuidadosa, mas clara. A IA pode reduzir parte da carga de processamento, mas não elimina a condição da racionalidade limitada. Ela a redistribui.

A primeira razão é que a limitação informacional permanece. Modelos operam sobre dados disponíveis, historicamente legíveis e representáveis dentro de seu desenho. Quando o ambiente muda abruptamente, ou quando o passado deixa de ser uma aproximação confiável do presente, o sistema ainda pode produzir saídas bem formuladas com base em um mundo que já está se deslocando. Um modelo pode processar mais do que um ser humano, mas não sabe automaticamente o que a organização deixou de representar, o que o ambiente alterou recentemente ou o que os dados disponíveis omitem de modo sistemático.

A segunda razão é que a limitação de desenho permanece. Sistemas de IA não chegam como expansões neutras da cognição. Eles são construídos, selecionados, configurados, orientados por *prompts*, ajustados, implantados e monitorados por escolhas humanas e organizacionais. A arquitetura do modelo, os dados de treinamento, a base de recuperação, os limiares, a interface, as regras de escalonamento e o regime de governança influenciam o que o sistema produz e como as pessoas interpretam esse resultado. A racionalidade limitada migra, portanto, para cima, no desenho, e para baixo, no uso.

A terceira razão é que a limitação avaliativa permanece. Um decisor humano ainda precisa julgar se o *output* é adequado ao caso concreto. Esse julgamento está exposto ao viés de automação: a tendência de aceitar recomendações produzidas por máquina com facilidade excessiva porque chegam com aparência de estrutura, confiança ou autoridade técnica. Quanto melhor o *output* parece, mais fácil pode ser esquecer que ele continua sendo uma contribuição evidencial que exige qualificação.

A quarta razão é interpretativa. O decisor precisa compreender não apenas a recomendação, mas sua base, seus limites e suas condições de validade. Com sistemas generativos, essa dificuldade se torna mais aguda porque o *output* pode chegar como narrativa já coerente. Com geração aumentada por recuperação de informação, a resposta também pode parecer ancorada em fontes, o que melhora certas formas de confiabilidade, mas não governa por si só o compromisso que usa a resposta. A pergunta permanece: quais fontes foram recuperadas, quão atuais eram, o que foi omitido e que peso a organização atribuiu à resposta sintetizada no momento do compromisso?

A IA muda, portanto, o lugar da racionalidade limitada. A organização já não é limitada apenas pelo que suas pessoas conseguem calcular sem apoio. Ela também passa a ser limitada pelo que consegue compreender sobre os sistemas que utiliza, pelo que consegue verificar em seus *outputs*, pelo que consegue contestar quando esses *outputs* parecem autoritativos e pelo que consegue atribuir responsavelmente quando um compromisso é assumido com base neles.

É por isso que DIG se torna mais relevante, e não menos, em ambientes mediados por IA. A disciplina não pergunta se a IA pode ser útil. Parte da premissa de que pode. A pergunta é se a organização consegue governar o ponto em que a contribuição da IA passa a integrar o compromisso: se o *output* foi apenas um insumo entre outros, uma recomendação estruturada, a base predominante do julgamento ou uma ação executada sob delegação prévia. Quanto mais central se torna o *output*, mais explícitas devem ser as condições evidenciais e de responsabilidade.

Em outras palavras, a IA não elimina o problema de governança. Ela o desloca para o último trecho, onde interpretação, supervisão, qualificação da evidência e responsabilidade atribuível se tornam ainda mais críticas.

5.5 - Decisão por suficiência, limiares e proporcionalidade

Uma das ideias mais duradouras de Simon é que decisores reais normalmente decidem por suficiência, em vez de otimizar. Eles não buscam a melhor solução teórica em todas as circunstâncias. Buscam uma solução boa o bastante, defensável o bastante e oportuna o bastante sob as restrições que enfrentam. Esse padrão não deve ser descartado como fraqueza. Em muitos contextos, é a única forma realista de ação racional.

Mas, uma vez reconhecido isso, outra pergunta se torna inevitável: bom o bastante segundo qual critério? Se o limiar de suficiência permanece inteiramente tácito, a organização pode fechar compromissos com base em padrões invisíveis, inconsistentes ou excessivamente dependentes de autoridade, urgência ou preferência. A governança começa quando esses limiares se tornam explícitos o suficiente para serem compreendidos e, depois, revisados.

É aqui que racionalidade limitada e proporcionalidade se encontram. O que conta como evidência suficiente para uma decisão de baixo impacto e fácil reversão não pode ser o mesmo que conta como evidência suficiente para uma decisão de alta materialidade, baixa reversibilidade e forte dependência de IA. Um ajuste de preço reversível em poucas horas não exige a mesma densidade evidencial que uma decisão de entrada em mercado, uma política de crédito, uma intervenção de saúde pública ou uma decisão automatizada de elegibilidade que afete muitas pessoas ao longo do tempo.

DIG, portanto, não se opõe à decisão por suficiência. Ela a disciplina. A disciplina aceita que organizações muitas vezes precisam agir antes que conhecimento perfeito esteja disponível. Rejeita, porém, a ideia de que agir sob conhecimento imperfeito signifique agir sem suficiência explícita. O registro decisório deve deixar claro o que foi considerado suficiente, por que foi suficiente para aquela classe de compromisso, quais limitações eram conhecidas e quais condições exigiriam revisão posterior.

Isso não é burocracia por si mesma. É proteção contra confusão retrospectiva. Quando o resultado é favorável, a suficiência explícita impede que a organização exagere o quanto realmente sabia. Quando o resultado é adverso, impede que a organização presuma que a imperfeição do resultado signifique automaticamente negligência do processo. Nos dois casos, a organização ganha uma base mais disciplinada para aprender.

A suficiência também esclarece o papel da qualidade da evidência. Uma decisão pode legitimamente seguir adiante com evidência incompleta se essa incompletude for compreendida, proporcional ao compromisso e compensada por monitoramento ou reversibilidade. O problema não é a imperfeição. O problema é a imperfeição desconhecida: evidência cujos limites não foram reconhecidos, cuja confiança foi exagerada ou cuja aderência ao contexto foi presumida sem exame.

Nesse sentido, a decisão por suficiência não é inimiga da governança. É uma das realidades centrais que a governança precisa enfrentar. A disciplina não promete um mundo de otimização global. Busca um mundo no qual os limiares de suficiência sejam menos arbitrários, mais inteligíveis e melhor alinhados ao peso do compromisso em jogo.

5.6 - Implicações práticas para DIG

A consequência prática não se limita a um tipo de instituição. A racionalidade limitada aparece no agronegócio quando incerteza climática, volatilidade de mercado e recomendações baseadas em modelos colidem em compromissos sensíveis ao tempo. Aparece nos serviços financeiros quando transações complexas se movem mais rápido do que a capacidade avaliativa completa de qualquer ator isolado. Aparece na saúde pública quando decisões precisam equilibrar evidência, urgência, orçamento, regulação e consequência humana sob conhecimento incompleto. Aparece no varejo quando preço, demanda, estoque e comportamento do consumidor são comprimidos em painéis e recomendações. Aparece no governo quando compromissos de política pública precisam ser assumidos sob evidências contestadas e prestação de contas pública.

Em todos esses ambientes, o problema não é que decisores sejam descuidados ou mal equipados. O problema é que nenhuma organização escapa da necessidade de assumir compromissos sob restrição. Quanto mais complexo o ambiente, mais consequente o compromisso e mais próxima a IA se torna do ponto de ação, mais importante é governar a qualidade da base sobre a qual o julgamento é formado.

Algumas implicações decorrem daí. Primeiro, as organizações devem desenhar processos decisórios para a racionalidade limitada, não para a racionalidade ideal. Isso significa preservar a visibilidade de alternativas, evidências, premissas e limites conhecidos. Segundo, devem tratar resumos, painéis, *outputs* de IA e opiniões especializadas como evidências mediadas, não como espelhos transparentes da realidade. Terceiro, devem tornar os limiares de suficiência proporcionais ao peso do compromisso. Quarto, devem garantir que a responsabilidade permaneça atribuível quando o julgamento se distribui entre comitês, modelos, especialistas e sistemas.

Quinto, as organizações devem proteger a possibilidade de discordância disciplinada. A racionalidade limitada se torna mais perigosa quando a organização suprime justamente os sinais que poderiam revelar seus limites. Uma interpretação divergente, uma visão minoritária de risco ou um cenário alternativo pode não alterar o compromisso final, mas pode melhorar sua qualidade ao tornar mais visível a fronteira da evidência. A governança da decisão deve, portanto, preservar discordância significativa quando a materialidade do compromisso justificar isso.

Sexto, as organizações devem distinguir velocidade de suficiência. Algumas decisões precisam ser rápidas. A urgência, porém, não torna a evidência irrelevante; ela altera a forma do limiar de suficiência. Uma decisão de crise talvez não permita análise exaustiva, mas ainda deve ser possível declarar o que era conhecido, o que era desconhecido, quais premissas foram aceitas e por que a base disponível foi considerada suficiente sob aquelas circunstâncias.

Essas implicações preparam os próximos capítulos. A Doutrina do Compromisso exigirá que a organização distinga a sequência pela qual uma possibilidade se torna compromisso. A aprendizagem causal exigirá separar a decisão do contexto que depois moldou o resultado. Uma hierarquia de evidências exigirá classificar a robustez da base usada no momento do compromisso. Todos esses desenvolvimentos dependem do mesmo reconhecimento: organizações decidem sob limites, e esses limites precisam ser governados, não ocultados.

A racionalidade limitada, portanto, não é conceito marginal nesta obra. É uma de suas fundações epistemológicas. DIG parte do reconhecimento de que decisões consequentes são tomadas sob limites que nenhuma retórica, dado ou IA consegue apagar. O papel da governança não é negar esses limites. É desenhar para eles.

Pontos para reflexão

1. Se a racionalidade limitada é uma condição permanente, e não uma falha temporária, os processos decisórios da sua organização foram desenhados para acomodar essa realidade - ou ainda presumem, silenciosamente, tempo ilimitado, evidência ilimitada e capacidade avaliativa ilimitada?
2. Quando sistemas de IA geram recomendações que alimentam decisões materiais, a limitação humana é de fato reduzida - ou apenas deslocada para interpretação, supervisão, confiança no *output* algorítmico e responsabilidade pelo compromisso subsequente?
3. Se sua organização fecha decisões com base no que parece "bom o bastante", esses limiares de suficiência são explícitos, proporcionais e revisáveis - ou ainda são majoritariamente implícitos e situacionais?
4. Onde a racionalidade limitada se torna organizacional no seu ambiente: nos dados selecionados, nos resumos produzidos, nas alternativas consideradas, nos incentivos em jogo ou na estrutura de autoridade que define o que pode ser questionado?

Leituras sugeridas

Referências fundamentais

SIMON, Herbert A. Models of Man, Social and Rational: Mathematical Essays on Rational Human Behavior in a Social Setting. New York: John Wiley & Sons, 1957. Obra clássica em que a racionalidade limitada aparece de modo explícito e se torna central para a teoria da decisão em ambientes organizacionais reais.

SIMON, Herbert A. "Rational Decision Making in Business Organizations." American Economic Review, v. 69, n. 4, p. 493-513, 1979. Síntese importante do argumento de Simon sobre racionalidade limitada, decisão por suficiência e decisão sob restrição organizacional.

MARCH, James G.; SIMON, Herbert A. Organizations. New York: John Wiley & Sons, 1958. Texto fundamental para deslocar a racionalidade limitada do nível individual para o nível organizacional.

KAHNEMAN, Daniel. Thinking, Fast and Slow. New York: Farrar, Straus and Giroux, 2011. Referência essencial para compreender como heurísticas e vieses moldam o julgamento e tornam a qualidade do processo central para a governança.

GIGERENZER, Gerd; SELTEN, Reinhard (eds.). Bounded Rationality: The Adaptive Toolbox. Cambridge, Mass.: MIT Press, 2001. Complemento importante para compreender a racionalidade limitada não apenas como limitação, mas também como adaptação a ambientes decisórios reais.

Perspectivas cognitivas complementares

KLEIN, Gary. Sources of Power: How People Make Decisions. Cambridge, Mass.: MIT Press, 1998. Obra valiosa para ampliar a discussão além dos modelos formais e mostrar como o julgamento baseado em experiência opera sob pressão e informação incompleta.

TETLOCK, Philip E.; GARDNER, Dan. Superforecasting: The Art and Science of Prediction. New York: Crown, 2015. Especialmente útil para conectar racionalidade limitada, calibração, revisão de crenças e aprendizagem disciplinada sob incerteza.

CAPÍTULO 6

A Doutrina do Compromisso

Por que a sequência do ciclo decisório não é arbitrária.

"Uma decisão, em sentido próprio, não é a detecção de um problema nem a expressão de uma preferência. É o ponto em que recursos deixam de estar disponíveis para usos alternativos sem custo relevante de reversão."

- Formulação autoral, inspirada na tradição da análise de decisão associada a Ronald A. Howard e Howard Raiffa. Não se trata de citação direta.

O capítulo anterior mostrou que decisões organizacionais relevantes não são tomadas sob condições de racionalidade perfeita. Mesmo em ambientes contemporâneos marcados por abundância informacional, suporte computacional crescente e sistemas de IA cada vez mais presentes, decisores e organizações continuam operando sob limites de informação, processamento, avaliação e interpretação. O problema, portanto, não é apenas o que decidir, mas como o compromisso decisório se forma sob essas condições.

Este capítulo parte dessa constatação e avança uma proposição mais específica: se uma decisão relevante é o ponto em que uma alternativa se converte em compromisso material, então a sequência que conduz a esse ponto não pode ser tratada como detalhe procedimental. A ordem entre reconhecimento da oportunidade, formulação do problema, exame de alternativas e assunção do compromisso afeta a justificabilidade do processo, a qualidade da trilha de auditoria e a possibilidade de aprendizagem posterior.

A partir dessa premissa, esta obra propõe a expressão Doutrina do Compromisso. O rótulo é autoral; o significado é direto. Uma decisão, em sentido forte, constitui-se no ato de compromisso - não na percepção inicial do problema, não na declaração de uma intenção e não em uma recomendação produzida por pessoas ou sistemas. O que vem antes desse ato prepara sua justificação. O que vem depois desdobra sua materialização.

Dentro do movimento mais amplo da organização orientada por dados para a organização centrada em decisões, essa doutrina fornece uma regra de ancoragem. O centro da empresa não é o lugar em que a informação aparece, nem o lugar em que um modelo recomenda, mas o lugar em que a organização aceita uma alternativa como sua obrigação prática. Uma futura metodologia baseada em DIG dependerá dessa distinção, pois nenhum inventário, registro ou ciclo de aprendizagem conseguirá governar decisões adequadamente se não for capaz de identificar onde o compromisso realmente começou.

O objetivo do capítulo é mostrar por que essa distinção importa e o que ela exige de qualquer arquitetura séria de governança de decisões.

6.1 - Howard, Raiffa e o compromisso

A tradição da análise de decisão oferece uma base importante para tratar o compromisso como núcleo do ato decisório. Essa base não precisa ser apresentada como uma doutrina única nem como uma fórmula textual rígida compartilhada por todos os autores. Ela emerge, antes, da convergência entre duas contribuições complementares: a formulação de Ronald A. Howard sobre a decisão como alocação irrevogável de recursos e a estrutura prescritiva de Howard Raiffa para escolhas sob incerteza.

Ronald A. Howard, professor em Stanford e figura central na consolidação do campo, é publicamente reconhecido como criador da expressão *decision analysis* em 1966. Em relatos retrospectivos de sua trajetória e legado, ele é associado à ideia de que uma decisão pode ser compreendida como uma alocação irrevogável de recursos - isto é, uma alocação cuja reversão é impossível ou possível apenas a custo significativo. Essa formulação é especialmente útil aqui porque permite distinguir, por critério operacional, o momento em que a deliberação deixa de ser apenas preparatória e passa a carregar consequência.

Howard Raiffa abordou o mesmo problema por outro caminho. Em *Decision Analysis: Introductory Lectures on Choices under Uncertainty*, de 1968, consolidou uma abordagem prescritiva para decisões sob incerteza ao estruturar alternativas, consequências, probabilidades e preferências do decisor. Sua preocupação não era oferecer uma definição fiduciária de decisão em ambiente organizacional. Era tornar escolhas relevantes mais coerentes, explícitas e transparentes quando o futuro é incerto. Ainda assim, sua tradição contribui decisivamente para este capítulo: mostra que decisões relevantes devem ser analisadas como estruturas compostas por alternativas, possíveis consequências, julgamentos e *trade-offs*, não como impulsos ou preferências passageiras.

É na aproximação dessas duas linhas que o argumento desta obra se apoia. Howard oferece uma formulação forte sobre o ponto em que recursos são efetivamente comprometidos. Raiffa oferece a gramática analítica que permite compreender o que antecede esse compromisso: alternativas, incertezas, consequências e critérios de escolha. Esta obra não afirma que esses autores formularam conjuntamente uma teoria explícita de governança fiduciária da decisão. Afirma algo mais preciso: a tradição que ajudaram a consolidar permite tratar a decisão como um ato distinto da deliberação que a prepara e da execução que a sucede.

A partir dessa convergência, esta obra propõe a Doutrina do Compromisso. O nome, novamente, é autoral; sua base intelectual, contudo, não é arbitrária. A decisão, em sentido forte, é tratada aqui como o ato que converte possibilidade em compromisso organizacional material. Antes desse ato, há percepção, formulação, comparação, análise e preparação. Depois dele, há execução, monitoramento, resultado e aprendizagem. A decisão, assim compreendida, não coincide com o começo difuso da deliberação nem com o resultado observável. Coincide com o ponto em que uma alternativa deixa de ser apenas uma entre várias e passa a orientar a alocação efetiva de recursos, a exclusão prática de caminhos concorrentes e a assunção de responsabilidade.

Essa distinção produz consequências diretas para a governança. Se decisão é compromisso, governá-la significa governar as condições sob as quais esse compromisso foi assumido. Isso inclui, no mínimo, saber entre quais alternativas a escolha foi feita, com base em quais evidências, sob quais incertezas, de acordo com quais critérios de suficiência, em nome de quais objetivos e sob responsabilidade de quem. Sem essa delimitação, uma organização pode documentar reuniões, memorandos e resultados. Ainda assim, não terá capturado com precisão suficiente o ponto que realmente importa: quando, por quem e com base em quê uma possibilidade deixou de ser hipótese e passou a comprometer recursos de forma material.

Esse ponto se torna ainda mais importante em ambientes de alta sofisticação analítica. Quanto mais dados, modelos, recomendações e sistemas de apoio cercam o processo decisório, maior é o risco de confundir o que é insumo, o que é análise, o que é sugestão, o que é intenção provisória e o que, de fato, é compromisso organizacional. A Doutrina do Compromisso, como proposta aqui, funciona como instrumento conceitual contra essa confusão. Ela não reduz a importância das etapas anteriores nem das consequências posteriores. Ao contrário, distingue-as com clareza suficiente para que todo o processo possa ser reconstruído, auditado e posteriormente aprendido.

É nesse sentido que a formulação associada a Howard permanece tão útil. Seu valor não está apenas na elegância da definição, mas no fato de oferecer um critério objetivo para diferenciar atos decisórios de atos preparatórios. Enquanto os recursos permanecem disponíveis para usos alternativos sem custo relevante de reversão, ainda se está, em sentido forte, no campo da deliberação. Quando esses recursos passam a ser comprometidos de tal modo que voltar atrás implica custo adicional significativo - financeiro, reputacional, operacional, regulatório ou político -, entra-se no campo da decisão propriamente dita. Essa linha divisória é exatamente o que a governança de decisões precisa ser capaz de capturar.

Em síntese, a tradição associada a Howard e Raiffa permite fundamentar, com robustez suficiente, a tese central desta seção: decisão não é qualquer ato de escolha; é o ato pelo qual uma alternativa se torna compromisso material. É isso que a torna governável. E é por isso que a próxima seção pode avançar sem ambiguidade para o problema da sequência: se decisão é compromisso, então o que a precede deve ser examinado não como rito administrativo, mas como cadeia epistemológica que torna o compromisso justificável.

6.2 - A sequência epistemológica

Se o compromisso é o ato fundador da decisão, então aquilo que o antecede não pode ser tratado como arbitrário. A tradição da análise de decisão sugere fortemente que decisões relevantes não emergem como atos instantâneos, mas como resultado de uma sequência de operações cognitivas e organizacionais. Esta obra reconstrói essa sequência como uma cadeia epistemológica composta por oportunidade, enquadramento, alternativas e compromisso. A formulação, nesses termos e com esses nomes, é autoral; sua base, entretanto, é compatível com a tradição da análise de decisão, especialmente com a ideia de que decisões exigem estruturação prévia do problema, alternativas explícitas e clareza sobre o ponto em que o compromisso é assumido.

A primeira etapa é a detecção da oportunidade. Antes de qualquer deliberação estruturada, algo precisa tornar-se visível como problema, risco, anomalia, janela estratégica ou oportunidade de ação. Essa etapa pode ser provocada por sinais de mercado, deterioração de indicadores, mudança regulatória, alerta de auditoria, recomendação humana ou recomendação produzida por sistemas analíticos e de IA. O ponto aqui é simples: sem percepção de relevância, sequer há razão para abrir um processo decisório. Mesmo assim, nessa etapa ainda não existe decisão em sentido forte. Existe o reconhecimento de que algo diante da organização pode ou deve ser enfrentado.

A segunda etapa é o enquadramento. Uma vez percebida a oportunidade, torna-se necessário formular exatamente o que está sendo tratado. O enquadramento define a pergunta decisória, delimita o espaço relevante do problema, seleciona as variáveis consideradas pertinentes e exclui outras. Essa etapa é epistemologicamente decisiva porque o enquadramento não é mera embalagem do problema; ele participa da construção do espaço dentro do qual alternativas serão geradas e avaliadas. A literatura de Kahneman e Tversky sobre efeitos de enquadramento mostra precisamente que mudanças na apresentação de uma situação podem alterar substancialmente preferências e escolhas, mesmo quando a informação subjacente permanece logicamente equivalente. Isso reforça a importância de tratar o enquadramento como etapa própria, não como detalhe retórico.

A terceira etapa é a geração e avaliação de alternativas. Uma vez delimitado o problema, alternativas podem ser formuladas, comparadas e confrontadas com evidências, restrições, riscos, custos, prazos e *trade-offs*. É nessa fase que a análise de decisão clássica encontra parte de sua utilidade prática: não porque elimine a incerteza, mas porque ajuda a explicitar opções, possíveis consequências e critérios de comparação. É também aqui que a racionalidade limitada pesa de forma mais evidente. Em contextos reais, as alternativas não são ilimitadas, e a evidência não é exaustiva. O decisor trabalha com subconjuntos relevantes, sínteses, opiniões e limiares de suficiência. Isso significa que a etapa das alternativas não deve ser lida como esgotamento do universo do problema, mas como estruturação suficientemente justificável do espaço de escolha.

A quarta etapa é o compromisso. Esse é o ponto em que a decisão ocorre em sentido forte. Recursos passam a ser alocados de modo irreversível, ou reversível apenas a custo relevante; alternativas concorrentes deixam de ser possibilidades reais; e a responsabilidade organizacional se materializa. Esse ponto é o centro de gravidade da governança de decisões porque é nele que a organização deixa o plano da deliberação e entra no plano da consequência potencial. O que antes era hipótese passa a orientar ação, exposição a risco e comprometimento de capital, reputação ou autoridade regulatória.

A razão pela qual esta obra trata essa sequência como epistemológica - e não apenas procedimental - está no fato de que cada etapa responde a perguntas cuja inteligibilidade depende do trabalho realizado na etapa anterior. Alternativas não podem ser avaliadas com mínima coerência sem que antes se delimite o problema que essas alternativas pretendem enfrentar. Uma situação não pode ser adequadamente enquadrada se antes não foi percebida como oportunidade ou ameaça. E recursos não podem ser comprometidos de modo justificável sem algum processo prévio de formulação e comparação. A ordem, portanto, não nasce da etiqueta organizacional. Nasce da dependência lógica entre perguntas.

É importante acrescentar uma cautela. Essa sequência não deve ser lida como rito rígido aplicável, com a mesma forma, vocabulário e intensidade, a toda decisão. Em muitas organizações, as etapas se sobrepõem, retornam sobre si mesmas ou são comprimidas pela urgência. A proposta desta obra não é negar essa variação. É afirmar algo mais modesto e mais defensável: mesmo quando condensadas na prática, essas funções epistemológicas continuam existindo. Há sempre algum momento de percepção, algum enquadramento, alguma consideração de alternativas e algum ponto de compromisso. Quando a organização deixa de distinguilos, perde a capacidade de justificar o compromisso posteriormente.

Essa perda tem consequência direta para a auditabilidade. Se uma organização registra como "decisão" o momento em que um problema foi percebido, inicia sua trilha no ponto errado. Se registra como "decisão" a recomendação gerada por um modelo ou por um analista, mas não o momento em que os recursos foram efetivamente comprometidos, captura o insumo, não o ato decisório. Se registra alternativas apenas depois do compromisso, converte a deliberação em narrativa retrospectiva. A utilidade da sequência epistemológica está justamente em impedir esse colapso de etapas distintas em um único evento indiferenciado.

A relevância dessa distinção cresce em contextos de maior sofisticação analítica. Em ambientes nos quais sistemas de IA detectam oportunidades, ajudam a enquadrar situações e até sugerem alternativas, o risco de confundir etapas aumenta. Uma oportunidade detectada pelo sistema não é compromisso. Uma recomendação algorítmica não é decisão. Uma pontuação de risco não é autorização. A sequência proposta aqui ajuda a preservar fronteiras conceituais que se tornam mais importantes, não menos, à medida que a automação se intensifica.

O princípio pode ser formulado de modo simples: a sequência oportunidade -> enquadramento -> alternativas -> compromisso não é apresentada como ritual obrigatório universal, mas como reconstrução epistemológica do caminho que torna o compromisso decisório justificável. Cada etapa responde a perguntas cuja inteligibilidade depende da etapa anterior. Quando essa sequência é invertida ou colapsada, o processo pode até avançar rapidamente, mas a qualidade justificável do compromisso se enfraquece.

6.3 - Compromisso e detecção de oportunidade

Uma das confusões mais frequentes em ambientes organizacionais é tratar a detecção de uma oportunidade como se ela já fosse, por si só, a decisão. A confusão é compreensível porque, na linguagem ordinária, o verbo decidir é usado de modo elástico. Uma organização pode dizer que "decidiu entrar em um novo mercado" quando, na prática, apenas reconheceu uma oportunidade e autorizou estudos preliminares. Pode dizer que "decidiu modernizar sua operação" quando, de fato, apenas formulou uma intenção estratégica que ainda não se converteu em alocação material de recursos. O problema não é semântico em sentido estreito. É operacional. Quando detecção, intenção e compromisso são tratados como se fossem o mesmo objeto, a governança perde seu ponto de ancoragem.

A distinção proposta por esta obra é mais rigorosa. Detectar uma oportunidade não é decidir. Detecção é percepção de relevância. É reconhecimento de que existe uma situação que pode exigir resposta, investigação, enquadramento ou deliberação. O ato decisório, em sentido forte, começa apenas quando uma alternativa deixa de ser mera possibilidade e passa a orientar o comprometimento material de recursos, com custo relevante de reversão. Até que esse ponto seja alcançado, o que existe é preparação para a decisão, não a decisão propriamente dita.

Essa diferença tem implicações diretas para a trilha de governança. Se a organização registra como "decisão" o momento em que a oportunidade foi percebida, a trilha começa cedo demais e captura o objeto errado. Aquilo que deveria ser auditável - o compromisso: quem alocou recursos, entre quais alternativas, com base em quais evidências e sob quais incertezas - fica obscurecido. O registro documenta o nascimento de uma intenção, mas não o ponto em que essa intenção se converteu em obrigação prática, exposição a risco e responsabilidade formal.

Considere uma formulação típica: "decidimos investir no mercado asiático". Em um contexto, isso pode significar que o conselho aprovou orçamento, cronograma, estrutura operacional e responsáveis formais. Em outro, pode significar apenas que a liderança identificou potencial estratégico e abriu uma frente exploratória. A frase é idêntica. O objeto não é. Para a governança, essa diferença é decisiva. No primeiro caso, houve compromisso. No segundo, houve detecção e talvez enquadramento inicial. Tratar ambos como a mesma coisa produz opacidade exatamente no ponto em que a responsabilidade deveria começar a tornar-se rastreável.

A relevância dessa distinção se torna ainda maior quando sistemas analíticos e de IA participam do processo. Um modelo preditivo pode identificar um padrão incomum. Um sistema de recomendação pode apontar uma oportunidade de expansão, sinalizar risco de perda de clientes ou sugerir ajuste de preços. Um agente pode até formular, em linguagem natural, uma recomendação de ação. Nada disso, por si só, constitui decisão em sentido forte. No máximo, pertence ao campo da detecção, da formulação ou da recomendação. A decisão só ocorre quando uma parte humana responsável - individual ou colegiada - aceita, modifica ou rejeita a recomendação e, com base nisso, assume um compromisso material.

Essa distinção é especialmente importante porque, sem ela, a fronteira entre sistema e responsabilidade humana se dissolve. Quando uma organização trata uma recomendação algorítmica como se ela já fosse a decisão, perde clareza sobre quem comprometeu recursos, em que ponto o julgamento humano entrou, que evidência foi considerada suficiente e quando as alternativas deixaram de existir como possibilidades reais. Em contextos regulados ou auditáveis, essa dissolução não é trivial. Ela enfraquece a possibilidade de explicar o processo não apenas nos termos de "o sistema indicou", mas nos termos de "alguém, sob autoridade formal, assumiu um compromisso com base em determinados insumos sob determinadas condições".

É precisamente aqui que a Doutrina do Compromisso se torna útil. Ela oferece um critério simples para separar etapas que, na prática, tendem a ser colapsadas umas nas outras. A detecção importa, porque sem ela não há processo. O enquadramento importa, porque sem ele o problema permanece mal definido. A avaliação de alternativas importa, porque sem ela o compromisso se torna cego. Mas nenhuma dessas etapas, isoladamente, constitui a decisão. A decisão, em sentido forte, é o ponto em que uma alternativa começa a produzir exclusão prática de alternativas concorrentes e comprometimento material de recursos.

Dessa distinção decorrem implicações organizacionais imediatas. Primeiro, o registro decisório precisa capturar o momento do compromisso, não apenas o momento em que a oportunidade foi percebida ou a recomendação foi emitida. Registrar cedo demais é tão problemático quanto registrar tarde demais. No primeiro caso, documenta-se intenção. No segundo, documenta-se apenas consequência. Segundo, a responsabilidade deve ser atribuída à parte que efetivamente comprometeu recursos, não apenas à parte que identificou o problema, sugeriu a oportunidade ou produziu a análise. Detectar não é comprometer. Recomendar não é comprometer. Deliberar sem assumir uma obrigação material ainda não é comprometer. Terceiro, a evidência que sustentou a decisão deve ser qualificada no momento do compromisso. É nesse ponto que premissas deixam de ser hipóteses exploratórias e passam a funcionar como fundamento fiduciário do ato assumido. Quarto, as alternativas precisam ser documentadas antes ou no momento do compromisso. Depois disso, as opções rejeitadas já não existem como possibilidades reais. Documentá-las apenas retrospectivamente pode servir à narrativa, mas não serve com a mesma força à reconstrução do processo.

A utilidade dessa distinção não está em tornar o processo mais burocrático, mas em torná-lo mais inteligível. Uma organização que não distingue detecção de decisão corre o risco de iniciar sua trilha no ponto errado, atribuir responsabilidade ao ator errado e qualificar evidência no momento errado. Uma organização que faz essa distinção com clareza ganha a capacidade de reconstruir o processo exatamente no ponto em que a governança precisa intervir: o momento em que possibilidade se converte em compromisso.

Em síntese, a detecção de uma oportunidade é condição necessária do processo decisório, mas ainda não é a decisão. A decisão começa quando a organização deixa de apenas perceber algo e passa a comprometer-se com uma alternativa em resposta a isso. É essa passagem - e não a percepção inicial - que a governança deve capturar se pretende tratar decisões como compromissos justificáveis, rastreáveis e auditáveis.

6.4 - A inversão do ciclo e a trilha de auditoria

A sequência epistemológica descrita na seção anterior não deve ser confundida com rito administrativo obrigatório, muito menos com um modelo único que toda organização deva reproduzir com os mesmos nomes, na mesma ordem visível e com o mesmo grau de formalização. Sua força normativa, para os fins desta obra, é de outra natureza: quando a lógica entre as etapas é invertida, a justificabilidade do compromisso tende a se deteriorar, e a trilha de auditoria perde a capacidade de reconstruir o que de fato ocorreu.

O problema, portanto, não é a variação legítima de processos. É uma inversão mais profunda: quando o compromisso é assumido antes de o problema ter sido adequadamente enquadrado, ou quando a avaliação de alternativas passa a operar dentro de um espaço já estreitado por uma direção previamente comprometida. Nesses casos, a organização ainda pode produzir documentação, pareceres, reuniões e memorandos. Mas a mera existência de processo não garante a qualidade epistemológica da sequência que levou ao compromisso.

Considere uma situação recorrente. Um CEO anuncia em uma reunião de liderança: "vamos abrir uma operação no Sudeste Asiático". A partir dessa declaração, equipes são mobilizadas, consultorias são contratadas e orçamento é reservado. Só depois começam as perguntas que, em uma lógica mais disciplinada, deveriam ter precedido o compromisso: qual país, sob qual modelo de entrada, com que nível de exposição e com qual racional competitivo? A organização pode apresentar posteriormente estudos de viabilidade, análises comparativas e justificativas de mercado. Mas, nesse caso, o enquadramento já não delimita o espaço de alternativas; começa a operar sob a gravidade de um compromisso anterior.

A consequência é sutil, mas estrutural. As alternativas examinadas deixam de ser todas as alternativas relevantes e passam a ser, sobretudo, alternativas compatíveis com a direção já assumida. A análise continua existindo, mas nasce dentro de um espaço reduzido. O processo continua produzindo documentos, mas esses documentos deixam de cumprir plenamente a função de explorar o problema e passam, ao menos em parte, a servir à legitimação de um compromisso em curso. O risco, nesse ponto, não é apenas técnico; é epistemológico. A organização pode acreditar que avaliou opções quando, na prática, comparou variações de uma escolha que já havia começado a se consolidar.

Esse tipo de dinâmica é compatível com fenômenos estudados na literatura de comportamento organizacional, como racionalização retrospectiva e continuação de cursos de ação já iniciados apesar de evidências desfavoráveis. Esta obra não pretende reduzir toda inversão de sequência a esses fenômenos, nem afirmar que toda decisão impulsionada por direção executiva forte seja necessariamente mal governada. O ponto é mais preciso: quando o compromisso precede o enquadramento ou estreita prematuramente o espaço de alternativas, a organização torna mais difícil distinguir análise genuína de justificação posterior.

É exatamente aí que a trilha de auditoria se torna decisiva. Uma trilha robusta não precisa apenas mostrar que houve um processo. Precisa permitir reconstruir quando o compromisso foi efetivamente assumido, o que o precedeu, quais alternativas ainda eram reais naquele momento, quais perguntas foram abertas antes da alocação material de recursos e quais perguntas só começaram a ser feitas depois que a direção já havia, na prática, sido escolhida. Sem essa reconstrução, a auditoria corre o risco de verificar a existência de documentação sem conseguir verificar a integridade da lógica que a produziu.

Isso importa porque a diferença entre um processo justificável e uma racionalização bem documentada nem sempre é visível no resultado de um projeto, operação ou investimento. Uma iniciativa decidida cedo demais pode gerar bons resultados. Outra, cuidadosamente enquadrada e deliberada, pode fracassar. O objetivo da governança não é garantir sucesso retrospectivo. É tornar auditável se o compromisso foi assumido por meio de uma sequência suficientemente sólida de percepção, enquadramento, exploração de alternativas e deliberação. Quando essa sequência é invertida, o resultado ainda pode ser favorável; o processo, porém, torna-se mais difícil de justificar, reconstruir e aprender.

A relevância dessa observação aumenta em ambientes de alta sofisticação analítica e uso crescente de IA. Um sistema pode detectar uma oportunidade, gerar cenários, sugerir alternativas e até produzir uma justificativa preliminar de ação. Nada disso elimina a necessidade de distinguir o momento em que a organização passou da exploração ao compromisso. Ao contrário, quanto mais automatizada a preparação, mais importante se torna registrar com precisão o instante em que uma recomendação deixou de ser mero insumo analítico e passou a produzir comprometimento material de recursos. Se essa fronteira não estiver clara, a trilha de auditoria documentará atividade, mas não necessariamente a decisão em sentido forte.

A implicação prática é direta: governar a decisão exige governar a sequência. Não no sentido de impor um ritual universal, mas no sentido de preservar a inteligibilidade do processo. A organização deve ser capaz de demonstrar que o problema foi percebido antes de ser enquadrado, que o enquadramento precedeu a consolidação do espaço de alternativas, que alternativas foram avaliadas antes do compromisso e que o compromisso pode ser identificado como evento distinto, rastreável e imputável. Quando essa cadeia se rompe, o que se perde não é apenas elegância metodológica. A organização perde a capacidade de justificar o compromisso posteriormente.

Em síntese, inverter o ciclo não é simplesmente "fazer de outro modo". É correr o risco de comprometer recursos antes que o processo tenha produzido condições suficientes para justificar por que esses recursos deveriam ter sido comprometidos daquela forma, naquele momento, e não de outra. Por isso, nesta obra, sequência não é detalhe procedimental. É parte da própria governabilidade da decisão.

6.5 - Requisitos para a governança de decisões

Se decisão, em sentido forte, coincide com compromisso material; se esse compromisso é precedido por uma sequência epistemológica que precisa permanecer inteligível; e se a trilha de auditoria depende da capacidade de reconstruir essa sequência, então alguns requisitos mínimos começam a se impor a qualquer sistema que pretenda governar decisões seriamente. Esses requisitos não devem ser lidos como padrão universal já consolidado pelo campo. Devem ser compreendidos, antes, como derivações lógicas da Doutrina do Compromisso formulada nesta obra.

1. É necessário distinguir formalmente as etapas. A organização precisa ser capaz de distinguir, ao menos conceitualmente, entre percepção da oportunidade, enquadramento do problema, avaliação de alternativas e assunção do compromisso. Na prática, essas etapas podem se sobrepor, retornar umas sobre as outras ou ocorrer em ritmos distintos conforme o contexto. Ainda assim, se não forem minimamente distinguíveis, a governança perde o objeto exato de sua intervenção. Sem saber em que ponto a organização estava percebendo, enquadrando, comparando ou comprometendo recursos, a trilha de auditoria tende a colapsar todas essas funções em uma única narrativa retrospectiva.

2. É necessário identificar o ponto de compromisso. Para cada decisão de consequência relevante, a organização deve ser capaz de responder, com precisão razoável, a uma pergunta simples: em que momento o compromisso foi efetivamente assumido? Esse momento não é o surgimento da ideia, a produção de uma recomendação, a circulação de um memorando ou a existência de consenso difuso. Coincide com o ponto em que recursos começam a ser comprometidos de forma material e em que voltar atrás deixa de ser neutro. Esse ponto funciona, para a governança de decisões, como seu centro de gravidade: nele convergem responsabilidade, evidência, alternativas e risco.

3. É necessário documentar as alternativas no momento do compromisso. Não basta que a organização consiga afirmar retrospectivamente que "outras op-

ções foram consideradas". As alternativas efetivamente examinadas precisam ser documentadas antes ou no instante em que o compromisso é assumido. Isso importa porque alternativas registradas apenas depois do resultado podem refletir mais uma narrativa retrospectiva do que uma deliberação genuína. Para a governança, a diferença é essencial: uma alternativa rejeitada antes do compromisso faz parte do processo; uma alternativa lembrada depois pode fazer parte apenas da justificação.

4. É necessário qualificar a evidência no momento do compromisso. A evidência usada para sustentar a decisão não pode aparecer apenas como massa indiferenciada de documentos. Deve ser inteligível em sua natureza: que tipo de evidência é, que grau de robustez lhe foi atribuído, que limitações carregava, que premissas a acompanhavam e em que medida foi considerada suficiente para justificar o compromisso. Esta seção não antecipa a gramática completa de evidência que capítulos posteriores desenvolverão. Seu ponto é mais elementar: se o compromisso constitui a decisão, então é nesse momento que a evidência deixa de ser meramente informativa e passa a funcionar como base fiduciária.

5. É necessário atribuir formalmente a responsabilidade. Se decisão é o ato pelo qual recursos são comprometidos, então a organização deve ser capaz de identificar quem assumiu esse compromisso, sob quais condições, com base em quais premissas e dentro de qual regime de autoridade. Fórmulas difusas como "o comitê decidiu", "a área aprovou" ou "o sistema recomendou" podem ser administrativamente convenientes, mas são insuficientes quando está em jogo a governança em sentido forte. Isso não significa negar deliberação colegiada, apoio técnico ou contribuição algorítmica. Significa reconhecer que, no ponto em que a decisão se converte em compromisso, a responsabilidade precisa ser nomeável, formalizável e auditável.

Nenhum desses requisitos deve ser interpretado como burocratização indiscriminada. A própria lógica desta obra já indicou, em capítulos anteriores, que a governança deve ser proporcional à materialidade, à reversibilidade e à dependência de IA da decisão. O que muda aqui não é a intensidade do rigor em toda e qualquer situação, mas o fato de que, sempre que houver uma decisão material, essas funções precisam estar presentes em alguma forma. Em decisões menores, podem aparecer de modo mais leve, condensado e operacional. Em decisões de alta consequência, tendem a exigir maior formalização, maior densidade documental e maior clareza de responsabilização.

É exatamente por isso que a Doutrina do Compromisso distingue governar decisões de simplesmente documentar resultados. Uma organização pode ter excelente capacidade de registrar o que aconteceu depois: margens obtidas, perdas incorridas, retorno sobre investimento, desdobramentos regulatórios, impacto operacional. Tudo isso é importante. Mas a governança da decisão começa antes do resultado. Começa quando a organização consegue demonstrar sob quais condições o compromisso foi assumido. Documentar resultados é necessário. Governar o compromisso que os tornou possíveis é outra coisa.

Essa distinção se torna ainda mais importante em ambientes de elevada sofisticação analítica. Quanto mais a organização opera com dados bem governados, sistemas robustos, modelos preditivos, recomendações automatizadas e agentes de IA, maior é a tentação de confundir densidade técnica com governança da decisão. No entanto, uma infraestrutura sofisticada não substitui, por si só, a necessidade de capturar o momento em que alguém, individual ou coletivamente, assumiu o compromisso. A infraestrutura prepara, informa, organiza, antecipa e recomenda. A decisão, em sentido forte, continua coincidindo com o ponto em que uma alternativa começa a gerar obrigação prática, exposição a risco e responsabilidade formal.

A implicação final é simples e exigente ao mesmo tempo: qualquer sistema de governança de decisões deve ser capaz de responder não apenas o que foi decidido, mas como a organização chegou ao ponto em que aquilo podia ser decidido de modo justificável. Sem essa capacidade, a organização ainda poderá possuir processos, tecnologia, documentação e resultados. O que continuará faltando é exatamente o que esta obra busca formalizar: a governança do compromisso.

A cautela final decorre diretamente dessa lógica: documentar que "uma decisão foi tomada" não é o mesmo que governar o compromisso que a constitui. A governança começa quando a organização consegue distinguir entre perceber a oportunidade, enquadrar o problema, avaliar alternativas e assumir o compromisso material. Sem essa distinção, o que tende a ser governado é a narrativa posterior - não o processo decisório em si.

Os próximos capítulos completam os fundamentos desta obra. O Capítulo 7 examinará como organizações podem aprender com decisões passadas por meio de atribuição causal - possibilidade que depende, em parte, da rastreabilidade que a Doutrina do Compromisso torna visível. O Capítulo 8 examinará como a evidência que sustenta o compromisso pode ser formalmente classificada - tarefa que depende, por sua vez, da distinção entre etapas estabelecida aqui.

Pontos de reflexão

1. Nos processos decisórios formais da sua organização, é possível distinguir com clareza o momento em que uma oportunidade foi detectada, o momento em que o problema foi enquadrado, o momento em que alternativas foram avaliadas e o momento em que os recursos foram efetivamente comprometidos?

2. Quando uma recomendação produzida por sistemas de IA é aceita e executada, sua organização registra separadamente o *output* do sistema e o compromisso decisório humano subsequente, ou ambos ainda são tratados como um único evento?

3. Se um regulador, auditor ou conselho pedisse a reconstrução da sequência por trás de uma decisão material, sua organização conseguiria demonstrar que o enquadramento e a avaliação de alternativas precederam o compromisso, em vez de apenas justificá-lo retrospectivamente?

Leituras sugeridas

Referências fundamentais

HOWARD, Ronald A.; ABBAS, Ali E. Foundations of Decision Analysis. Upper Saddle River: Pearson, 2015. Obra relevante para compreender a tradição de análise de decisão associada a Ronald Howard, incluindo a distinção entre decisão, resultado e alocação de recursos sob incerteza. É útil aqui porque oferece base mais sistemática para ler o compromisso como núcleo do ato decisório.

HOWARD, Ronald A. "The Foundations of Decision Analysis." IEEE Transactions on Systems Science and Cybernetics, v. SSC-4, n. 3, p. 211-219, 1968. Texto fundamental para situar historicamente o campo da análise de decisão e compreender a arquitetura conceitual que distingue alternativas, incerteza, consequências e decisão.

RAIFFA, Howard. Decision Analysis: Introductory Lectures on Choices under Uncertainty. Reading, Mass.: Addison-Wesley, 1968. Obra clássica que complementa Howard pela análise prescritiva de escolhas sob incerteza. É fundamental para compreender por que avaliação de alternativas e consequências é uma etapa distinta do compromisso.

HAMMOND, John S.; KEENEY, Ralph L.; RAIFFA, Howard. Smart Choices: A Practical Guide to Making Better Decisions. Boston: Harvard Business School Press, 1999. Referência mais aplicada e acessível, útil para observar como elementos como enquadramento, alternativas e critérios decisórios aparecem na linguagem prática de gestão.

Perspectivas cognitivas complementares

STAW, Barry M. "Knee-Deep in the Big Muddy: A Study of Escalating Commitment to a Chosen Course of Action." Organizational Behavior and Human Performance, v. 16, n. 1, p. 27-44, 1976. Estudo seminal sobre escalada de compromisso. É particularmente relevante aqui porque ajuda a explicar por que compromissos assumidos cedo demais podem estreitar artificialmente o espaço de alternativas e estimular racionalizações posteriores.

CAPÍTULO 7

Causalidade e aprendizagem decisória

A diferença entre registrar o que aconteceu e aprender com o que causou o resultado.

"Correlação não implica causalidade."

- Princípio amplamente difundido na tradição estatística. Sua formalização contemporânea mais influente, nos termos usados aqui, está associada ao trabalho de Judea Pearl, especialmente Causality: Models, Reasoning, and Inference (2000; 2ª ed., 2009).

O capítulo anterior sustentou que a decisão, em sentido forte, se constitui no compromisso: o ponto em que uma alternativa deixa de ser apenas considerada e passa a comprometer recursos de modo material. Também mostrou que a sequência que leva a esse ponto - oportunidade, enquadramento, alternativas e compromisso - não é ornamento procedimental. Ela faz parte da inteligibilidade do processo decisório. Sem essa sequência, uma organização pode documentar atividades, mas não consegue explicar com clareza suficiente por que o compromisso foi assumido daquela forma, naquele momento, e não de outro modo.

Este capítulo desloca a atenção para o momento posterior ao compromisso. Depois que a decisão foi assumida e os recursos foram efetivamente alocados, algum resultado começa a aparecer. Ele pode ser favorável ou adverso, esperado ou surpreendente, imediato ou tardio. Nesse ponto, o problema não é apenas registrar o que aconteceu. É compreender por que aconteceu. Essa diferença - entre registrar um resultado e aprender causalmente com ele - é o ponto em que a memória organizacional deixa de ser simples arquivo e começa a se tornar aprendizagem decisória.

Registrar é necessário. Nenhuma organização aprende com decisões que não foram localizadas no tempo, conectadas a uma autoridade responsável ou descritas com precisão suficiente para serem revisitadas. Mas registrar não é aprender. Um arquivo pode mostrar que uma decisão foi tomada, que uma meta foi atingida e que a iniciativa depois foi considerada bem-sucedida. Ainda assim, pode não mostrar se o sucesso foi produzido pela decisão, pelo momento de mercado, por erro de um concorrente, por mudança regulatória, pela qualidade da execução ou por uma combinação de fatores que o compromisso original controlava apenas parcialmente.

Essa distinção é especialmente importante para DIG porque a disciplina proposta nesta obra não se satisfaz com narrativas retrospectivas. Ela pergunta se um compromisso pode ser reconstruído posteriormente em relação à sua evidência, ao seu contexto, às alternativas consideradas, à autoridade responsável e ao resultado observado. Sem essa reconstrução, a organização acumula anedotas. Com ela, começa a acumular capital decisório: um corpo reutilizável de conhecimento sobre que tipos de compromisso, em quais condições, sustentados por quais evidências, tenderam a produzir quais resultados por quais mecanismos plausíveis.

Judea Pearl é central neste capítulo porque seu trabalho confere rigor contemporâneo a uma distinção que as organizações muitas vezes reconhecem no discurso, mas negligenciam na prática. Associação não é causalidade. Observação não é intervenção. Um resultado que sucede uma decisão não é automaticamente um resultado causado por essa decisão. As implicações para a governança são relevantes. Se a organização não consegue distinguir o que plausivelmente decorreu do compromisso daquilo que plausivelmente decorreu do contexto ao redor, a revisão decisória permanece vulnerável a viés retrospectivo, autocomplacência, culpabilização e conveniência narrativa.

A tese deste capítulo é, portanto, simples e exigente: a aprendizagem decisória em sentido forte depende de alguma forma de atribuição causal. Isso não significa que toda organização deva submeter toda decisão a modelagem estatística avançada, experimentos aleatorizados ou análise contrafactual formal. Significa que a organização deve abandonar a premissa mais fraca de que registrar um resultado equivale a aprender com uma decisão. Entre resultado e aprendizagem há uma pergunta de causa. DIG precisa tornar essa pergunta visível.

7.1 - Pearl e a distinção causal

Judea Pearl ocupa lugar central na formalização contemporânea do raciocínio causal. Seu trabalho na interseção entre estatística, inteligência artificial e filosofia da ciência ajudou a transformar causalidade de uma advertência metodológica recorrente em uma linguagem formal capaz de distinguir associação, intervenção e raciocínio contrafactual. Causality: Models, Reasoning, and Inference, publicado originalmente em 2000 e depois revisado em segunda edição, permanece uma das referências decisivas dessa transformação.

Para os fins desta obra, Pearl não importa porque DIG pretenda se tornar um manual técnico de inferência causal. Isso deslocaria tanto Pearl quanto DIG. Ele importa porque seu trabalho torna incontornável uma distinção que a governança decisória não pode ignorar: quando uma organização observa que a decisão A foi seguida pelo resultado B, ela ainda não sabe se B ocorreu por causa de A, apesar de A ou independentemente de A. A sequência temporal é evidência de que algo aconteceu depois de outra coisa. Não é, por si só, evidência de que uma coisa causou a outra.

Essa distinção fica mais clara na chamada escada da causalidade, depois popularizada por Pearl e Dana Mackenzie em The Book of Why. Nessa formulação, há três níveis de pergunta: associação, intervenção e contrafactualidade. A associação pergunta o que é observado em conjunto. A intervenção pergunta o que aconteceria se algo fosse deliberadamente alterado. A contrafactualidade pergunta o que teria acontecido se outro caminho tivesse sido seguido. As organizações costumam operar no primeiro nível e falar como se já tivessem alcançado o segundo ou o terceiro. Observam que uma iniciativa coincidiu com crescimento e concluem que a iniciativa o produziu. Observam que um programa coincidiu com melhoria e concluem que o programa funcionou. Observam que um projeto fracassou e concluem que a decisão original foi errada.

Essas inferências podem, às vezes, estar corretas. O problema é que frequentemente são pouco examinadas. A decisão pode ter contribuído para o resultado, mas também podem ter contribuído execução, *timing*, ambiente competitivo, regulação, movimento macroeconômico, maturidade operacional ou simples contingência. Da mesma forma, uma decisão pode ter sido bem formulada e ainda assim produzir resultado adverso porque o contexto se moveu contra ela. Sem alguma disciplina de atribuição causal, a organização corre o risco de aprender a lição errada tanto com o sucesso quanto com o fracasso.

DIG utiliza, portanto, a causalidade não como sofisticação analítica opcional, mas como requisito de governança da aprendizagem. Se a disciplina se ocupa do compromisso, ela também precisa se ocupar daquilo que a organização depois afirma ter aprendido a partir desse compromisso. Uma disciplina que governa decisões, mas permite que a aprendizagem se reduza a narrativa retrospectiva, deixa incompleta uma de suas próprias condições.

7.2 - O limite das métricas de resultado

Métricas de resultado são indispensáveis. Receita, margem, *churn*, sinistralidade, inadimplência, prazo de lançamento, desfechos clínicos, satisfação de clientes, incidentes regulatórios e estabilidade operacional importam. Uma organização que recusa métricas não se torna mais sábia; torna-se cega. O problema não é medir. O problema é tratar medição como explicação.

Um painel de indicadores pode mostrar que uma métrica se moveu. Não consegue, por si só, explicar por que ela se moveu. Uma revisão pós-projeto pode registrar que uma iniciativa superou expectativas. Não consegue, por si só, dizer se a decisão que autorizou a iniciativa foi a causa decisiva desse resultado. Um relatório de desempenho pode comparar planejado e realizado. Não consegue, por si só, distinguir uma boa decisão mal executada de uma decisão frágil resgatada por condições favoráveis.

A tentação organizacional é compreensível. Resultados são visíveis, comunicáveis e politicamente úteis. Um resultado bem-sucedido pode legitimar os líderes que apoiaram o compromisso. Um resultado adverso pode justificar substituição de equipe, mudança de modelo, alteração de processo ou abandono de decisões semelhantes no futuro. Nos dois casos, o resultado observado se torna o centro da história. Mas uma história organizada apenas pelo resultado pode ocultar a estrutura causal que o produziu.

Considere uma intervenção de preço. Um varejista reduz preços em uma região e o volume de vendas aumenta no trimestre seguinte. Uma revisão convencional pode declarar a decisão bem-sucedida. Mas a pergunta causal permanece aberta. O aumento decorreu da redução de preço, de sazonalidade, da ruptura de estoque de um concorrente, de marketing local, de mudança no mix de canais ou do efeito tardio de uma campanha anterior? Se a organização não consegue separar esses fatores nem de forma aproximada, pode repetir o desconto no contexto errado e destruir margem acreditando estar aplicando uma lição.

O erro oposto é igualmente danoso. Um novo produto não atinge a meta do primeiro ano. A organização pode concluir que a decisão de lançamento foi ruim. No entanto, a evidência disponível no momento do compromisso pode ter sido sólida, as alternativas podem ter sido examinadas com seriedade e o risco esperado pode ter sido aceito de forma explícita. Um atraso regulatório súbito, uma interrupção de suprimento ou uma reação inesperada de concorrente pode ter dominado o resultado. Se a organização trata o resultado adverso como prova de baixa qualidade decisória, ela pode punir julgamento disciplinado e recompensar comportamento defensivo.

Por isso, métricas de resultado devem ser integradas à aprendizagem decisória sem governá-la sozinhas. Elas dizem à organização onde olhar. Não dizem, por si sós, o que aprender. O trabalho de aprendizagem começa quando o resultado é reconectado à expectativa original, à evidência que sustentou o compromisso, ao contexto em que ele se desenvolveu e aos mecanismos plausíveis que produziram o efeito observado.

Conceito-chave: métricas de resultado medem o que aconteceu. Aprendizagem decisória robusta pergunta o que plausivelmente causou o que aconteceu. Sem atribuição causal, a organização acumula memória; com ela, começa a acumular compreensão.

7.3 - Separação entre decisão e contexto

A terceira condição do núcleo mínimo de DIG é a separação entre decisão e contexto. Ela é uma das condições menos intuitivas, mas também uma das mais importantes. Organizações não decidem no vazio. Decisões se desdobram dentro de mercados, instituições, regimes políticos, restrições operacionais, infraestruturas tecnológicas e ambientes sociais que continuam se movendo depois que o compromisso foi assumido. Para aprender com uma decisão, a organização precisa distinguir, ao menos razoavelmente, o que plausivelmente decorreu da decisão e o que plausivelmente decorreu do contexto ao redor.

Essa separação raramente será perfeita. DIG não exige certeza impossível. Exige esforço disciplinado para evitar que tudo seja colapsado na decisão em si. Se um banco altera uma política de crédito e as perdas depois caem, a política pode ter contribuído. Mas também podem ter contribuído recuperação econômica, mudança na composição da carteira, melhoria na cobrança ou critérios mais restritivos em outras etapas de concessão. Se um órgão público implementa uma intervenção em saúde e os indicadores melhoram, a intervenção pode ter funcionado. Mas financiamento paralelo, mudanças demográficas, alterações de registro ou movimento epidemiológico independente também podem explicar parte do efeito.

A separação entre decisão e contexto importa porque protege a organização contra duas distorções opostas. A primeira é a superatribuição: atribuir peso causal excessivo à decisão porque o resultado foi visível e temporalmente próximo. A segunda é a subatribuição: tratar a decisão como irrelevante porque havia também fatores contextuais presentes. Ambos os erros enfraquecem a aprendizagem. O primeiro produz falsa confiança. O segundo produz paralisia ou cinismo.

Na prática, essa separação começa antes de o resultado ser conhecido. No momento do compromisso, a organização deveria registrar não apenas o que espera que aconteça, mas também quais pressupostos contextuais são materiais para essa expectativa. O que precisa permanecer verdadeiro para a decisão funcionar? Que condições de mercado, regulação, operação ou comportamento estão sendo assumidas? Que fatores externos poderiam dominar o resultado? Isso não transforma toda decisão em modelo econométrico. Apenas cria uma base posterior para interpretar o resultado sem inventar o contexto depois do fato.

O ponto está diretamente conectado à Doutrina do Compromisso. Se a organização consegue identificar quando o compromisso foi assumido, com quais evidências, entre quais alternativas e sob quais pressupostos contextuais, então a aprendizagem posterior se torna possível. Se esses elementos estão ausentes, a análise pós-compromisso vira busca em fragmentos. A organização ainda consegue narrar. Não consegue aprender com robustez.

Isso também explica por que a empresa centrada em decisões exige mais do que painéis e retrospectivas. Painéis descrevem movimento. Retrospectivas organizam lembrança. A separação entre decisão e contexto cria uma ponte disciplinada entre o compromisso assumido e o mundo em que seus efeitos se desdobraram. Nessa ponte, o resultado se torna analisável, e não apenas observado.

7.4 - Calibração prospectiva

Aprender com decisões não se completa quando o passado foi explicado. A finalidade organizacional da aprendizagem é prospectiva: melhorar expectativas, limiares e julgamentos que orientarão compromissos futuros. Esta obra chama esse movimento de calibração prospectiva.

A expressão importa porque impede que a aprendizagem seja reduzida à gestão de arquivos. Registrar o passado é útil. Explicar causalmente o passado é mais exigente. Mas a razão pela qual organizações devem aprender com decisões é que compromissos futuros de perfil semelhante sejam assumidos com expectativas mais calibradas. A organização deve tornar-se menos ingênua sobre os mecanismos que importam, menos impressionável diante de evidências fracas, menos propensa a confundir contexto com decisão e mais disciplinada ao estimar que tipo de resultado determinado compromisso pode razoavelmente produzir.

A calibração prospectiva depende de três operações. A primeira é a decomposição do resultado. A organização pergunta que partes do resultado plausivelmente vieram da decisão, que partes vieram da execução e que partes vieram do ambiente. A segunda é a comparação contrafactual. A organização pergunta o que razoavelmente poderia ter acontecido se outra alternativa tivesse sido adotada ou se nenhum compromisso tivesse sido assumido. A terceira é a atualização das expectativas. A organização ajusta pressupostos futuros, limiares de suficiência e apetite a risco à luz do que aprendeu.

Nenhuma dessas operações exige que toda organização se converta em laboratório de inferência causal. O rigor deve ser proporcional. Uma decisão de alta materialidade, baixa reversibilidade e forte dependência de IA pode justificar reconstrução analítica mais profunda. Uma decisão de menor consequência pode exigir revisão mais leve. Mas mesmo a revisão mais leve deve preservar a disciplina básica: não confundir resultado com lição; perguntar o que o resultado significa para expectativas futuras.

A conexão com o trabalho de Tetlock sobre previsão é relevante aqui. Bons previsores não são simplesmente pessoas que fazem previsões confiantes. São pessoas que atualizam crenças, revisam pressupostos e acompanham calibração. A mesma disciplina deve valer para decisões organizacionais. Uma empresa centrada em decisões não pergunta apenas se o resultado foi bom ou ruim. Pergunta se suas expectativas estavam calibradas, se sua confiança era justificada e se o próximo compromisso deve ser enquadrado de modo diferente pelo que este revelou.

A calibração prospectiva também protege a organização de uma falha comum: amnésia institucional disfarçada de experiência. Muitas organizações têm longa história, padrões repetidos e líderes experientes, mas os mesmos tipos de erro decisório retornam. A causa nem sempre é falta de informação. Muitas vezes é ausência de recalibração estruturada. A experiência foi armazenada, mas não transformada em ajuste disciplinado do julgamento futuro.

7.5 - Capital decisório

Quando a aprendizagem decisória se torna cumulativa, a organização começa a formar capital decisório. Nesta obra, capital decisório não significa um banco de dados de decisões, um repositório de atas ou uma pasta de lições aprendidas. Esses artefatos podem apoiá-lo, mas não são idênticos a ele. Capital decisório é o entendimento organizacional acumulado sobre como diferentes tipos de compromisso, assumidos em diferentes condições e sustentados por diferentes tipos de evidência, tendem a produzir resultados por mecanismos plausíveis.

Essa distinção é necessária porque as organizações frequentemente confundem memória com capital. Memória armazena o que aconteceu. Capital pode ser reutilizado produtivamente. Um arquivo de comitê pode conter milhares de registros e ainda gerar pouco capital decisório se os registros não puderem ser comparados, se a evidência não tiver sido qualificada, se o contexto não tiver sido capturado ou se a responsabilidade tiver permanecido difusa. Em contraste, um conjunto menor de compromissos bem governados pode ser mais valioso se permitir aos decisores futuros compreender padrões, restrições e modos recorrentes de falha.

Argyris e Schon são importantes aqui porque aprendizagem organizacional não é simples acúmulo de informação. Ela envolve a capacidade de revisitar pressupostos, expor variáveis governantes e alterar a ação futura. DIG se conecta a essa tradição de forma específica. Não tenta se tornar uma teoria geral da aprendizagem organizacional. Identifica as condições sob as quais a aprendizagem a partir de decisões pode se tornar menos episódica, menos anedótica e mais transmissível institucionalmente.

O capital decisório só emerge quando a organização consegue comparar compromissos suficientemente semelhantes. Isso exige classificação. Uma decisão sobre preço, uma decisão de entrada em mercado, uma decisão de aprovação de crédito e uma decisão de implantação de sistema de IA podem ser importantes, mas não são comparáveis da mesma forma se sua materialidade, reversibilidade, dependência de IA, base evidencial e contexto não forem visíveis. Comparabilidade é a condição que transforma memórias isoladas em portfólio de aprendizagem.

O valor do capital decisório não se limita à melhoria de desempenho. Ele também afeta confiança, auditabilidade e continuidade de liderança. Quando decisores-chave deixam a organização, muitas vezes a instituição perde não apenas pessoas, mas conhecimento tácito sobre por que certos compromissos foram considerados defensáveis. O capital decisório reduz essa dependência ao preservar, de forma mais estruturada, a relação entre compromisso, evidência, contexto, resultado e interpretação causal.

Em uma empresa centrada em decisões, isso se torna um ativo estratégico. Ativos de dados continuam indispensáveis, mas não esgotam aquilo que a organização sabe. A organização também sabe como se comprometeu no passado, onde sua evidência foi forte ou fraca, onde seus pressupostos se sustentaram ou falharam e como compromissos semelhantes se comportaram em condições distintas. Esse é outro tipo de ativo. Ele não está armazenado apenas em sistemas. Está incorporado à aprendizagem institucional disciplinada.

7.6 - O que a disciplina exige

Se a aprendizagem decisória depende de atribuição causal, se métricas de resultado são insuficientes por si sós e se capital decisório exige comparabilidade estruturada ao longo do tempo, então a disciplina proposta nesta obra deve exigir mais do que revisão posterior. Ela deve exigir condições que tornem a aprendizagem possível antes mesmo de o resultado ocorrer.

A primeira exigência é a rastreabilidade do compromisso. A aprendizagem não pode começar de uma afirmação vaga de que a organização "decidiu" algo. Ela precisa de um compromisso identificável: quando foi assumido, por quem, entre quais alternativas, com base em quê e sob quais pressupostos contextuais. Sem essa âncora, o resultado se desprende da decisão e pode ser conectado a quase qualquer narrativa posterior.

A segunda exigência é a qualificação da evidência. Se a organização não sabe que tipo de evidência sustentou o compromisso, não consegue avaliar depois se o resultado confirmou, contrariou ou simplesmente passou ao largo dessa evidência. Um resultado pode parecer surpreendente apenas porque a evidência original era fraca. Ou pode parecer óbvio apenas porque o viés retrospectivo fortaleceu a coerência aparente de uma base que, no momento da decisão, era frágil.

A terceira exigência é a separação entre decisão e contexto. Esta é a exigência causal mais diretamente tratada neste capítulo. A organização deve ser capaz de perguntar, com seriedade, o que plausivelmente veio do compromisso e o que plausivelmente veio de fatores ao redor. Mesmo quando a resposta é aproximada, a pergunta altera a qualidade da aprendizagem.

A quarta exigência é a comparabilidade entre compromissos. Uma decisão isolada pode ser revisada, mas a aprendizagem disciplinada cresce quando decisões estruturalmente semelhantes podem ser comparadas ao longo do tempo. Essa comparação permite ver padrões que nenhum caso isolado revela: excesso recorrente de confiança, subestimação crônica de risco de execução, dependência excessiva de projeções modeladas, leitura deficiente de contexto ou fragilidade sistemática na qualificação da evidência.

A quinta exigência é a atribuição fiduciária de responsabilidade. Aprender com decisões não é apenas aprender com configurações técnicas ou movimentos de mercado. É aprender com compromissos assumidos por autoridade humana ou organizacional identificável. Se a responsabilidade não pode ser localizada, a aprendizagem perde uma de suas dimensões centrais: a relação entre julgamento e consequência.

Essas cinco exigências não são apresentadas aqui como método de implementação acabado. Elas são as condições mínimas de entrada que tornam possível a aprendizagem decisória em sentido forte. Abaixo desse limiar, a organização pode monitorar, reportar e lembrar. Acima dele, pode começar a aprender com seus compromissos de modo reconstruível, comparável e institucionalmente útil.

Nota crítica: causalidade não exige que toda decisão seja tratada como desenho acadêmico de pesquisa. Exige que a organização evite um hábito mais fraco e mais perigoso: tratar o resultado observado como se ele se explicasse automaticamente.

O próximo capítulo desenvolve outro fundamento dessa mesma arquitetura: a hierarquia de evidências. Se o Capítulo 7 pergunta como organizações aprendem da relação entre decisão e resultado, o Capítulo 8 pergunta que tipo de base era forte o suficiente para sustentar o compromisso antes de o resultado ser conhecido. As duas perguntas são inseparáveis. Uma governa a aprendizagem após o compromisso. A outra governa a justificação antes dele.

Pontos para reflexão

1. Quando sua organização avalia se uma decisão foi "boa" ou "ruim", ela distingue entre o resultado observado e a qualidade do processo que o produziu, ou ainda tende a atribuir automaticamente o resultado à decisão que o precedeu?
2. Se um concorrente tivesse lançado produto semelhante no mesmo período, sua organização conseguiria estimar, ainda que aproximadamente, quanto do resultado observado decorreu da própria decisão e quanto decorreu de fatores de mercado que teriam atuado de qualquer forma?
3. Sua organização possui mecanismos formais para comparar decisões de perfil semelhante ao longo do tempo, não apenas por resultado, mas também pelo tipo de evidência mobilizada, pela qualidade do enquadramento, pelo contexto do compromisso e pela expectativa originalmente assumida?

Leituras sugeridas

Fundamentos de causalidade e aprendizagem

PEARL, Judea. Causality: Models, Reasoning, and Inference. 2nd ed. Cambridge: Cambridge University Press, 2009. Referência central para o tratamento formal de causalidade mobilizado neste capítulo.

PEARL, Judea; MACKENZIE, Dana. The Book of Why: The New Science of Cause and Effect. New York: Basic Books, 2018. Apresentação mais ampla da escada da causalidade e de suas implicações para raciocinar além da associação.

ARGYRIS, Chris; SCHÖN, Donald A. Organizational Learning II: Theory, Method, and Practice. Reading, Mass.: Addison-Wesley, 1996. Relevante para conectar aprendizagem decisória à tradição mais ampla de aprendizagem organizacional e revisão de pressupostos.

PEARL, Judea; GLYMOUR, Madelyn; JEWELL, Nicholas P. Causal Inference in Statistics: A Primer. Chichester: Wiley, 2016. Introdução técnica concisa à inferência causal para leitores que desejam uma ponte mais formal.

MORGAN, Stephen L.; WINSHIP, Christopher. Counterfactuals and Causal Inference: Methods and Principles for Social Research. 2nd ed. Cambridge: Cambridge University Press, 2015. Referência rigorosa para raciocínio contrafactual e explicação causal em contextos sociais.

Calibração prospectiva e julgamento

TETLOCK, Philip E.; GARDNER, Dan. Superforecasting: The Art and Science of Prediction. New York: Crown, 2015. Útil para a ideia de calibração, atualização de crenças e formação disciplinada de expectativas.

KLEIN, Gary. Sources of Power: How People Make Decisions. Cambridge, Mass.: MIT Press, 1998. Complemento relevante por mostrar como o julgamento experiente opera sob incerteza e informação incompleta.

CAPÍTULO 8

Uma Hierarquia de Evidências

Por que nem toda evidência merece o mesmo peso no momento do compromisso.

"Nenhum dos meus nove pontos de vista pode trazer evidência indiscutível a favor ou contra a hipótese de causa e efeito, e nenhum deles pode ser exigido como condição indispensável."

- Austin Bradford Hill, The Environment and Disease: Association or Causation? (1965, p. 299). Tradução livre adotada nesta obra.

Os capítulos anteriores estabeleceram uma cadeia cumulativa de raciocínio. O Capítulo 4 definiu o objeto da disciplina: a decisão como compromisso organizacional com uma alternativa que aloca recursos e carrega custo relevante de reversão. O Capítulo 5 mostrou que esse compromisso é sempre assumido sob racionalidade limitada. O Capítulo 6 esclareceu a Doutrina do Compromisso e a sequência que torna o compromisso justificável. O Capítulo 7, por sua vez, mostrou que aprendizagem robusta exige mais do que registrar resultados; exige algum grau de atribuição causal e condições mínimas de rastreabilidade, comparabilidade e responsabilidade.

Este capítulo desenvolve uma das condições centrais dessa arquitetura: a qualificação da evidência. Ele ainda não entrega uma gramática operacional definitiva. Esse passo pertence ao desenvolvimento metodológico posterior. O que este capítulo estabelece é anterior e mais fundacional: evidências não carregam o mesmo peso epistêmico; essa diferença importa para o compromisso; e qualquer disciplina séria de governança de decisões precisa tornar essa diferença visível antes que o compromisso seja assumido.

O argumento dialoga com dois precedentes importantes, sem se reduzir a nenhum deles. O primeiro vem da epidemiologia e da medicina baseada em evidências. Austin Bradford Hill mostrou, em 1965, que associações e hipóteses causais deveriam ser examinadas por critérios explícitos, e não aceitas pelo simples fato de estarem disponíveis. Décadas depois, o sistema GRADE tornou operacional a ideia de que evidências podem ser classificadas por níveis de confiança e que essa classificação melhora a qualidade das recomendações construídas sobre elas. O segundo precedente vem da governança de dados: o DAMA-DMBOK consolidou a ideia de que dados não devem ser tratados como uma massa indiferenciada, mas como ativos cujo valor depende de atributos como acurácia, completude, consistência, atualidade, linhagem e adequação ao uso.

Esta obra não transpõe mecanicamente o raciocínio clínico para a governança organizacional, nem afirma que decisões empresariais utilizem o mesmo repertório de evidências da medicina. O ponto é mais disciplinado e mais modesto: nem toda base de compromisso possui a mesma robustez, confiabilidade, aderência ao contexto ou força justificadora. Se isso é verdadeiro, tratar bases evidenciais distintas como se fossem equivalentes transfere para a decisão uma fragilidade que poderia ter sido explicitada antes da assunção do compromisso.

A pergunta central, portanto, não é se determinada evidência é boa ou ruim em abstrato. A pergunta é outra: no momento do compromisso, o decisor e a organização sabem que tipo de evidência estão usando, quão robusta ela é, quais limites carrega e quanto peso pode razoavelmente sustentar? Sem essa consciência, uma decisão pode parecer justificada apenas porque está cercada de informação. Com essa consciência, o compromisso ainda pode se revelar inadequado, mas passa a ser justificável por estrutura, e não apenas por volume documental, sofisticação técnica ou prestígio da fonte.

Essa distinção importa porque, na prática organizacional, evidência muitas vezes aparece como categoria achatada. Relatórios, extrações de dados, painéis, previsões, opiniões, estudos de mercado, referências externas, recomendações de especialistas e saídas algorítmicas entram frequentemente na deliberação sob o rótulo genérico de análise. Este capítulo sustenta a postura oposta: evidência não é uma massa homogênea. É um objeto que precisa ser qualificado. Não porque toda decisão exija o rigor evidencial de um ensaio clínico, mas porque toda decisão consequente exige alguma compreensão explícita do peso que sua base pode razoavelmente suportar.

O capítulo avança em seis movimentos. Primeiro, mostra por que as evidências não são todas iguais, embora a prática organizacional muitas vezes as trate como se fossem. Segundo, retoma Bradford Hill como precedente para avaliação explícita da força evidencial. Terceiro, examina o GRADE como exemplo institucional robusto de hierarquização formal. Quarto, discute o que muda e o que permanece quando esse princípio é transposto para decisões organizacionais. Quinto, estende a discussão a ambientes mediados por IA, nos quais evidências recuperadas, sintetizadas e geradas criam novas formas de compressão epistêmica. Sexto, explicita o que uma futura gramática de evidências baseada em DIG precisará carregar, sem fingir que essa gramática já está concluída neste volume.

8.1 - Nem toda evidência é igual

Muitas decisões organizacionais operam sob uma suposição implícita: uma vez reunida informação suficiente, a base evidencial da decisão estaria resolvida. Um relatório foi produzido, um painel foi apresentado, um especialista se manifestou, uma referência externa foi citada, um modelo gerou uma pontuação ou um sistema emitiu uma recomendação. Logo, haveria evidência suficiente para decidir.

Essa suposição é compreensível. Sob pressão de tempo, sobrecarga informacional e necessidade de agir, a simples existência de material muitas vezes funciona como substituto da suficiência. Comitês e executivos raramente podem suspender a ação até que toda incerteza seja eliminada. Organizações precisam decidir sob restrição. Ainda assim, do ponto de vista desta disciplina, a passagem de informação disponível para evidência suficiente é epistemicamente frágil quando a qualidade da base não se torna visível.

Possuir evidência não é o mesmo que possuir evidência de qualidade conhecida. E possuir grande volume de evidência não é o mesmo que possuir evidência robusta o bastante para o compromisso que se pretende assumir. Uma projeção financeira pode ser tecnicamente sofisticada e ainda repousar sobre premissas frágeis sobre demanda, juros ou reação competitiva. Um *benchmark* pode reunir muitos dados e, ainda assim, ser pouco comparável ao contexto da organização. Um modelo preditivo pode produzir uma recomendação elegante enquanto se apoia em padrões históricos que já não descrevem o ambiente presente. Uma opinião especializada pode ser muito valiosa e continuar sendo epistemicamente distinta de evidência empírica diretamente verificada.

Em todos esses casos, há evidência. O que muda é a força justificadora que essa evidência pode razoavelmente sustentar. A existência de informação responde apenas a uma primeira pergunta: há algo disponível para consideração. Ela não responde à pergunta mais forte da governança: que tipo de confiança, sob quais limitações e em relação a qual compromisso essa base pode sustentar?

Esta obra utiliza a expressão qualidade epistêmica para nomear essa diferença. O termo não deve ser confundido com volume de dados, sofisticação técnica, prestígio da fonte ou autoridade de quem apresenta a análise. Ele se refere ao grau de robustez, confiabilidade, adequação contextual e relevância inferencial de uma base evidencial em relação ao compromisso que ela pretende sustentar. Uma base pode ser internamente coerente e ainda ser indireta demais para o nível de risco envolvido. Pode ser persuasiva na forma e frágil na substância. Pode ser tecnicamente bem construída e, ainda assim, pouco adequada à decisão concreta.

A governança se torna necessária porque organizações frequentemente decidem não com ausência de evidências, mas com evidências cujos limites não estão suficientemente visíveis. O problema não é necessariamente decidir com evidência imperfeita. Em muitos contextos, isso é inevitável. O problema é decidir sem explicitar que tipo de imperfeição está sendo incorporado ao compromisso. Uma decisão baseada em evidência fraca, mas visivelmente fraca, pode ser defensável em condições de urgência. Uma decisão baseada em evidência fraca tratada como forte é outra coisa.

Conceito-chave: a evidência não se torna governável apenas por estar presente. Ela se torna governável quando seu tipo, sua robustez, sua aderência ao contexto e suas limitações podem ser explicitados no momento do compromisso.

8.2 - Bradford Hill e os critérios explícitos

A ideia de que evidências devem ser avaliadas por critérios explícitos não surgiu no campo das decisões organizacionais. Ela tem uma história mais longa em áreas que enfrentaram, antes das organizações contemporâneas, um problema estruturalmente semelhante: como distinguir bases evidenciais mais fortes de bases mais fracas quando as consequências de tratá-las como equivalentes podem ser graves.

Austin Bradford Hill ocupa lugar central nessa história. Em 1965, no clássico artigo The Environment and Disease: Association or Causation?, ele propôs nove pontos de vista a serem considerados na passagem de uma associação observada para uma hipótese causal. Entre eles estavam força, consistência, temporalidade, gradiente biológico, plausibilidade, coerência, experimento e analogia. Hill também foi cuidadoso ao rejeitar a ideia de que esses pontos de vista funcionassem como regras rígidas ou condições indispensáveis. A própria cautela de Hill é uma das razões pelas quais sua contribuição continua valiosa.

Para os fins desta obra, Bradford Hill importa menos como fonte de uma lista a ser copiada e mais como precedente de um princípio disciplinar mais profundo: a evidência não deve ser aceita apenas porque está disponível, nem descartada apenas porque é imperfeita. Ela deve ser examinada por critérios explícitos que tornem visíveis suas forças, fraquezas e adequação em relação à inferência que se pretende sustentar.

Essa lição é particularmente útil porque evita dois extremos. Um extremo trata qualquer associação observada como se já fosse suficiente para uma conclusão forte. O outro exige prova absoluta antes de reconhecer qualquer utilidade na evidência disponível. Hill rejeitou ambos. Sua abordagem convida a uma postura mais disciplinada: examinar a evidência por múltiplas dimensões relevantes e formar julgamento com base no conjunto, reconhecendo gradações de robustez em vez de apenas categorias binárias de aceitação ou rejeição.

É precisamente aí que Hill se torna útil para a governança de decisões. Compromissos organizacionais frequentemente se apoiam em associações, padrões, anomalias, comparações ou indicadores parciais. Uma queda de *churn* pode estar associada a um novo programa de retenção. Um aumento de vendas pode seguir uma mudança de preço. Um indicador de risco pode aparecer antes de um agrupamento de inadimplência. Um modelo pode identificar um padrão em clientes ou operações. Nenhuma dessas observações é inútil. Nenhuma deveria ser automaticamente tratada como prova causal.

A transposição feita aqui, portanto, não é literal. Decisões empresariais não mobilizam as mesmas evidências, riscos ou condições experimentais da epidemiologia. Ainda assim, o princípio disciplinar permanece aplicável: a robustez da base que sustenta um compromisso consequente deve se tornar visível por critérios explícitos antes que essa base seja tratada como suficiente. Hill funciona aqui como precedente de avaliação disciplinada, não como taxonomia pronta para decisões de negócio.

8.3 - GRADE e a linguagem institucional da confiança

Se Bradford Hill ofereceu um precedente para critérios explícitos, o sistema GRADE representa um passo adicional: a transformação desse princípio em uma arquitetura institucional mais estável para qualificar evidências. GRADE - Grading of Recommendations Assessment, Development and Evaluation - surgiu de um esforço internacional para reduzir inconsistências entre sistemas de classificação de evidências e criar uma linguagem mais transparente e compartilhada de confiança.

A importância do GRADE para esta obra está em três pontos. Primeiro, ele mostra que a hierarquização formal de evidências é possível. O ponto básico não é que organizações devam copiar a linguagem exata da evidência clínica. É que uma disciplina pode construir um vocabulário comum para diferenciar graus de confiança e pode tornar essa diferenciação parte da qualidade da recomendação.

Segundo, o GRADE mostra por que essa hierarquização importa em ambientes consequentes. Formas diferentes de evidência não merecem o mesmo grau de confiança, e tratá-las como se merecessem pode produzir recomendações ruins. Os exemplos clássicos da medicina não são transferidos aqui como conteúdo. Eles importam como prova de possibilidade disciplinar: um campo pode reconhecer que a base de uma recomendação precisa ser qualificada, comunicada e levada a sério pelo decisor.

Terceiro, o GRADE mostra que a qualificação pode ser comunicada de maneira inteligível. Uma de suas forças é não exigir que todo usuário final domine estatística avançada para compreender que uma recomendação repousa sobre confiança alta, moderada, baixa ou muito baixa. Essa comunicabilidade é especialmente relevante para decisões organizacionais, nas quais o decisor final frequentemente não é o especialista técnico mais profundo e, ainda assim, permanece responsável pelo compromisso assumido.

Esse ponto é crucial. Em muitas organizações, quem assume o compromisso depende de análises preparadas por especialistas: equipes de dados, risco, finanças, jurídico, consultores, responsáveis por modelos ou sistemas de IA. Se a base evidencial não puder ser comunicada em linguagem que preserve rigor sem exigir reconstrução técnica desde o início, o decisor pode receber informação sem receber seu status epistêmico. Pode conhecer a recomendação e continuar sem saber a força da base que a sustenta.

Esta obra não afirma que decisões organizacionais devam ser classificadas pela gramática clínica do GRADE. O repertório de evidências nas organizações é mais heterogêneo, mais mediado por contexto e mais entrelaçado a julgamento gerencial, referências externas, volatilidade de mercado, ambiguidade estratégica e *outputs* algorítmicos. O que se transpõe aqui não é o método em si, mas a prova de que evidências podem ser qualificadas formalmente, comunicadas com clareza e integradas à justificabilidade do compromisso que sustentam.

8.4 - A transposição para decisões organizacionais

Transpor o princípio de hierarquia evidencial para decisões organizacionais exige cautela. O que muda primeiro é o repertório de evidências. Em contextos empresariais e institucionais, o compromisso pode se apoiar em dados verificados, projeções modeladas, correlações observadas, análises causais, pareceres especializados, *benchmarks* externos, experiência gerencial acumulada, interpretações regulatórias, sinais de clientes, exercícios de cenário e recomendações algorítmicas. Esses elementos não pertencem à mesma classe epistêmica, mesmo quando convivem no mesmo material de comitê ou memorando decisório.

O que também muda é a relação entre evidência e compromisso. Em muitos ambientes organizacionais, a evidência não entra diretamente em uma recomendação. Ela passa por análises, sínteses, filtros deliberativos e julgamento gerencial. Em cada etapa, pode ser traduzida, condensada, reenquadrada ou combinada com outros elementos. Isso significa que a qualidade epistêmica do compromisso final depende não apenas da base original, mas também da integridade das mediações pelas quais essa base passou antes de se tornar fundamento para a ação.

Uma extração de dados pode ser correta e ainda ser mal interpretada. Uma análise causal pode ser reduzida, em uma apresentação executiva, a uma correlação. Um *output* de modelo pode se transformar em recomendação sem que as condições de validade do modelo estejam visíveis para a instância aprovadora. Uma avaliação jurídica ou regulatória pode ser tratada como se resolvesse a prudência de negócio, quando na verdade apenas esclareceu permissibilidade. Essas mediações importam porque a evidência que entra no compromisso raramente é a evidência original em estado bruto. É a evidência traduzida para o ambiente decisório.

O que permanece, contudo, é o princípio subjacente: bases evidenciais diferentes não devem receber automaticamente o mesmo peso justificativo. Uma decisão baseada em dado empírico diretamente verificado não tem o mesmo perfil epistêmico de uma decisão baseada principalmente em projeção modelada. Um compromisso sustentado por correlação observada não ocupa a mesma posição evidencial de outro sustentado por raciocínio causal mais robusto. Uma decisão baseada em experiência gerencial acumulada pode ser valiosa, mas continua sendo epistemicamente diferente de uma decisão baseada em comparação estruturada de contextos semelhantes.

Uma objeção legítima é que organizações já trabalham com qualidade, confiança, prontidão e maturidade em domínios adjacentes. Isso é verdade. Governança de dados, governança analítica, gestão de risco de modelos, governança de IA e controles internos incorporam formas de avaliação de qualidade. A distinção proposta aqui é mais estreita e mais específica: o objeto não é a maturidade do programa, a qualidade do conjunto de dados ou a confiabilidade do modelo isoladamente. O objeto é o peso justificativo da base evidencial no nível do compromisso decisório material.

A pergunta não é apenas quão madura a organização é em dados, análise ou IA. É sobre que fundamento evidencial determinado compromisso efetivamente repousa. Um programa de dados maduro ainda pode sustentar um compromisso frágil se a evidência relevante foi mal aplicada, generalizada indevidamente ou tratada como mais forte do que era. Um modelo validado ainda pode se tornar evidência frágil se seu *output* for usado fora do contexto em que era significativo. Uma opinião especializada forte ainda exige explicitação dos limites de sua base.

Por isso, a transposição feita aqui é epistêmica, não metodológica. O capítulo ainda não entrega uma gramática operacional final para classificar evidências em decisões organizacionais. Ele estabelece o princípio que tornará essa gramática necessária: bases evidenciais diferem em robustez, e essa diferença não deve permanecer tácita quando elas são usadas para justificar compromisso material.

8.5 - Evidência mediada por IA e compressão epistêmica

A necessidade de qualificar evidências se torna mais urgente quando sistemas algorítmicos participam da produção, recuperação, síntese ou recomendação da base evidencial. A IA não acrescenta apenas mais uma ferramenta ao processo decisório. Em muitos contextos, ela comprime várias operações evidenciais em uma única saída que já aparece organizada para a ação.

Um modelo preditivo pode transformar observações passadas em probabilidade. Um sistema de recomendação pode converter padrões em alternativas ranqueadas. Uma ferramenta de IA generativa pode sintetizar documentos e produzir uma explicação narrativa. Um sistema de geração aumentada por recuperação, ou RAG, pode recuperar políticas internas, notas de mercado ou documentos técnicos e montar uma resposta que parece ancorada no conhecimento organizacional. Cada uma dessas saídas pode ser útil. Nenhuma delas deve ser tratada como epistemicamente autoexplicativa.

Isso cria o que esta obra chama de compressão epistêmica: o decisor recebe uma saída compacta que pode ocultar, por trás de sua utilidade, várias operações anteriores - seleção de fontes, representação de dados, premissas de modelagem, escolhas de recuperação, ponderação de entradas, síntese e apresentação. Quanto mais fluente e completa a saída parece, mais fácil se torna confundir usabilidade com força evidencial. Uma resposta bem redigida ainda pode se apoiar em recuperação incompleta. Uma recomendação persuasiva ainda pode depender de padrões históricos instáveis. Um documento citado ainda pode estar desatualizado, inaplicável ou contradito por outra fonte não recuperada.

O RAG ilustra esse ponto com especial clareza. A recuperação pode melhorar o enraizamento da resposta ao conectá-la a fontes identificáveis. Mas enraizamento não é o mesmo que governança do compromisso. A organização ainda precisa saber quais fontes foram recuperadas, se estavam vigentes, se eram autorizadas para o caso, se existiam fontes conflitantes e se a síntese gerada preservou ou distorceu os limites dessas fontes. Em termos de DIG, o RAG pode fortalecer o caminho evidencial; ele não qualifica sozinho a evidência nem governa o compromisso construído sobre ela.

A mesma lógica se aplica aos *outputs* de modelos. Uma pontuação, probabilidade, classificação ou recomendação pode ser tecnicamente válida dentro de suas condições de desenho e, ainda assim, ser usada em um contexto decisório no qual seu peso evidencial deveria ser limitado. O fato de um *output* ter sido produzido por um modelo não o torna, por padrão, mais forte que o julgamento humano. Tampouco o fato de haver julgamento humano o torna, por padrão, mais forte que o modelo. A pergunta é sempre relacional: que tipo de evidência é esse *output*, sob quais condições foi produzido e qual papel desempenhou no compromisso?

Essa distinção prepara a discussão posterior sobre o último trecho da IA. Nessa fronteira, o *output* algorítmico pode entrar como um insumo entre outros, como recomendação estruturada, como base predominante do compromisso ou como execução delegada. A hierarquia de evidências importa em cada caso porque o papel do *output* altera o rigor exigido. Quanto mais central for o *output* para o compromisso, menos aceitável é que seu status evidencial permaneça implícito.

A IA, portanto, não elimina a necessidade de hierarquia de evidências. Ela a intensifica. Quando um sistema pode recuperar, resumir, classificar, recomendar e agir com velocidade crescente, a pergunta de governança deixa de ser apenas se a informação está disponível e passa a ser se o status evidencial da contribuição do sistema está suficientemente visível para o peso do compromisso que está sendo assumido.

8.6 - O que uma futura gramática de evidências precisará carregar

Este capítulo não oferece a gramática final de evidências para decisões organizacionais. Essa tarefa pertence ao desenvolvimento metodológico posterior. O que ele oferece é mais fundacional: formaliza o princípio disciplinar de que evidências diferem em robustez epistêmica e de que essa diferença precisa se tornar governável no momento do compromisso.

Esse princípio pode ser resumido em três proposições. Primeiro, evidências diferem em robustez. Nem toda base mobilizada em uma decisão carrega a mesma força justificadora. Segundo, essa diferença tem consequências para o compromisso. Quando a fragilidade da base não se torna visível, o compromisso herda uma fragilidade que não pode ser explicada depois pela simples existência de informação. Terceiro, a qualificação da evidência é governável. Outros campos já mostraram que a força da evidência pode ser tratada como objeto explícito, e não apenas como intuição tácita.

Uma futura gramática de evidências baseada em DIG terá, portanto, de fazer mais do que distribuir evidências em rótulos. Ela precisará expressar a relação entre tipo de evidência, confiabilidade da fonte, aderência ao contexto, força inferencial, limitações conhecidas e papel no compromisso. Terá de distinguir evidência observada de evidência modelada, evidência correlacional de evidência causal, evidência recuperada de evidência sintetizada, julgamento especializado de verificação empírica e recomendação de compromisso. Também precisará permanecer proporcional: um compromisso rotineiro e reversível não deve exigir a mesma densidade evidencial de um compromisso de alta materialidade, baixa reversibilidade e forte influência de IA.

Isso importa porque governar uma decisão não pode mais significar apenas registrar quem decidiu, o que foi decidido e qual resultado se seguiu. Também precisa incluir outra pergunta: sobre que tipo de base evidencial esse compromisso foi assumido? A pergunta não precisa de uma taxonomia final para ser legítima. Exige, antes, o reconhecimento de que o peso evidencial não pode mais permanecer invisível.

Ao mesmo tempo, esta seção não confunde princípio com conclusão. Ela oferece o limiar sem o qual a disciplina não consegue começar de forma consistente. Acima desse limiar, DIG ainda precisará de classes, critérios e mecanismos de aplicação mais explícitos. Abaixo dele, a disciplina permanece cega à robustez da base que sustenta o compromisso. Por isso, a hierarquia de evidências pertence não à ornamentação, mas aos fundamentos da disciplina.

Nota crítica: este capítulo formaliza o princípio disciplinar de uma hierarquia epistêmica de evidências. Traduzir esse princípio em uma gramática operacional completa - com classes, critérios e regras de aplicação - pertence ao desenvolvimento metodológico posterior. O que se estabelece aqui é o limiar sem o qual a disciplina não começa de modo consistente: evidências diferem em robustez, e tratá-las como equivalentes transfere fragilidade evitável ao compromisso.

Pontos para Reflexão

1. Nas decisões de maior consequência da sua organização, a base evidencial é apresentada com qualificação explícita - tipo, robustez, adequação contextual e limitações declaradas - ou ainda aparece como uma massa indiferenciada de dados, análises, opiniões e *outputs* de sistemas?
2. Se outros campos já demonstraram que evidências podem ser hierarquizadas formalmente, o que ainda impede sua organização de distinguir, com clareza comparável, a força justificadora das bases que sustentam seus compromissos mais consequentes?
3. Quando um sistema de IA gera, recupera ou sintetiza evidências que depois são aceitas, sua organização registra o status evidencial e os limites dessa contribuição - ou tende a tratar o *output* como se tivesse a mesma força justificadora de uma análise empírica diretamente verificada?

Leituras Sugeridas

Referências Fundacionais e Conceituais

HILL, Austin Bradford. "The Environment and Disease: Association or Causation?" Proceedings of the Royal Society of Medicine, v. 58, n. 5, p. 295-300, 1965. Precedente fundamental para o uso de critérios explícitos na avaliação de associação e inferência causal. Aqui, funciona como analogia disciplinar, não como taxonomia pronta para decisões empresariais.

GUYATT, Gordon H. et al. "GRADE: An Emerging Consensus on Rating Quality of Evidence and Strength of Recommendations." BMJ, v. 336, n. 7650, p. 924-926, 2008. Referência central porque mostra que qualidade da evidência e força da recomendação podem ser formalizadas e comunicadas por uma linguagem institucional compartilhada.

BALSHEM, Howard et al. "GRADE Guidelines: 3. Rating the Quality of Evidence." Journal of Clinical Epidemiology, v. 64, n. 4, p. 401-406, 2011. Útil para compreender como sistemas de classificação de evidência refinam a noção de confiança e traduzem avaliação epistêmica em recomendação prática.

DAMA INTERNATIONAL. DAMA-DMBOK: Data Management Body of Knowledge. 2nd ed. Bradley Beach: Technics Publications, 2017. Relevante como precedente de governança: mostra como atributos de qualidade podem ser formalizados em torno de um objeto, em vez de ficarem entregues ao julgamento informal.

PEARL, Judea; MACKENZIE, Dana. The Book of Why: The New Science of Cause and Effect. New York: Basic Books, 2018. Mantido aqui porque o raciocínio causal afeta o status evidencial das afirmações que sustentam compromissos consequentes.

Referências Complementares sobre Evidência em Gestão

PFEFFER, Jeffrey; SUTTON, Robert I. Hard Facts, Dangerous Half-Truths, and Total Nonsense: Profiting from Evidence-Based Management. Boston: Harvard Business Review Press, 2006. Tradição vizinha relevante para o uso disciplinado de evidências na gestão. Não é tratada como DIG, mas como fundamento adjacente importante.

ROUSSEAU, Denise M. "Is There Such a Thing as Evidence-Based Management?" Academy of Management Review, v. 31, n. 2, p. 256-269, 2006. Referência útil para conectar qualidade da evidência à prática gerencial e distinguir uso disciplinado de evidências de autoridade, moda ou intuição isolada.

CAPÍTULO 9

Declaração de uma Subdisciplina de Governança

O que é a Governança da Inteligência Decisória — DIG, o que ela não é e por que merece status próprio.

"A utilidade de uma disciplina não se mede pela elegância de sua definição, mas pela clareza com que delimita seu objeto e o distingue de tudo que o cerca."

- Formulação autoral. Não é citação direta.

Os capítulos anteriores construíram as condições sem as quais esta declaração não poderia ser feita com responsabilidade. Os Capítulos 1 a 4 mostraram que, apesar dos avanços em dados, análise, inteligência artificial e práticas de governança, ainda existe uma lacuna entre os referenciais que governam dados, tecnologia, riscos e sistemas de IA e o ponto em que esses elementos convergem para um compromisso decisório. Os Capítulos 5 a 8 desenvolveram as bases dessa lacuna: definiram o objeto, esclareceram a racionalidade limitada como condição permanente, estruturaram o compromisso como núcleo da decisão, distinguiram registro de resultado de aprendizagem causal e estabeleceram que evidências não podem ser tratadas como uma base indiferenciada.

Este capítulo realiza uma tarefa diferente. Ele declara a subdisciplina. Não o faz como manifesto, promessa de software ou roteiro de implantação. A declaração ocorre no plano próprio desta obra: o plano disciplinar. A pergunta aqui é quádrupla: o que é a Governança da Inteligência Decisória — DIG; o que ela não é; por que seu objeto merece tratamento disciplinar próprio; e como ela se relaciona com o campo mais amplo da inteligência decisória.

A última pergunta é especialmente importante. A proposta aqui não nasce fora do ecossistema da inteligência decisória. Ela emerge dentro dele. A ascensão da inteligência decisória como campo de prática e, mais recentemente, como categoria de mercado reconhecida por analistas e iniciativas de ecossistema, é uma das condições que tornam DIG mais claramente formulável neste momento. DIG não é negação da inteligência decisória nem conceito paralelo sem vínculo com ela. É a tentativa de formalizar, dentro desse campo, uma camada de governança que ainda não se estabilizou como objeto autônomo.

A cautela é deliberada. Este capítulo não afirma que DIG já seja uma disciplina madura, universalmente reconhecida ou institucionalmente estabilizada. Afirma algo mais estreito e mais defensável: que as condições para sua formalização estão suficientemente presentes; que seu objeto pode ser distinguido dos objetos governados por disciplinas vizinhas; e que a ausência dessa formalização produz consequências visíveis em organizações que já governam dados, riscos, tecnologia e sistemas de IA, mas ainda carecem de linguagem disciplinar equivalente para governar o compromisso decisório em si.

Essa posição protege a obra de dois erros simétricos. O primeiro seria exagerar a proposta, como se DIG já ocupasse a mesma posição institucional da governança de dados, da gestão de riscos ou da governança de IA. O segundo seria subestimá-la, como se a ausência de um rótulo estabilizado bastasse para negar a existência de um objeto distinto. A posição adotada aqui é mais exigente: há um objeto identificável, há condições mínimas verificáveis de governança e há uma lacuna suficientemente consistente para justificar a declaração de uma subdisciplina emergente de governança.

9.1 - O que é DIG

A Governança da Inteligência Decisória — DIG — é uma subdisciplina emergente de governança no campo mais amplo da inteligência decisória. Seu objeto é o compromisso decisório material. Sua função é formalizar as condições sob as quais decisões organizacionais consequentes podem ser tomadas, registradas, justificadas, auditadas e convertidas em aprendizagem de modo verificável.

Essa definição é intencionalmente precisa. DIG não governa dados enquanto dados, modelos enquanto modelos, riscos enquanto riscos, tecnologias enquanto tecnologias ou plataformas decisórias enquanto plataformas. Ela governa o ponto em que esses elementos deixam de ser apenas insumos, instrumentos ou ambientes habilitadores e passam a sustentar compromisso organizacional sob responsabilidade identificável. Seu objeto não é o ativo analítico, mas o compromisso que usa ativos analíticos como parte de sua base.

O objeto, portanto, é o compromisso decisório: o ponto em que dados, análise, julgamento, contexto, risco e, cada vez mais, contribuição algorítmica convergem para produzir uma decisão organizacional com consequência material. O Capítulo 4 distinguiu decisão de preferência, intenção, escolha provisória, recomendação e execução. O Capítulo 6 mostrou que a decisão, em sentido forte, se constitui no compromisso. O Capítulo 7 mostrou que aprender com esse compromisso exige condições que vão além do registro de resultados. O Capítulo 8 mostrou que a base evidencial desse compromisso não pode ser tratada como se toda evidência tivesse a mesma força epistêmica.

Por essa razão, DIG deve ser entendida como uma disciplina de governança do compromisso. Seu foco não é produzir modelos melhores, gerar mais dados ou ampliar genericamente a capacidade analítica. Seu foco é formalizar as condições sob as quais um compromisso decisório pode ser considerado inteligível, justificável, rastreável, atribuível e posteriormente aprendível. Ela não substitui o julgamento. Ela cria condições para que o julgamento possa ser reconstruído e avaliado.

Nos termos desta obra, essa governança começa por um núcleo mínimo: rastreabilidade do compromisso; qualificação da evidência; separação entre decisão e contexto; comparabilidade entre decisões; e atribuição fiduciária de responsabilidade. Essas cinco condições não esgotam a subdisciplina. Elas definem o limiar abaixo do qual a governança de decisões permanece fraca, retórica ou meramente documental. Uma organização pode registrar que uma decisão ocorreu e, ainda assim, não governar o compromisso que a constituiu.

Nota de posicionamento A inteligência decisória é o campo mais amplo que organiza capacidades para melhores decisões em escala. DIG é a subdisciplina de governança que formaliza as condições sob as quais compromissos decisórios materiais, dentro desse campo, tornam-se justificáveis, rastreáveis, atribuíveis e aprendíveis. Uma futura metodologia baseada em DIG poderá operacionalizar essas condições por meio de artefatos, papéis, ciclos e lógica de maturidade; este livro estabelece primeiro a fundação disciplinar.

Acima do núcleo mínimo, a subdisciplina se desenvolve por camadas complementares: proporcionalidade do rigor, gramática mais estruturada de evidências, arquitetura de responsabilidade humano-IA, qualificação de contexto e mecanismos de recalibração contínua. Essas camadas pertencem à futura tradução metodológica da disciplina. Elas não alteram o ponto central: DIG começa quando a organização deixa de tratar a decisão como evento difuso e passa a tratá-la como objeto que pode ser identificado, qualificado, governado e convertido em aprendizagem.

A utilidade dessa formulação fica mais clara quando observamos o estado atual das organizações. Muitas já governam seus dados com sofisticação crescente. Muitas já governam seus riscos. Muitas começam a governar sistemas de IA por meio de sistemas de gestão, referenciais de risco, obrigações regulatórias, práticas de risco de modelos e controles internos. Mesmo assim, o compromisso decisório frequentemente permanece subdefinido. Sabe-se que uma decisão ocorreu, mas nem sempre com a mesma precisão se sabe que evidência a sustentou, quão robusta era essa base, quais alternativas foram descartadas, quem assumiu o julgamento e sob quais condições essa decisão poderá ser comparada com outras.

DIG é a subdisciplina que se ocupa desse ponto. Ela não absorve disciplinas vizinhas. Não nega sua maturidade. Não transforma toda decisão em evento burocrático pesado. Ela faz uma pergunta mais estreita e mais difícil: quando uma organização se compromete materialmente, consegue demonstrar as condições sob as quais esse compromisso foi formado?

9.2 - O que DIG não é

Uma disciplina não se define apenas por seu objeto positivo. Ela também se define pelas fronteiras que impedem sua absorção por campos adjacentes, sua diluição em slogans ou sua confusão com futuras traduções em método, tecnologia ou prática. DIG exige, portanto, delimitação negativa tanto quanto definição positiva.

DIG não é sinônimo de inteligência decisória. A inteligência decisória é o campo interdisciplinar mais amplo voltado a melhorar decisões por meio de dados, análise, modelos, inteligência artificial, ciências comportamentais, desenho organizacional e arquiteturas decisórias. DIG opera dentro desse campo, mas em posição mais específica. A inteligência decisória pergunta como as organizações podem decidir melhor em escala. DIG pergunta sob quais condições essas decisões podem ser justificadas, auditadas, atribuídas e convertidas em aprendizagem de modo verificável.

DIG não é governança de dados. A governança de dados governa dados como ativos organizacionais: qualidade, linhagem, curadoria, ciclo de vida, acesso, arquitetura e responsabilidades. DIG reconhece que dados governados são, muitas vezes, condição necessária para decisões justificáveis. Mas sustenta que essa condição não é suficiente. Dados completos, rastreáveis e bem governados ainda podem ser usados em compromissos opacos se a camada que os converte em decisão material continuar sem tratamento disciplinar equivalente.

DIG não é governança de IA em sentido amplo. A governança de IA governa o sistema, seu desenvolvimento, uso, risco, supervisão, transparência, monitoramento e controles organizacionais. DIG começa onde o *output* do sistema entra na camada decisória e pode se tornar parte da base de um compromisso. Um modelo pode estar governado e, ainda assim, ser mal utilizado em uma decisão. Um sistema pode estar supervisionado e, ainda assim, ter seu *output* absorvido no compromisso sem qualificação suficiente de evidência, contraste contextual ou responsabilidade atribuível.

DIG não é gestão de riscos. A gestão de riscos identifica, analisa, avalia, trata e monitora incertezas em relação a objetivos. DIG depende desse trabalho em muitos contextos, mas a decisão não se reduz ao risco que a cerca. Decidir não é apenas gerir incerteza; é assumir compromisso entre alternativas com base em evidências, sob responsabilidade identificável e com custo relevante de reversão.

DIG não é gestão de risco de modelos, embora deva dialogar estreitamente com essa tradição em setores intensivos em modelos. A gestão de risco de modelos governa desenvolvimento, validação, uso, monitoramento e limites dos modelos. DIG governa o compromisso que trata o *output* de um modelo como evidência, recomendação, base dominante ou execução delegada. O modelo pode estar governado; o compromisso que o utiliza ainda pode estar subgovernado.

DIG não é notação de modelagem de decisões. Padrões como DMN são importantes porque ajudam a modelar decisões de negócio, regras e lógica decisória. Eles tornam estruturas decisórias mais explícitas e executáveis. DIG opera em outro plano. Sua pergunta principal não é como uma regra decisória é modelada, mas se o compromisso material que depende de um modelo, regra ou estrutura decisória é rastreável, evidencialmente qualificado, atribuível e aprendível.

DIG não é modelo de maturidade. Modelos de maturidade podem ser úteis para avaliar capacidade organizacional em dados, análise, IA, riscos ou práticas decisórias. Eles poderão fazer parte de uma metodologia futura baseada em DIG. Mas a subdisciplina não começa como instrumento de maturidade. Ela começa como definição de objeto e condições: o que conta como compromisso decisório governado e o que não pode desaparecer sem que a disciplina perca sua identidade.

Por fim, DIG não é, nesta edição, metodologia, marco de implantação, manual de consultoria ou plataforma. Este livro formaliza princípios, distinções, fronteiras e condições mínimas. Traduzir esses elementos em métodos, registros, fóruns, papéis, fluxos, arquiteturas de software ou regimes de certificação pertence a trabalhos posteriores. Essa separação protege a disciplina. Um método sem objeto disciplinar vira caixa de ferramentas; uma disciplina sem possibilidade de método permanece abstrata. Este livro assegura a primeira condição para que a segunda possa ser desenvolvida com responsabilidade.

A delimitação negativa é, portanto, decisiva. DIG não é "inteligência decisória com conformidade". Não é "governança de dados estendida à decisão". Não é "governança de IA aplicada ao último trecho" em sentido totalizante. Não é "gestão de riscos com outro nome". Tampouco é, neste volume, um pacote operacional pronto. O que DIG faz é mais específico: formaliza a camada de governança em que evidência, julgamento, responsabilidade e compromisso se encontram.

9.3 - Por que DIG merece status próprio

A justificativa para DIG não está, em primeiro lugar, em uma dor momentânea de mercado ou em uma conveniência terminológica. Está na existência de um objeto distinto de governança: a decisão como compromisso organizacional material. O contexto contemporâneo — marcado por abundância de dados, aceleração da IA, plataformas decisórias, regulação e pressão por valor demonstrável — não cria esse objeto. Ele torna mais difícil ignorar a lacuna disciplinar em torno dele.

Esse ponto protege a tese de um mal-entendido frequente. DIG não é proposta porque o mercado de IA, neste momento, enfrenta dificuldades para converter capacidade em valor. Tampouco é proposta apenas porque algumas organizações falham ao escalar análise ou porque plataformas decisórias se tornaram visíveis no mercado. Esses fatos importam como contexto. Eles reforçam a urgência da disciplina. Não constituem sua fundação ontológica.

A fundação está no próprio objeto. Um compromisso decisório material possui atributos que não são plenamente absorvidos por nenhum campo vizinho. Tem materialidade, porque aloca recursos e exclui usos alternativos. Tem consequência, porque produz efeitos financeiros, operacionais, reputacionais, regulatórios, sociais ou estratégicos. Tem responsável, porque alguém — individual ou institucionalmente — assume o julgamento que converte possibilidade em compromisso. Tem base evidencial, porque o compromisso se apoia em alguma combinação de dados, análise, *output* de modelos, experiência, julgamento especializado e contexto. Tem condição cognitiva, porque é assumido sob racionalidade limitada. Tem sequência, porque depende de percepção, enquadramento, alternativas e compromisso. Tem potencial de aprendizagem, porque seu resultado pode ser comparado depois com a expectativa e a evidência que o sustentaram.

A combinação desses atributos justifica tratamento disciplinar. DIG não é necessária porque os campos existentes sejam fracos em seus próprios domínios. Ela se torna necessária porque esses campos amadureceram e, ao amadurecerem, tornaram mais explícito o ponto em que seus objetos governados convergem sem formalização equivalente do compromisso que os utiliza.

Essa é também a razão pela qual a proposta é multissetorial e multirregional por desenho. Ela não nasce da governança bancária, da regulação de IA, de uma jurisdição específica ou de um ciclo tecnológico isolado. Ambientes altamente regulados podem revelar a necessidade com força especial, e instituições financeiras podem se tornar adotantes iniciais porque suas decisões frequentemente combinam materialidade, dependência de modelos, escrutínio regulatório e auditabilidade. Mas o objeto em si não é setorial. Compromissos materiais existem em saúde, seguros, varejo, energia, agronegócio, logística, administração pública, telecomunicações, tecnologia, educação e em qualquer organização cujas decisões aloquem recursos, exponham partes interessadas ou criem consequências relevantes.

A passagem de organizações orientadas por dados para organizações centradas em decisões reforça o mesmo argumento. Uma organização orientada por dados usa dados para informar decisões. Uma organização centrada em decisões trata decisões materiais como a unidade central em torno da qual dados, análise, IA, risco, responsabilidade e aprendizagem são organizados. DIG não apenas descreve essa passagem; ela a torna governável. Fornece condições sob as quais a centralidade decisória deixa de ser slogan gerencial e pode ser testada por rastreabilidade, qualificação de evidências, responsabilidade, separação entre decisão e contexto, comparabilidade e aprendizagem.

Por isso, a disciplina não depende de afirmar novidade absoluta. Depende de uma afirmação mais defensável: o objeto é suficientemente distinto, a lacuna é suficientemente consistente e as consequências de deixar essa lacuna subformalizada são suficientemente sérias para justificar tratamento disciplinar próprio. Tradições adjacentes podem tocar o objeto. Práticas internas podem tratar partes dele. Referenciais setoriais podem estreitar a lacuna. Nada disso elimina a necessidade de nomear claramente o objeto quando ele permanece insuficientemente estabilizado em forma pública, compartilhável e auditável.

Dito diretamente, DIG merece status de subdisciplina emergente de governança porque governa um objeto que não é o mesmo que dados, risco, modelo, sistema de IA, tecnologia ou plataforma. Seu objeto é o compromisso organizacional: o ponto em que evidência, julgamento, contexto, responsabilidade e consequência se unem em uma decisão material. O contexto contemporâneo de IA avançada e conversão desigual de capacidade em valor não funda essa disciplina; ele torna sua necessidade mais visível.

9.4 - DIG e inteligência decisória

A relação entre DIG e inteligência decisória exige tratamento específico porque a proximidade conceitual entre ambas pode gerar confusão. Se DIG surge dentro do ecossistema da inteligência decisória, precisa ser delimitada com precisão suficiente para não parecer redundante nem artificialmente separada do campo do qual emerge.

A inteligência decisória, como aparece em descrições públicas de mercado, literatura prática e iniciativas de padronização aberta, está orientada a conectar dados, tecnologia, análise, modelos, conhecimento e desenho organizacional para melhorar decisões em escala. Sua orientação é integradora. Ela reúne capacidades para que organizações decidam de forma mais informada, mais rápida, mais consistente, mais automatizada quando apropriado e mais conectada à ação e ao resultado. A inteligência decisória, portanto, fornece um eixo contemporâneo e um vocabulário para tratar a decisão como unidade organizadora de capacidades.

DIG opera dentro desse campo, mas não no mesmo plano. Ela não amplia o repertório técnico da inteligência decisória. Não compete com modelagem, orquestração, automação, otimização ou desenho de plataformas decisórias. Sua função é mais estreita e mais exigente: formalizar a camada de governança fiduciária do compromisso decisório. A inteligência decisória pergunta como melhorar e escalar decisões. DIG pergunta sob quais condições os compromissos produzidos nesse ambiente podem ser considerados justificáveis, rastreáveis, atribuíveis, auditáveis e capazes de gerar aprendizagem verificável.

Dois mal-entendidos precisam ser evitados. O primeiro seria tratar DIG como se fosse apenas outro nome para inteligência decisória. Isso apagaria a camada específica de governança que esta obra procura tornar visível: o compromisso como objeto distinto da capacidade. O segundo seria tratar DIG como se estivesse fora da inteligência decisória, como disciplina paralela sem relação com sua trajetória intelectual e de mercado recente. Isso também seria inadequado. DIG não nasce fora da inteligência decisória. Nasce da percepção de que, à medida que a inteligência decisória amadurece, torna-se mais visível a necessidade de governar o compromisso.

Uma analogia ajuda. Na engenharia de software, a existência do campo mais amplo não elimina a necessidade de domínios específicos como qualidade, segurança, confiabilidade ou arquitetura. Esses domínios não substituem a engenharia de software, mas organizam dimensões que se tornam críticas à medida que o campo amadurece. A relação proposta aqui é análoga. DIG não substitui a inteligência decisória. Formaliza, dentro dela, a camada de governança sem a qual a capacidade decisória pode permanecer tecnicamente sofisticada, mas fiduciariamente opaca.

A relação pode ser formulada assim: a inteligência decisória é o campo mais amplo em que a decisão se afirma como capacidade, arquitetura e eixo de mercado; DIG é a subdisciplina de governança que formaliza as condições sob as quais o compromisso decisório, dentro desse campo, pode ser governado. Uma amplia capacidade. A outra governa o compromisso pelo qual essa capacidade se transforma em consequência.

9.5 - A declaração

O argumento acumulado pode agora ser condensado sem perder o rigor do caminho que o produziu.

Primeiro, há uma lacuna identificável entre a governança dos insumos e a governança do compromisso decisório. Dados, tecnologia, riscos, modelos e sistemas de IA já contam com referenciais, normas, métodos e práticas relativamente maduros dentro de seus escopos. Essa observação não implica insuficiência desses referenciais em seus domínios. Significa apenas que, no escopo examinado por esta obra, a camada em que esses elementos convergem para produzir decisão organizacional consequente permanece sem formalização equivalente.

Segundo, o objeto dessa lacuna foi definido. Decisão, em sentido forte, não é preferência, intenção, recomendação, análise ou ação executada. É compromisso organizacional com uma alternativa, implicando alocação de recursos e custo relevante de reversão. Essa definição permite distinguir o ato decisório das condições que o preparam e das consequências que o seguem.

Terceiro, as condições sob as quais esse objeto existe foram explicitadas. O compromisso decisório é assumido sob racionalidade limitada. Depende de uma sequência inteligível entre oportunidade, enquadramento, alternativas e compromisso. Requer evidência cuja robustez não pode ser presumida apenas porque há informação disponível. Só se converte em aprendizagem organizacional robusta quando resultados posteriores podem ser relacionados, ainda que imperfeitamente, às condições evidenciais, causais, contextuais e responsáveis que sustentaram o compromisso original.

Quarto, foi identificado um núcleo mínimo para a governança decisória em sentido forte: rastreabilidade do compromisso, qualificação da evidência, separação entre decisão e contexto, comparabilidade entre decisões e atribuição fiduciária de responsabilidade. Essas condições não esgotam a disciplina. Elas definem o limiar abaixo do qual uma organização pode documentar decisões, monitorar resultados e conduzir revisões sem ainda governar o compromisso decisório em sentido forte.

Declaração formal A Governança da Inteligência Decisória — DIG — é declarada nesta obra como uma subdisciplina emergente de governança no campo mais amplo da inteligência decisória. Seu objeto é a governança do compromisso decisório material. Sua finalidade é tornar decisões organizacionais consequentes justificáveis, rastreáveis, atribuíveis, auditáveis e aprendíveis sob condições de racionalidade limitada, variação evidencial, incerteza contextual e crescente participação algorítmica.

Essa declaração não afirma que DIG já esteja consolidada como disciplina madura, universalmente reconhecida ou institucionalmente estabilizada. Afirma que as condições para sua formalização estão suficientemente presentes para que o objeto seja nomeado, delimitado, testado, criticado e desenvolvido com rigor. O objeto é identificável. As fronteiras são distinguíveis. As condições mínimas são verificáveis. As consequências da ausência são observáveis. E o ambiente contemporâneo — marcado por densidade analítica, algorítmica, regulatória e organizacional — torna cada vez mais difícil justificar que essa camada permaneça informal.

A declaração também implica revisibilidade. Se pesquisas futuras, práticas institucionais ou revisões mais amplas demonstrarem que o objeto delimitado aqui já é adequadamente governado por uma disciplina pública, consolidada e amplamente compartilhável, a tese deve ser revista. Se evidências empíricas robustas mostrarem de modo consistente que combinações já estabilizadas de governança de dados, gestão de riscos, governança de IA, governança tecnológica, gestão de risco de modelos, qualidade da decisão e controles internos são suficientes para produzir os atributos que esta obra identifica como centrais, então DIG deverá ser reformulada. A disciplina não pode pedir que organizações governem compromissos enquanto se recusa a governar a validade de sua própria tese.

Este capítulo também não transforma a disciplina em método. Esse passo pertence ao desenvolvimento posterior. A obra permanece fiel ao escopo desta primeira edição: formalizar princípios, distinções, condições e fronteiras. Uma futura metodologia poderá traduzir esses elementos em inventários, registros, matrizes, papéis, ciclos e lógica de maturidade. Mas a declaração disciplinar deve vir antes. O campo precisa saber o que está governando antes de prescrever, com responsabilidade, como governá-lo.

Nos termos mais simples, DIG é a subdisciplina que governa a decisão como compromisso material dentro do campo da inteligência decisória. Ela existe porque a decisão, tal como definida nesta obra, não se reduz aos dados que a informam, ao modelo que a recomenda, ao risco que a condiciona, à tecnologia que a habilita ou à plataforma que a orquestra. A decisão tem materialidade, consequência, base evidencial, limitação cognitiva, sequência, responsabilidade e potencial de aprendizagem. Essa combinação justifica governança própria.

Os próximos capítulos desenvolvem a lógica da disciplina aqui declarada. O Capítulo 10 examina o ciclo decisório governado e o princípio da proporcionalidade. O Capítulo 11 trata da ponte entre DIG e os referenciais existentes. O Capítulo 12 examina a fronteira específica entre DIG e inteligência artificial no último trecho do compromisso. A subdisciplina está, portanto, declarada. A próxima tarefa é articulá-la em operação sem reduzi-la prematuramente a um manual.

Nota crítica: Nesta obra, DIG é declarada como subdisciplina emergente de governança, não como disciplina já consolidada, universalmente reconhecida ou institucionalmente estabilizada. O que os capítulos anteriores demonstraram é que seu objeto é identificável, suas condições mínimas são verificáveis, suas fronteiras são distinguíveis e sua ausência produz consequências suficientemente relevantes para justificar formalização. A consolidação dependerá de pesquisa, prática, validação, contestação e institucionalização.

Questões para reflexão

1. Se alguém perguntasse à sua organização qual disciplina formal governa o processo pelo qual decisões de alta consequência são tomadas — não os dados que as alimentam, não os riscos que as cercam, não os sistemas que as informam, mas o compromisso em si — haveria uma resposta padronizada?
2. Sua organização trata a governança de decisões como extensão automática da governança de dados, IA, riscos ou tecnologia, ou reconhece que o compromisso decisório material exige objeto, princípios e condições próprios?
3. Se a inteligência decisória é o campo mais amplo que pergunta como organizações podem decidir melhor, sua organização também sabe responder como verifica que uma decisão consequente foi tomada sob condições justificáveis, rastreáveis, atribuíveis e capazes de gerar aprendizagem verificável?

Leituras sugeridas

Apoio conceitual e fundacional

DAMA INTERNATIONAL. DAMA-DMBOK: Data Management Body of Knowledge. 2nd ed. Bradley Beach: Technics Publications, 2017. Referência importante para o paralelo disciplinar: mostra como uma disciplina de governança pode ser estruturada ao redor de objeto, princípios, funções, responsabilidades e linguagem comum.

ISO/IEC 42001:2023. Information Technology — Artificial Intelligence — Management System. Geneva: ISO/IEC, 2023. Referência central para delimitar a fronteira entre governança de IA e DIG: a norma governa o sistema de gestão de IA; DIG governa o compromisso que utiliza *outputs* de IA como parte de sua base.

KOZYRKOV, Cassie. "Introduction to Decision Intelligence." Medium, 2 ago. 2019. Texto útil para situar a decisão como objeto central dentro do ecossistema mais amplo da inteligência decisória.

OBJECT MANAGEMENT GROUP. Decision Model and Notation (DMN), v. 1.5. Referência adjacente relevante para modelagem de decisões e regras de negócio, útil para distinguir modelagem decisória de governança do compromisso material.

PRATT, Lorien Y.; MALCOLM, N. E. The Decision Intelligence Handbook: Practical Steps for Evidence-Based Decisions in a Complex World. Sebastopol: O'Reilly Media, 2023. Referência prática para compreender a inteligência decisória como campo mais amplo no qual DIG se posiciona como subdisciplina de governança.

Sinais de mercado e ecossistema

GARTNER. Magic Quadrant for Decision Intelligence Platforms. Janeiro de 2026. Utilizado aqui como sinal público de reconhecimento de categoria e tração de ecossistema, não como fundamento disciplinar primário.

OpenDI. OpenDI Intro. Disponível em: opendi.org. Relevante por mostrar que o campo já busca convergência em torno da decisão como eixo organizador, embora a governança do compromisso decisório material ainda não apareça ali como disciplina formalmente autônoma.

CAPÍTULO 10

O Ciclo Decisório Governado

Por que a lógica do ciclo não é apenas procedimental, mas disciplinar.
"Risco é o efeito da incerteza sobre os objetivos."
- ISO 31000:2018, utilizada aqui como ponto de partida para distinguir governança de riscos de governança do compromisso.

O capítulo anterior declarou a Governança da Inteligência Decisória — DIG — como uma subdisciplina emergente de governança dentro do campo mais amplo da inteligência decisória. Essa declaração foi deliberadamente disciplinar, não operacional. Ela nomeou o objeto, delimitou fronteiras e estabeleceu as condições mínimas que tornam governável o compromisso decisório. A pergunta seguinte é temporal: se o objeto de DIG é o compromisso decisório material, como esse objeto se desdobra ao longo do tempo?

Uma decisão governada não aparece como um instante isolado, ainda que o compromisso possa ser localizado em um ponto específico. Antes do compromisso há percepção, enquadramento, comparação e qualificação da evidência. No compromisso há assunção de responsabilidade e exclusão prática de alternativas. Depois do compromisso há execução, resultado, interpretação e possibilidade de aprendizagem. Quando esses momentos se confundem, a governança perde a capacidade de reconstruir o que ocorreu, por que ocorreu e o que deve ser recalibrado.

Este capítulo desenvolve, portanto, o ciclo decisório governado. A expressão deve ser lida com cuidado. Ela não designa um fluxo de trabalho universal, um modelo de aprovação por fases nem um procedimento operacional obrigatório. Ela designa a forma temporal do objeto que DIG governa. Mostra as distinções temporais mínimas que precisam continuar inteligíveis para que uma decisão consequente possa ser considerada justificável, rastreável, auditável e capaz de gerar aprendizagem.

O capítulo também esclarece o papel da proporcionalidade. Uma disciplina de governança de decisões não pode aplicar a mesma densidade de controle a todo compromisso. Isso seria impraticável e, com o tempo, contraproducente. Mas também não pode deixar compromissos de alta consequência sob escrutínio informal e desigual. A proporcionalidade evita os dois erros: burocracia excessiva em casos menores e rigor insuficiente justamente onde consequência, reversibilidade ou dependência de IA exigem governança mais forte.

O argumento do capítulo é direto: DIG possui um núcleo mínimo, mas a intensidade com que esse núcleo aparece deve ser calibrada à natureza do compromisso. O ciclo dá à disciplina sua arquitetura temporal. A proporcionalidade lhe dá sustentabilidade prática. Juntos, eles começam a mostrar como uma metodologia futura poderia ser construída sem reduzir a disciplina a uma lista de verificação.

10.1 - O ciclo como disciplina, não como fluxo de trabalho

O Capítulo 6 estabeleceu que a decisão, no sentido forte adotado por esta obra, se constitui no compromisso. O Capítulo 7 mostrou, em seguida, que a governança não termina nesse ponto, pois a aprendizagem posterior exige que a organização reconecte resultado, contexto, evidência e expectativa. O ciclo decisório governado é a extensão temporal dessas duas proposições.

A palavra ciclo pode sugerir uma imagem equivocada. Ela não significa que toda organização deva adotar a mesma sequência de reuniões, formulários, aprovações e revisões. Tampouco implica que toda decisão percorra um caminho linear e visível. Decisões reais costumam ser iterativas, politicamente disputadas, comprimidas pela urgência ou revistas à medida que novas evidências surgem. O ponto disciplinar não é exigir que toda implementação tenha a mesma forma. É assegurar que, qualquer que seja o processo local, a organização consiga distinguir o antes, o centro e o depois do compromisso.

O antes do compromisso é o momento em que a organização prepara a base do julgamento. O centro é o momento em que assume obrigação material. O depois é o momento em que observa consequências e pode aprender com elas. Se o antes não pode ser reconstruído, o compromisso perde parte de sua justificação. Se o centro não pode ser localizado, a responsabilidade se dissolve. Se o depois não pode ser relacionado ao compromisso, a aprendizagem permanece narrativa, não disciplinada.

Por isso, o ciclo decisório governado pertence à arquitetura disciplinar de DIG, não ao desenho de implementação. Ele não prescreve a forma superficial do processo. Ele preserva a estrutura de governabilidade que deve existir por baixo do processo.

Em sua forma mais simples, o ciclo decisório governado possui três momentos conectados: o momento prévio ao compromisso prepara a base do julgamento; o compromisso converte uma alternativa em obrigação; e o momento posterior reconecta resultado, expectativa, contexto e aprendizagem. Essa formulação é conceitual. Não é um diagrama de processo.

10.2 - O momento prévio ao compromisso: tornar a preparação inteligível

O momento prévio ao compromisso é o intervalo em que a organização passa da percepção de relevância para uma possível base de compromisso. Ele inclui reconhecimento de uma situação, enquadramento do problema decisório, identificação de alternativas, reunião de evidências e tratamento inicial da incerteza. É o momento em que a organização se prepara para decidir, mas ainda não entrou no ato de decisão em sentido forte.

Governar esse momento significa tornar a preparação inteligível. A organização deve ser capaz de mostrar qual problema estava sendo tratado, quais alternativas ainda eram reais, quais evidências foram mobilizadas, quais premissas estavam visíveis e quais incertezas permaneciam. O objetivo não é exigir análise exaustiva em todos os casos. Sob racionalidade limitada, a exaustão analítica muitas vezes é impossível. O objetivo é tornar visível por que a organização considerou a base disponível suficiente para o tipo de compromisso que se aproximava.

Esse momento é particularmente sensível porque muitas distorções entram antes que a decisão formal apareça. Um problema mal enquadrado pode tornar certas alternativas invisíveis. Uma preferência executiva antecipada pode estreitar o campo deliberativo antes que a evidência seja adequadamente avaliada. Um resultado de modelo pode criar aparência de suficiência antes que a organização compreenda seus limites. Uma avaliação de risco pode estar presente no documento e, ainda assim, ser incorporada de modo frágil ao julgamento. A governança do momento prévio protege, portanto, não apenas a documentação, mas a abertura do próprio espaço decisório.

A qualificação da evidência também começa aqui. A evidência não deveria chegar ao compromisso como uma massa indiferenciada de relatórios, painéis, opiniões especializadas, projeções e *outputs* algorítmicos. Antes mesmo do ato final, a organização precisa compreender a natureza da base evidencial que está construindo. Está usando dados verificados, projeções modeladas, correlações observadas, julgamento especializado, referências externas, síntese gerada por IA ou uma combinação desses elementos? Quais limitações já são conhecidas? Quais premissas alterariam materialmente a interpretação? Essas perguntas pertencem ao momento prévio porque a evidência se torna mais difícil de qualificar com honestidade depois que a organização já se comprometeu.

Uma organização centrada em decisões não trata essa preparação como custo administrativo. Ela a trata como o lugar em que a justificação futura é construída. Se o momento prévio é frágil, o compromisso posterior ainda pode produzir bom resultado, mas será mais difícil defendê-lo como compromisso governado. Se o momento prévio é inteligível, a organização ganha capacidade de explicar não apenas que decidiu, mas por que a decisão estava pronta para ser assumida.

10.3 - O momento do compromisso

O momento do compromisso é o centro de gravidade do ciclo. É o ponto em que uma alternativa deixa de ser uma opção entre outras e passa a produzir obrigação prática. Recursos são alocados. A reversão se torna custosa. Caminhos concorrentes são excluídos. A responsabilidade se concentra.

Para DIG, governar esse momento exige mais do que registrar que uma decisão foi tomada. A organização deve ser capaz de identificar quando o compromisso foi assumido, quem o assumiu, sob qual autoridade, entre quais alternativas e com base em quais evidências. É aqui que a rastreabilidade do compromisso e a atribuição fiduciária de responsabilidade se tornam mais visíveis. Um registro que diga apenas que 'o comitê aprovou' ou que 'o sistema recomendou' é insuficiente no sentido forte. Pode descrever um evento procedimental, mas ainda não torna o compromisso plenamente governável.

O momento do compromisso também é o ponto em que o risco passa a ser aceito, rejeitado, mitigado, transferido ou tolerado na prática. A ISO 31000 governa o risco como efeito da incerteza sobre objetivos. DIG não substitui essa disciplina. Ele pergunta o que ocorre quando uma avaliação de risco passa a compor o compromisso efetivo. Qual exposição residual foi aceita? Essa aceitação foi explícita? A instância responsável compreendeu os limites da evidência e as premissas por trás da visão de risco? Um registro de riscos pode mostrar que a incerteza foi identificada. Ele não mostra necessariamente como a organização converteu essa incerteza em compromisso.

Quando a IA contribui para a decisão, a mesma lógica fica mais aguda. Um modelo pode classificar, prever, ranquear, recomendar ou disparar uma ação. O momento do compromisso deve mostrar que papel esse *output* desempenhou. Foi um insumo entre outros? Foi uma recomendação estruturada? Foi a base predominante da decisão? Houve ação delegada dentro de limites predefinidos? Quanto maior o papel do sistema, maior a necessidade de explicitar a responsabilidade humana ou institucional. A delegação não elimina o compromisso; desloca a obrigação para definir, autorizar, monitorar e revisar a delegação.

O ciclo governado trata, portanto, o momento do compromisso como uma fronteira. Antes dele, evidências e alternativas ainda fazem parte da deliberação. Depois dele, passam a constituir a base de uma obrigação que precisa ser explicável. Essa fronteira nem sempre é fácil de identificar na prática, sobretudo em organizações nas quais decisões emergem por consenso, plataformas, comitês, fluxos de aprovação ou acionamentos automatizados. Mas a dificuldade de identificação não reduz a necessidade. Ao contrário: quanto mais difuso o processo, mais importante se torna localizar o ponto em que o compromisso efetivamente ocorreu.

10.4 - Momento posterior ao compromisso e aprendizagem decisória

Depois do compromisso, a organização entra no território da consequência. A execução começa ou continua. Resultados aparecem. O contexto muda. Novas informações surgem. Nesse ponto, muitas organizações passam rapidamente ao monitoramento de desempenho: a decisão funcionou, a métrica se moveu, o risco se materializou, o valor esperado apareceu? Essas perguntas são necessárias. Não são suficientes.

A governança posterior ao compromisso formula uma pergunta mais exigente: o que pode ser aprendido da relação entre compromisso, evidência, contexto e resultado? Essa pergunta dá continuidade à lógica causal desenvolvida no Capítulo 7. Um resultado favorável não valida automaticamente o processo decisório. Um resultado desfavorável não prova automaticamente que o compromisso foi irracional. A aprendizagem decisória exige algum grau de separação entre aquilo que plausivelmente derivou da decisão e aquilo que plausivelmente derivou de fatores contextuais paralelos.

É por isso que o momento posterior ao compromisso é mais do que uma revisão de encerramento. Uma revisão pode coletar impressões, lições e narrativas gerenciais. DIG exige algo mais estruturado: comparação entre expectativa e resultado; identificação das premissas que se confirmaram ou falharam; reconstrução de mudanças contextuais; e, quando possível, comparação com compromissos estruturalmente semelhantes. O objetivo não é produzir causalidade perfeita em todos os casos. É impedir que a organização trate coincidência, memória ou retrospectiva como se fossem aprendizagem disciplinada.

O momento posterior também determina se a organização acumula capital decisório. Um registro de decisão que não pode ser comparado, interpretado causalmente ou usado para recalibrar limiares futuros permanece apenas um documento. Um compromisso governado que pode ser relacionado a casos semelhantes torna-se fonte de aprendizagem cumulativa. Essa distinção importa porque o valor de DIG não se esgota na decisão individual. Com o tempo, a disciplina deve ajudar a organização a compreender que tipos de compromisso, sob quais condições evidenciais e perfis contextuais, tendem a produzir quais tipos de resultado.

Também aqui a proporcionalidade importa. Decisões de menor consequência podem produzir rastros de aprendizagem mais leves. Decisões de maior consequência devem produzir registros mais robustos, reflexão causal mais rica e comparabilidade mais forte. O momento posterior ao compromisso não é um encerramento burocrático. É o ponto em que o compromisso passado pode se tornar orientação possível para compromissos futuros.

10.5 - A proporcionalidade como princípio constitutivo

A proporcionalidade não é uma concessão pragmática acrescentada a DIG depois da formulação da disciplina. Ela faz parte da própria disciplina. Sem proporcionalidade, a governança de decisões se tornaria pesada demais para a vida organizacional ordinária ou fraca demais para as decisões que mais importam. Uma disciplina séria precisa saber variar sua intensidade sem perder sua identidade.

Três dimensões já apareceram ao longo da obra e permanecem centrais aqui: materialidade, reversibilidade e dependência de IA. A materialidade diz respeito à escala e à consequência do compromisso: capital, exposição, reputação, efeito regulatório, impacto humano ou significado estratégico. A reversibilidade diz respeito ao custo de desfazer o compromisso depois de assumido. A dependência de IA diz respeito ao grau em que a decisão se apoia em classificação, previsão, recomendação, síntese ou execução algorítmica.

Uma decisão de baixa materialidade, alta reversibilidade e pouca ou nenhuma dependência de IA pode ser governada com rastreabilidade leve e revisão simples. Uma decisão de alta materialidade, baixa reversibilidade e fortemente moldada por *output* de IA exige qualificação de evidência mais explícita, atribuição de responsabilidade mais clara, reconstrução mais forte das alternativas e caminho posterior de aprendizagem mais rico. Entre esses extremos está a maior parte da vida organizacional, em que a densidade de governança deve ser calibrada, não imposta mecanicamente.

Uma distinção adicional deve ser incorporada: a materialidade acumulada. Alguns compromissos parecem pequenos quando observados isoladamente, mas se tornam materiais quando repetidos em escala. Um ajuste de preço, uma classificação de crédito, uma regra de tratamento de cliente, um alerta de fraude ou uma recomendação operacional podem parecer menores individualmente. Milhares ou milhões desses compromissos podem produzir consequência financeira, reputacional, regulatória ou social relevante. Um regime de proporcionalidade que olha apenas para decisões isoladas subestima a necessidade de governança em ambientes automatizados e de microcompromissos recorrentes.

Esse ponto é especialmente relevante para processos apoiados ou mediados por IA. Um sistema pode sustentar muitas decisões individualmente modestas, mas coletivamente significativas. DIG trata, portanto, a proporcionalidade como algo baseado no caso e também atento a padrões. A densidade de governança de um compromisso específico deve ser calibrada ao seu peso próprio, mas a organização também precisa considerar se compromissos repetidos do mesmo perfil geram consequência acumulada. Essa é uma das razões pelas quais a comparabilidade entre decisões pertence ao núcleo mínimo.

A proporcionalidade deve, então, ser formulada com precisão. Ela não autoriza a suspensão das cinco condições. Ela regula o quão explícitas e densas essas condições precisam ser. A rastreabilidade pode ser leve ou extensa, mas não pode desaparecer. A qualificação da evidência pode ser simples ou elaborada, mas alguma consciência do status evidencial precisa permanecer. A responsabilidade pode ser operacionalmente direta ou formalmente densa, mas deve continuar atribuível. A proporcionalidade varia o regime de rigor; não dissolve a disciplina.

10.6 - O que o ciclo governado não é

O ciclo decisório governado exige delimitação negativa porque sua utilidade prática pode levar facilmente a uma leitura operacional prematura. O ciclo não é, neste livro, um modelo de fluxo de trabalho. Ele não especifica passos obrigatórios, aprovações, prazos, formulários, comitês, interfaces ou caminhos de escalonamento. Essas traduções podem se tornar necessárias em metodologia ou implementação futura. Elas não são o objeto deste capítulo.

O ciclo também não é gestão de processos. A modelagem de processos poderá, posteriormente, expressar DIG em fluxos, regras, controles e sistemas. Mas desenho de processo e governança de decisões operam em planos diferentes. Um processo pode ser bem desenhado e ainda falhar em governar o compromisso se não identificar o ponto de obrigação, qualificar evidência, preservar alternativas, atribuir responsabilidade e permitir aprendizagem. Por outro lado, um processo relativamente simples pode ser governado do ponto de vista decisório se preservar essas condições proporcionalmente.

O ciclo também não é um modelo de aprovação por fases. Aprovações por etapa podem ser úteis em investimentos, desenvolvimento de produtos, aprovação de riscos e iniciativas de transformação. Mas uma etapa formal não prova, por si só, que o compromisso foi governado. Ela pode formalizar uma aprovação e ainda deixar obscuro como a evidência foi ponderada, se alternativas estavam genuinamente abertas, quem aceitou o risco residual ou como a aprendizagem posterior reconectará resultado e expectativa original.

O ciclo não é um procedimento operacional padrão. Ele não diz quantas reuniões realizar, qual documento preencher ou qual comitê convocar. Ele faz uma pergunta anterior: depois do fato, a organização conseguiria reconstruir a preparação, o compromisso e as condições de aprendizagem da decisão? Se não conseguir, o processo pode ter funcionado, mas o compromisso não foi governado no sentido forte.

Essa distinção protege a transferibilidade de DIG. Um banco, um hospital, uma empresa de tecnologia, uma companhia de energia, uma indústria, uma agência pública e uma organização do agronegócio podem traduzir o ciclo de formas muito diferentes. A disciplina não exige rituais idênticos. Exige condições reconhecíveis. O que varia é a manifestação; o que permanece é a lógica do compromisso governado.

10.7 - O núcleo mínimo ao longo do ciclo

O ciclo decisório governado só se torna plenamente inteligível quando lido à luz das cinco condições mínimas de DIG. Essas condições não ficam ao lado do ciclo. Elas operam através dele.

A rastreabilidade do compromisso ancora o centro do ciclo: a organização deve ser capaz de reconstruir o ponto em que o compromisso foi assumido, entre quais alternativas, com quais evidências, em qual contexto e sob responsabilidade de quem. A qualificação da evidência começa no momento prévio e é testada no compromisso: a organização precisa saber que tipo de base está tratando como suficiente. A separação entre decisão e contexto torna-se decisiva depois do compromisso, quando o resultado deve ser interpretado sem colapsar em retrospectiva. A comparabilidade permite que decisões estruturalmente semelhantes sejam agrupadas e aprendidas ao longo do tempo. A atribuição fiduciária de responsabilidade garante que o compromisso permaneça conectado a uma autoridade humana ou organizacional identificável.

Essas condições não exigem manifestação idêntica em todos os casos. Uma aquisição estratégica, uma decisão de crédito mediada por IA, uma intervenção emergencial em saúde pública, uma política de preço, o encerramento de um fornecedor e uma escolha operacional rotineira não precisam da mesma densidade documental. Mas em cada caso em que a decisão é material, as condições devem aparecer de alguma forma. Se uma delas desaparece inteiramente, a organização ainda pode ter processo, documentação e resultado; mas deixa de ter governança de decisões no sentido forte proposto por esta obra.

É aqui que o capítulo fecha o ciclo. DIG não é apenas uma declaração de objeto. Ele tem uma forma temporal. O ciclo mostra como esse objeto é preparado, assumido e aprendido. A proporcionalidade mostra como a densidade de governança deve variar. O núcleo mínimo mostra o que não pode desaparecer sem que a disciplina perca sua identidade. Juntos, esses elementos deixam claro por que o ciclo decisório governado não é um acessório procedimental, mas parte central da arquitetura da disciplina.

Os capítulos seguintes se apoiam nessa estrutura. O Capítulo 11 examina a ponte entre DIG e os marcos existentes. O Capítulo 12 volta-se ao último trecho da IA, onde o ciclo governado se torna especialmente sensível porque o *output* algorítmico se aproxima do compromisso. O Capítulo 13 identificará os componentes que a disciplina requer para se tornar traduzível operacionalmente. O ciclo estabelecido aqui não é, portanto, um método de implementação. É a gramática temporal pela qual futuros métodos precisarão operar.

Pontos para reflexão

1. Na sua organização, decisões materialmente relevantes podem ser reconstruídas nos momentos prévio ao compromisso, do compromisso e posterior ao compromisso, ou essas dimensões ainda se confundem em um único evento de aprovação?
2. A intensidade da governança varia conforme materialidade, reversibilidade, dependência de IA e materialidade acumulada, ou ainda é aplicada sobretudo por rotinas herdadas e alçadas formais?
3. Quando uma decisão produz um resultado, sua organização reconecta esse resultado às evidências, premissas, instância responsável e contexto do compromisso original, ou a aprendizagem permanece majoritariamente narrativa?

Leituras sugeridas

Referências normativas, regulatórias e de governança

ISO. ISO 31000:2018 Risk Management - Guidelines. Genebra: ISO, 2018. Utilizada aqui como referência analógica para proporcionalidade e calibração contextual da intensidade de governança.

ISACA. COBIT 2019 Framework: Governance and Management Objectives. Schaumburg: ISACA, 2019. Relevante porque reforça que arranjos de governança podem variar conforme o contexto organizacional sem perder coerência.

UNIÃO EUROPEIA. Regulation (EU) 2024/1689 - Artificial Intelligence Act. Official Journal of the European Union, 2024. Relevante pela ideia de que obrigações regulatórias podem ser calibradas de acordo com perfil de risco e contexto, lógica que DIG transpõe para o compromisso decisório.

Referências fundacionais e conceituais

HOWARD, Ronald A.; ABBAS, Ali E. Foundations of Decision Analysis. Upper Saddle River: Pearson, 2015. Complemento importante à tradição de análise de decisão, especialmente para distinguir preparação para a decisão do ponto em que o compromisso é efetivamente assumido.

SIMON, Herbert A. Models of Man, Social and Rational: Mathematical Essays on Rational Human Behavior in a Social Setting. New York: John Wiley & Sons, 1957. Mantido porque o ciclo governado só faz pleno sentido contra o pano de fundo da racionalidade limitada: organizações precisam estruturar compromissos justamente porque não decidem com informação ilimitada e cálculo perfeito.

CAPÍTULO 11

A Ponte de Governança

Como a Governança da Inteligência Decisória dialoga com marcos existentes sem substituí-los.

"Uma disciplina que governa dados, riscos, sistemas de IA ou tecnologia não governa, por esse motivo apenas, o compromisso decisório que faz uso desses insumos."

- Formulação autoral. Não é citação direta.

Os capítulos anteriores estabeleceram a Governança da Inteligência Decisória - DIG - como uma subdisciplina emergente de governança no campo mais amplo da inteligência decisória. Também mostraram que esse objeto possui lógica interna, condições mínimas e estrutura temporal próprias. A tarefa restante é explicar como DIG se relaciona com os marcos que já governam dados, riscos, tecnologia, lógica decisória e inteligência artificial sem absorvê-los nem apenas repeti-los.

Essa clarificação é necessária porque, quando uma nova disciplina é declarada, dois mal-entendidos simétricos tendem a aparecer. O primeiro é tratá-la como simples renomeação do que já existe. O segundo é inflá-la como uma metagovernança que subsumiria todos os campos vizinhos. DIG não faz nenhuma das duas coisas. Ele depende das disciplinas adjacentes, mas não se dissolve nelas. Acrescenta uma camada específica de governança no ponto em que insumos já governados se convertem em compromisso organizacional consequente.

Por isso, o argumento deste capítulo não é sobre integração técnica. É sobre fronteiras inteligíveis. A pergunta não é como sistemas devem ser conectados, qual arquitetura deve ser adotada ou qual fluxo de trabalho deve ser automatizado. A pergunta é anterior: onde termina cada objeto de governança existente, onde começa o compromisso decisório e por que essa passagem precisa de tratamento disciplinar próprio?

A resposta proposta aqui é a ideia de ponte de governança. DIG não substitui DAMA-DMBOK, COBIT 2019, ISO 31000, ISO/IEC 42001, EU AI Act, NIST AI RMF ou referências de modelagem decisória como DMN. Cada uma continua governando, em seus próprios termos, o objeto que declara. DIG acrescenta outra camada: a camada em que dados, riscos, tecnologias, *outputs* algorítmicos, lógica decisória e julgamento humano convergem para sustentar compromisso organizacional sob responsabilidade identificável.

Essa articulação também deve ser lida dentro do campo mais amplo da inteligência decisória. DIG não surge fora desse ecossistema. Depende da inteligência decisória como linguagem contemporânea, campo de prática e evidência de que a decisão já se tornou eixo organizador de capacidades. Mas essa dependência não elimina a diferenciação. A inteligência decisória amplia a capacidade de decidir em escala; DIG formaliza as condições sob as quais o compromisso, dentro desse ecossistema mais amplo, pode ser justificado, rastreado, auditado e aprendido.

A ponte, portanto, é disciplinar, não técnica. O que a atravessa não são artefatos ou conectores, mas condições de governabilidade. Dados governados atravessam como evidência potencial. Riscos avaliados atravessam como restrições ou qualificadores de alternativas. *Outputs* algorítmicos atravessam como classificações, recomendações, sínteses ou projeções que podem ou não integrar o compromisso. Tecnologias governadas atravessam como meios de disponibilidade, suporte e registro. Modelos de decisão podem atravessar como lógica estruturada. DIG acrescenta a pergunta que nenhum desses domínios responde sozinho: sob quais condições essa convergência se tornou compromisso justificável, atribuível e capaz de gerar aprendizagem?

11.1 - A lógica da ponte

Uma vez declarado DIG como subdisciplina distinta, sua relação com os marcos vizinhos precisa ser descrita em termos positivos. Essa relação não é de competição, substituição ou simples coexistência. É de complementaridade em camadas. Cada marco governa um objeto específico.

DIG não disputa esses objetos. Governa outro ponto: o ponto em que insumos já governados deixam de ser apenas apoios e passam a sustentar compromisso material.

Esse ponto importa porque evita dois erros ao mesmo tempo. DIG não é simples recombinação semântica de governança de dados, gestão de riscos, governança de IA, governança de tecnologia, modelagem de decisões e controles internos. Também não é uma superdisciplina abrangente. Seu papel é mais estreito e mais exigente: formalizar a camada em que evidência, risco, tecnologia, contribuição algorítmica, lógica decisória estruturada e julgamento humano convergem para produzir compromisso sob responsabilidade identificável.

A ponte não apaga fronteiras. Ela as torna inteligíveis. Dados governados podem alimentar evidências. Riscos avaliados podem delimitar alternativas admissíveis. Sistemas de IA podem gerar classificações ou recomendações relevantes. Tecnologias governadas podem tornar o processo disponível, registrável e escalável. Modelos de decisão podem estruturar regras de negócio e lógicas repetíveis. Nada disso, porém, é ainda uma decisão no sentido forte. O compromisso começa apenas quando esses elementos são convertidos em obrigação prática, exclusão de alternativas e consequência organizacional.

Isso também esclarece o que DIG recebe e o que acrescenta. Ele recebe insumos já tratados em outros lugares: dados cuja qualidade foi governada, riscos cuja exposição foi avaliada, sistemas de IA sujeitos a exigências de transparência e supervisão, ambientes tecnológicos operados sob critérios de controle e modelos de decisão que podem expressar lógica repetível. O que DIG acrescenta é outra pergunta: sob quais condições essa base foi tratada como suficiente para sustentar compromisso? Essa pergunta abre o espaço disciplinar próprio de DIG.

O arranjo protege a integridade de todos os domínios envolvidos. A governança de dados continua governando dados como ativo. A gestão de riscos continua governando a incerteza em relação aos objetivos. A governança de IA continua governando o sistema, seu uso e seus riscos. A governança de tecnologia continua governando informação e tecnologia como viabilizadoras de valor. A modelagem de decisões continua estruturando a lógica decisória quando essa lógica pode ser especificada. A inteligência decisória continua organizando capacidades voltadas a melhores decisões em escala. DIG governa o ponto em que esses elementos se encontram para produzir compromisso consequente.

A ponte também mostra por que DIG não é autossuficiente. O compromisso decisório só pode ser governado seriamente se os insumos que o alimentam forem minimamente governados. Dados frágeis continuam frágeis dentro de um processo rastreável. Uma avaliação de risco pobre continua pobre mesmo quando a responsabilidade está bem atribuída. Um *output* algorítmico mal governado permanece limitado mesmo quando há revisão posterior. Um modelo de decisão mal especificado permanece frágil se suas regras não correspondem ao ônus evidencial e contextual do compromisso. A ponte expressa, portanto, uma condição de coerência: DIG depende das outras camadas sem se reduzir a elas.

Ao mesmo tempo, essa dependência não elimina a necessidade de DIG. Dados de alta qualidade não dizem que peso receberam na deliberação. Avaliações de risco não dizem quem aceitou a exposição residual e sob qual racionalidade. *Outputs* de IA supervisionados não dizem como foram incorporados, ajustados ou recusados no ponto do compromisso. Infraestruturas técnicas robustas não dizem por que uma alternativa foi considerada suficientemente justificável. Modelos de decisão não estabelecem automaticamente se o compromisso era defensável no caso concreto. É exatamente nesse intervalo entre insumo governado e compromisso assumido que DIG se torna necessário.

A ponte pode, portanto, ser resumida em uma frase: os marcos existentes fortalecem os insumos; DIG governa sua conversão em compromisso material. Essa frase não é um slogan. É a fronteira da disciplina.

11.2 - DIG e governança de dados

A relação de DIG com a governança de dados é de dependência sem suficiência. O DAMA-DMBOK governa dados como ativo organizacional: qualidade, linhagem, segurança, ciclo de vida, arquitetura, metadados e responsabilidades de gestão. Essa governança é indispensável porque muitos compromissos decisórios se apoiam em dados financeiros, operacionais, comerciais, regulatórios ou de mercado. Se esses dados são incompletos, inconsistentes, desatualizados ou mal contextualizados, a base evidencial construída a partir deles herda essa fragilidade.

Ainda assim, dados governados não produzem, por si só, compromisso governado. Uma organização pode ter dados completos, bem documentados e rastreáveis e, mesmo assim, tomar decisões opacas. Pode operar catálogos maduros, linhagem, metadados e critérios de qualidade sem formalizar como esses dados entraram no julgamento, que peso receberam em relação a outros insumos, quais limitações foram reconhecidas e por que foram tratados como suficientes para sustentar o compromisso. É nesse ponto que DIG começa.

A distinção pode ser formulada com clareza. A governança de dados pergunta se os dados são confiáveis como ativo. DIG pergunta se a base evidencial construída a partir desses dados foi tratada de modo compatível com a natureza do compromisso que deveria sustentar. Dados podem estar tecnicamente corretos e ainda assim serem parciais demais, indiretos demais, antigos demais ou pouco aderentes ao contexto concreto da decisão. Por isso, DIG não é uma extensão automática da governança de dados, mas uma disciplina complementar que opera em outro nível de julgamento.

A ponte entre os dois domínios pode ser descrita como uma passagem da qualidade dos dados para a suficiência evidencial. Dados governados alimentam evidências qualificáveis; evidências qualificáveis podem sustentar compromissos justificáveis. O que muda não é a existência dos dados, mas a natureza da pergunta feita a eles. No domínio dos dados, a questão é integridade e capacidade de gestão. No domínio da decisão, a questão é como esses dados foram interpretados, combinados, ponderados e tratados como suficientes - ou insuficientes - para justificar compromisso.

A relação também funciona no sentido inverso. A aprendizagem decisória pode revelar que certos dados, embora tecnicamente corretos, eram insuficientes, mal contextualizados ou pouco comparáveis para os compromissos que sustentaram. DIG não se torna, por isso, uma disciplina de qualidade de dados. Permanece distinto. Mas pode retroalimentar a governança de dados ao mostrar onde o ativo bem governado ainda falhou como suporte decisório real. Nesse sentido, a ponte é mutuamente reforçadora: a governança de dados fortalece a base informacional de DIG, e DIG pode revelar onde essa base ainda precisa ser refinada para uso decisório efetivo.

11.3 - DIG e gestão de riscos

A relação de DIG com a gestão de riscos é de adjacência sem sobreposição. A ISO 31000 governa risco como efeito da incerteza sobre os objetivos e oferece princípios, estrutura e processo para identificar, analisar, avaliar, tratar e monitorar incertezas. Essa contribuição é central porque decisões consequentes raramente são tomadas fora de condições de incerteza. A avaliação de riscos é, portanto, um dos insumos mais importantes da deliberação.

Ainda assim, gestão de riscos não esgota a governança do compromisso. Ela pergunta quais incertezas existem e como devem ser tratadas. DIG pergunta o que aconteceu quando esse tratamento entrou no julgamento e foi convertido em compromisso. Uma avaliação de risco pode ser tecnicamente sólida e ainda deixar em aberto como foi ponderada em relação a outras considerações, quais caminhos de menor exposição foram considerados e rejeitados e quem tratou o risco residual como aceitável para o compromisso em questão.

Essa distinção importa porque uma organização pode possuir gestão de riscos madura e ainda ser incapaz de reconstruir claramente como o risco entrou na decisão. O registro pode mostrar que a incerteza foi identificada, classificada e revisada. Pode não mostrar como essa avaliação influenciou o compromisso final, quem aceitou a exposição residual ou em que base evidencial o *trade-off* foi julgado defensável. DIG começa exatamente nessa passagem entre incerteza avaliada e obrigação assumida.

A ponte também opera em sentido inverso. A aprendizagem decisória pode revelar que certos riscos foram corretamente identificados, mas fracamente incorporados à deliberação, ou que avaliações formalmente adequadas receberam menos peso do que a natureza do compromisso exigia. DIG não reescreve os métodos da gestão de riscos, mas pode revelar como o risco, mesmo bem gerido em seu próprio plano, foi efetivamente tratado no último trecho do compromisso. Esse retorno pode melhorar a governança de riscos sem apagar a diferença entre as duas disciplinas.

Os dois domínios compartilham uma afinidade importante sem se tornarem equivalentes. Ambos dependem de proporcionalidade. A gestão de riscos calibra seu tratamento conforme exposição, consequência e contexto. DIG calibra sua governança conforme materialidade, reversibilidade, dependência de IA e, quando relevante, materialidade acumulada. A afinidade está na lógica de calibração; a distinção está no objeto. A gestão de riscos governa a incerteza. DIG governa o compromisso que incorpora essa incerteza.

11.4 - DIG e governança de IA

A relação de DIG com a governança de IA é de extensão no último trecho. ISO/IEC 42001, EU AI Act, NIST AI RMF e práticas relacionadas governam o sistema de IA, seu desenvolvimento, seu uso, sua transparência, seus riscos, seu monitoramento e sua supervisão. DIG não disputa esse objeto. Parte dele para governar outra coisa: o ponto em que um *output* algorítmico deixa de ser apenas produto do sistema e passa a sustentar compromisso organizacional sob responsabilidade fiduciária.

Essa fronteira se torna cada vez mais importante porque sistemas de IA já geram classificações, previsões, recomendações, sínteses e, em alguns casos, sequências de ação autônoma que se aproximam do centro da deliberação. Um sistema pode identificar, recomendar, priorizar, recuperar, sintetizar ou executar. Nada disso, por si só, constitui compromisso. O compromisso começa quando alguém, individual ou colegiadamente, aceita, modifica, rejeita, autoriza ou delega a contribuição algorítmica e, com base nisso, assume uma alternativa material em nome da organização.

Por isso, a supervisão do sistema, embora indispensável, não basta. A governança de IA pergunta se o sistema é governável e usado responsavelmente. DIG pergunta se o compromisso que usou esse sistema foi governado no sentido forte. A primeira pergunta trata de confiabilidade, transparência, controle, segurança e uso responsável. A segunda trata do status do ato que converteu o *output* em obrigação prática: que papel o *output* desempenhou, que peso recebeu, que limites foram reconhecidos e quem assumiu o julgamento correspondente.

O ponto fica mais nítido em ambientes generativos e de recuperação aumentada. Um sistema pode produzir uma resposta coerente apoiada em fontes recuperadas, ou uma síntese persuasiva de documentos, políticas, métricas e casos anteriores. Isso pode melhorar a preparação. Mas não governa o compromisso que trata esse *output* como suficiente. DIG pergunta se as fontes eram apropriadas, se a síntese foi tratada como evidência ou recomendação, se fontes conflitantes estavam visíveis e se a responsabilidade permaneceu atribuível quando o *output* atravessou a fronteira para o compromisso.

A ponte opera nos dois sentidos. DIG depende da governança de IA porque uma IA mal governada não se torna bom suporte evidencial apenas por entrar em um processo rastreável de decisão. Mas a governança de IA também pode se beneficiar da aprendizagem produzida por DIG, porque a análise posterior das decisões pode revelar que *outputs* tecnicamente válidos e formalmente supervisionados estavam sendo tratados com confiança excessiva, pouco contraste contextual ou revisão humana frágil no momento do compromisso. DIG não substitui a governança de IA. Ele esclarece o que acontece quando a governança de IA chega a decisões reais e consequentes.

Em termos práticos, a governança de IA governa o sistema e seu uso responsável. DIG governa a forma como o *output* desse sistema é incorporado ao compromisso. A primeira fortalece a confiabilidade da ferramenta. A segunda torna inteligível a decisão que usa a ferramenta.

Entre elas não há rivalidade, mas uma passagem disciplinar: de sistema governado para compromisso governado.

11.5 - DIG e governança de tecnologia

A relação de DIG com a governança de tecnologia da informação é de camadas funcionais distintas. O COBIT 2019 governa a governança e a gestão de informação e tecnologia corporativa: como sistemas, serviços, controles, investimentos e capacidades são avaliados, direcionados, implementados, operados e monitorados para viabilizar valor. DIG não governa tecnologia nesse sentido. Governa o compromisso que a tecnologia ajuda a informar, registrar, acelerar ou executar.

Essa distinção importa ainda mais nas organizações contemporâneas, em que o caminho da decisão passa cada vez mais por painéis, fluxos de trabalho, camadas de orquestração, motores de regras, ambientes analíticos, ferramentas colaborativas e sistemas operacionais habilitados por IA. A tecnologia pode estruturar acesso a dados, apresentação de cenários, recomendação de alternativas, registro de aprovações e até execução posterior. Ainda assim, governar a infraestrutura que sustenta esses passos não é o mesmo que governar o compromisso que emerge dentro deles.

A ponte, portanto, faz uma pergunta diferente. A governança de tecnologia pergunta se o ambiente informacional e tecnológico é coerente, controlado, confiável, seguro e alinhado aos objetivos organizacionais. DIG pergunta como aquilo que esse ambiente produziu ou disponibilizou foi convertido em compromisso material. Uma plataforma pode ser segura, integrada e bem monitorada. Um fluxo pode estar corretamente desenhado. Um sistema pode gerar informações consistentes e rastreáveis. Nada disso, por si só, mostra como a base evidencial foi ponderada, como alternativas foram tratadas ou quando a obrigação prática foi efetivamente assumida.

A relação também funciona em sentido inverso. A aprendizagem decisória pode mostrar que certas arquiteturas técnicas, embora sólidas em seu próprio plano, comprimiram demais a deliberação, obscureceram alternativas descartadas ou deram aos *outputs* uma aparência de completude que desestimulou escrutínio suficiente. DIG não se torna uma disciplina de arquitetura ou gestão tecnológica quando revela esses efeitos. Permanece uma disciplina de governança do compromisso. Mas pode ajudar a organização a compreender como o desenho técnico interage com a formação do compromisso e, com isso, melhorar a governança de tecnologia sob o ângulo da inteligibilidade decisória.

No plano prático, a distinção é direta: a governança de tecnologia governa o meio; DIG governa a obrigação prática que o meio ajuda a produzir. Uma disciplina assegura que o canal funcione de modo coerente. A outra governa o que acontece, em termos fiduciários, quando algo atravessa esse canal e se torna compromisso.

11.6 - O que a ponte não é

A lógica da ponte exige delimitação negativa precisa. Sem isso, a relação de DIG com os marcos existentes pode ser confundida com integração de sistemas, desenho de solução, engenharia de processos ou ambição implícita de substituir disciplinas já consolidadas. Nenhuma dessas leituras corresponde ao que este capítulo sustenta.

A ponte não é uma matriz de integração de sistemas. Ela não especifica como dados governados devem ser ingeridos por plataformas decisórias, como avaliações de risco devem alimentar fluxos de aprovação ou como *outputs* de IA devem ser encaminhados a comitês ou operadores. Essas são perguntas de implementação. Podem importar muito na prática, mas não definem o objeto disciplinar em questão.

A ponte não é uma arquitetura de solução. Nenhum *middleware*, barramento de interoperabilidade, pilha técnica ou estrutura de conectores está sendo proposto neste livro. A ponte é disciplinar. Explica como objetos de governança se relacionam; não prescreve os meios técnicos pelos quais sistemas concretos devem ser conectados.

A ponte não é reengenharia de processos. DIG pode dialogar com fluxos, ritos e arranjos organizacionais que materializam decisões, mas não existe para redesenhar o processo de negócio em si. Tampouco se transforma em governança empresarial no sentido amplo. Governança corporativa e governança de negócios continuam operando em níveis mais abrangentes de direção, controle, estratégia e responsabilização. DIG acrescenta uma camada mais específica: a governança do compromisso decisório material.

A ponte também não é mecanismo de absorção conceitual. DIG não incorpora para si a governança de dados, de riscos, do sistema de IA, da modelagem de decisões ou da tecnologia da informação. Esses objetos permanecem onde suas próprias disciplinas os colocaram. DIG existe justamente porque esses objetos permanecem distintos. Se os absorvesse, deixaria de ser uma subdisciplina complementar e passaria a ser uma pretensão indisciplinada de metagovernança.

Por fim, a ponte não é metodologia de implementação. Este capítulo não entrega manual para comitês, formulários, interfaces, ritos ou políticas. Afirma, no plano disciplinar, como objetos já governados em outros lugares se relacionam com o compromisso decisório sem que essa relação elimine a necessidade de uma disciplina própria. É por isso que a ponte permanece conceitual, não operacional.

11.7 - A camada decisória

A expressão camada decisória pode agora ser formulada com maior precisão. Ela não designa uma pilha tecnológica, uma camada de *middleware* ou uma categoria de plataforma. Nomeia um espaço disciplinar: o espaço em que evidências qualificadas, riscos avaliados, *outputs* algorítmicos, lógica decisória, restrições organizacionais e julgamento humano convergem para produzir compromisso sob responsabilidade fiduciária. É ali que DIG opera. Não antes, porque antes desse ponto os objetos ainda pertencem predominantemente às disciplinas vizinhas. Não depois, porque, uma vez assumido o compromisso, o problema central se desloca para consequência, aprendizagem e recalibração.

O valor de nomear esse espaço é direto. Dados podem estar governados. Riscos podem estar avaliados. A IA pode estar supervisionada. A tecnologia pode operar com confiabilidade e controle. A lógica decisória pode estar modelada. Mesmo assim, a organização ainda pode ser incapaz de explicar com clareza como esses elementos se juntaram no momento do compromisso, que peso receberam, quais alternativas continuavam reais, quem assumiu o julgamento e em que base ele pode ser reconstruído depois. A camada decisória é o nome desse ponto de convergência.

Ela também pode ser entendida como o ponto de conversão organizacional. Investimentos anteriores em qualidade de dados, governança de riscos, arquitetura tecnológica, *analytics*, modelagem de decisões e IA encontram seu teste decisivo não em sua existência isolada, mas na forma como são convertidos em compromissos verificáveis. Uma organização pode ser tecnicamente sofisticada e ainda permanecer frágil no ponto em que a sofisticação precisa virar decisão. Quando isso ocorre, a excelência dos insumos pode ocultar, em vez de resolver, a opacidade do compromisso.

À medida que a decisão passa a ser tratada como objeto governável, e não como subproduto difuso de dados, análises e tecnologia, a organização começa a se mover de uma lógica apenas orientada por dados para uma lógica explicitamente centrada em decisões. Essa mudança não deve ser entendida como slogan ou cosmética terminológica. Significa que dados, modelos, relatórios, métricas, regras e recomendações deixam de ocupar o centro por si mesmos e passam a ser organizados em função da qualidade do compromisso que ajudam a sustentar.

Mesmo assim, DIG não se torna transformação empresarial genérica, redesenho de processos ou engenharia cultural. Seu objeto permanece mais específico. O que pode gerar, quando institucionalizado de modo consistente, é algo mais disciplinado: condições para definição prudente de normas em torno de compromissos consequentes e para uma cultura mais forte de aprendizagem, na qual evidência, responsabilidade e revisão posterior deixam de permanecer tácitas e episódicas. O efeito cultural, quando existe, é consequência da disciplina, não substituto de seu objeto.

A camada decisória, portanto, não deve ser confundida com um novo centro tecnológico da empresa. Ela nomeia o espaço em que a qualidade da evidência se torna atributo da deliberação, não apenas dos dados; em que risco se torna risco efetivamente aceito, recusado ou mitigado por alguém; em que *output* algorítmico se torna base explicitamente incorporada, ajustada ou recusada no julgamento humano; em que lógica modelada se torna compromisso sob responsabilidade; e em que aprendizagem passa a ser mais do que memória narrativa. Não é apenas o lugar em que camadas anteriores se encontram. É o lugar em que aquilo que elas entregam precisa assumir forma fiduciária.

Uma vez reconhecida a camada decisória como espaço disciplinar, a próxima fronteira se torna mais clara: a fronteira em que a contribuição algorítmica encontra o julgamento humano no último trecho do compromisso. Este capítulo mostrou como DIG estabelece pontes com os marcos existentes sem absorvê-los. O próximo passo é examinar mais de perto o que acontece quando essa convergência ocorre sob a pressão de decisões apoiadas ou mediadas por IA. É ali que a disciplina encontra um de seus testes mais exigentes.

Pontos para reflexão

1. Se a sua organização já governa dados, riscos, sistemas de IA, modelos de decisão e tecnologia por meio de referências formais, que disciplina governa o ponto em que esses insumos convergem para compromisso decisório material?

2. Quando uma avaliação de risco, um *output* de modelo ou uma regra decisória entra em uma decisão consequente, sua organização consegue reconstruir como esse elemento moldou o compromisso - ou apenas demonstrar que ele esteve presente em algum lugar do processo?

3. Se a camada decisória é onde investimentos em dados, *analytics*, tecnologia, modelagem de decisões e IA se convertem em valor organizacional verificável, por que esse espaço ainda permanece com tanta frequência sem uma disciplina formal própria?

Leituras sugeridas

Referências fundacionais e conceituais

DAMA INTERNATIONAL. DAMA-DMBOK: Data Management Body of Knowledge. 2nd ed. Bradley Beach: Technics Publications, 2017. Referência central para compreender como a governança de dados se estrutura em áreas de conhecimento e funções coordenadas. Sua relação com DIG é de dependência sem suficiência.

ISO. ISO 31000:2018 Risk Management - Guidelines. Genebra: ISO, 2018. Referência essencial para a ponte entre gestão de riscos e governança decisória. A norma governa a incerteza como efeito sobre objetivos; DIG governa o compromisso que incorpora essa avaliação e a converte em obrigação prática.

ISO/IEC. ISO/IEC 42001:2023 - Information Technology - Artificial Intelligence - Management System. Genebra: ISO/IEC, 2023. Referência central para compreender a ponte entre governança de IA e DIG. A norma governa o sistema de gestão de IA e seu uso responsável; DIG governa o compromisso que usa o *output* do sistema como evidência.

ISACA. COBIT 2019 Framework: Governance and Management Objectives. Schaumburg: ISACA, 2019. Referência central para a ponte entre governança de tecnologia e DIG. COBIT governa informação e tecnologia como viabilizadoras de valor organizacional; DIG governa o ponto em que esses viabilizadores passam a sustentar compromisso material.

OBJECT MANAGEMENT GROUP. Decision Model and Notation (DMN). Version 1.5. OMG, 2024. Relevante porque ajuda a distinguir modelagem de decisões e especificação de regras de negócio da governança do compromisso decisório material.

Referências normativas e regulatórias

UNIÃO EUROPEIA. Regulation (EU) 2024/1689 - Artificial Intelligence Act. Official Journal of the European Union, 2024. Referência relevante para a dimensão regulatória da ponte. A norma impõe, em determinados contextos, supervisão proporcional e obrigações relacionadas; DIG ajuda a formalizar as condições sob as quais essa supervisão se converte em compromisso decisório governado.

NIST. Artificial Intelligence Risk Management Framework (AI RMF 1.0). Gaithersburg: National Institute of Standards and Technology, 2023. Relevante porque estrutura a governança de riscos de IA, especialmente pela função Govern; DIG trata do compromisso que usa o *output* de IA como parte de sua base evidencial.

CAPÍTULO 12

O Último Trecho da IA

Por que a supervisão humana não basta - e onde começa a governança do compromisso.

"As medidas de supervisão devem ser proporcionais aos riscos, ao nível de autonomia e ao contexto de uso do sistema de IA de alto risco."

- Regulamento (UE) 2024/1689, Lei de IA da União Europeia, art. 14(3). Tradução livre adotada nesta obra.

O capítulo anterior mostrou como a Governança da Inteligência Decisória - DIG - se conecta aos marcos que governam dados, riscos, tecnologia e sistemas de IA por meio de pontes disciplinares. Entre essas pontes, uma é mais sensível do que as demais: a ponte com a governança de IA. Enquanto as conexões com governança de dados, gestão de riscos e governança de tecnologia lidam principalmente com insumos que informam a deliberação, a conexão com a governança de IA chega muito perto do compromisso decisório: o ponto em que uma saída algorítmica deixa de ser apenas informação, classificação ou recomendação e começa a sustentar, ou parcialmente compor, a base de uma decisão organizacional consequente.

Uma objeção razoável precisa ser reconhecida desde o início. Sistemas de IA bem governados e supervisionados podem, em muitos contextos, reduzir variabilidade indesejada, aumentar consistência, acelerar a deliberação, diminuir custos operacionais e até melhorar a qualidade média de certas decisões. Em vários domínios, essa objeção é forte e não deve ser descartada. Esta obra não precisa negar esses ganhos para sustentar sua tese. O problema disciplinar examinado aqui é outro: mesmo quando a automação supervisionada melhora o desempenho médio, a governança do compromisso concreto continua em aberto.

Como a saída entrou na deliberação? Que peso recebeu em relação a outros insumos? O julgamento humano foi substantivo ou apenas homologatório? Quem assumiu a responsabilidade fiduciária correspondente? Em que condições esse compromisso poderá ser reconstruído, auditado e aprendido posteriormente? Essas perguntas não desaparecem quando o sistema é útil. Tornam-se ainda mais importantes justamente porque sistemas úteis tendem a ser mais confiados, adotados e aproximados do compromisso.

Por isso, este capítulo não pergunta se a IA pode melhorar decisões em média. Essa possibilidade já está amplamente pressuposta pelo avanço do próprio campo. A pergunta mais exigente é outra: o que significa governar uma decisão quando essa decisão é informada, apoiada ou parcialmente composta por contribuição de IA? E por que a supervisão humana exigida por marcos regulatórios, embora necessária, ainda não basta para constituir governança do compromisso em sentido forte? O ponto decisivo não é opor automação e julgamento humano, mas distinguir desempenho do sistema e governança do compromisso que usa o sistema como parte de sua base.

A urgência do problema decorre do estado atual do ecossistema de IA. Modelos preditivos sugerem alternativas. Sistemas de classificação organizam categorias que orientam decisões humanas posteriores. Copilotos de IA redigem análises, justificativas e recomendações em linguagem natural. Sistemas de geração aumentada por recuperação - RAG - recuperam conhecimento institucional e o sintetizam em respostas aparentemente ancoradas em fontes. Agentes autônomos executam sequências de ação com graus crescentes de autonomia operacional. Em todos esses casos, a saída algorítmica entra no processo decisório não como dado bruto, mas como contribuição já estruturada - e, muitas vezes, com aparência de suficiência.

O capítulo também precisa evitar uma leitura equivocada. O último trecho não é uma teoria que trata a IA como inerentemente perigosa ou inadequada para apoiar decisões. É uma teoria sobre o ponto em que apoio se transforma em compromisso. Um sistema pode ser excelente como classificador, impressionante como sintetizador, útil como copiloto ou eficiente como agente operacional. Nada disso elimina a necessidade de saber que papel a saída desempenhou na decisão concreta, como seus limites foram compreendidos e quem converteu essa contribuição em obrigação. Quanto mais forte parece o sistema, mais importante se torna essa distinção, porque a confiança na ferramenta pode facilmente ser confundida com governança do compromisso.

Essa aparência importa. Ela altera a posição cognitiva do decisor. Em vez de construir a análise a partir de múltiplos insumos, o decisor frequentemente recebe uma formulação já composta, cujas premissas, limites, fontes e condições de validade podem não estar plenamente visíveis. Nesse ponto, o risco mais importante não é apenas técnico. É fiduciário. Se a saída já aparece como recomendação pronta, o julgamento humano pode encolher até virar endosso. E, se o julgamento vira endosso, a presença de um humano no circuito pode preservar a forma da supervisão sem preservar sua substância.

Este capítulo, portanto, não trata de IA em sentido amplo. Seu foco é um intervalo mais estreito: o intervalo entre a produção de uma saída algorítmica e sua conversão - ou não conversão - em compromisso organizacional. Esta obra chama esse intervalo de último trecho. Ali, a pergunta central deixa de ser apenas se o sistema é confiável, supervisionável ou aderente a regras. Passa a ser outra: como aquilo que o sistema produziu foi avaliado, incorporado, modificado, rejeitado ou aceito quando alguém assumiu uma obrigação prática em nome da organização.

O capítulo desenvolve essa fronteira em seis movimentos. Primeiro, esclarece o sentido de último trecho nesta obra. Segundo, explica por que a supervisão humana, embora necessária, não basta para constituir governança do compromisso. Terceiro, distingue as posições que a saída algorítmica pode ocupar no processo decisório. Quarto, examina IA generativa, RAG e a nova superfície evidencial criada por conhecimento recuperado e sintetizado. Quinto, explica o que DIG acrescenta quando a participação da IA se torna parte do compromisso organizacional. Por fim, identifica o que precisa permanecer visível no último trecho para que uma futura metodologia tenha base defensável.

O último trecho pode ser resumido como o intervalo entre o *output* algorítmico e o compromisso organizacional. Nesse intervalo, a organização precisa determinar se o *output* funcionou como insumo, recomendação, base predominante ou gatilho delegado, atribuindo responsabilidade de forma correspondente.

12.1 - O sentido de "último trecho"

Na terminologia desta obra, a expressão último trecho designa o intervalo entre a produção de uma saída algorítmica e sua conversão - ou não conversão - em compromisso organizacional. Esse intervalo pode ser amplo ou comprimido, formal ou tácito, mediado por deliberação colegiada ou resolvido por aceitação individual. Nenhuma dessas variações determina sua relevância disciplinar. O que torna o último trecho decisivo para DIG é que, nesse intervalo, contribuição algorítmica e julgamento humano se encontram para produzir - ou deixar de produzir - uma decisão em sentido forte.

O último trecho não é sinônimo de uso de IA. A governança de IA já governa o uso de IA em múltiplos aspectos: desenvolvimento, fornecimento, risco, transparência, supervisão, segurança e conformidade regulatória. O último trecho é mais específico. Ele começa quando o sistema já produziu algo - previsão, classificação, recomendação, síntese, resposta baseada em recuperação ou ação sugerida - e esse algo encontra o decisor ou a instância deliberativa. A governança de IA governa o sistema e suas saídas; DIG governa o que acontece quando essas saídas começam a sustentar compromisso organizacional.

Essa fronteira precisa ser preservada porque a decisão, em sentido forte, não é o mesmo que recomendação, detecção de oportunidade ou produção de análise. Como a Doutrina do Compromisso estabeleceu, decisão consiste no ato pelo qual uma alternativa se converte em compromisso material, não na percepção inicial do problema, não em uma intenção declarada e não em uma recomendação produzida por pessoas ou sistemas. Um sistema pode detectar uma anomalia, sugerir uma alternativa, redigir uma justificativa preliminar ou recomendar um curso de ação. Nada disso, por si só, constitui compromisso.

Por essa razão, o último trecho não deve ser tratado como detalhe operacional menor entre análise e execução. O que está em jogo é a transformação de uma contribuição estruturada em base de responsabilidade. Em muitos contextos contemporâneos, o decisor já não recebe apenas dados dispersos ou relatórios brutos. Recebe recomendações compostas, alternativas priorizadas, evidências sintetizadas ou justificativas geradas prontas para uso imediato. Essa compressão altera o intervalo decisório. A distância entre saída e compromisso diminui; por isso mesmo, aumenta a necessidade de distinguir onde termina o sistema e onde começa o julgamento fiduciário.

O último trecho também não é todo o processo decisório. Antes dele, ainda existem preparação, enquadramento do problema, identificação de alternativas e composição da base evidencial. Depois dele, ainda existem execução, resultado, interpretação e aprendizagem. O que o torna singular é a concentração do ponto em que a saída algorítmica pode ocupar posições muito diferentes na deliberação: um insumo entre outros, uma recomendação estruturada, a base predominante do julgamento ou uma execução delegada dentro de limites previamente autorizados.

O Capítulo 11 nomeou a camada decisória como o espaço disciplinar em que evidência qualificada, riscos avaliados, saídas algorítmicas e julgamento humano convergem para produzir compromisso organizacional sob responsabilidade fiduciária. O último trecho pode ser compreendido como a porção mais crítica dessa camada quando há contribuição de IA. Se a camada decisória nomeia o espaço mais amplo de conversão entre insumos governados e compromisso, o último trecho nomeia a fronteira específica em que a saída algorítmica encontra o julgamento e pode começar a sustentar uma obrigação prática.

12.2 - O limite da supervisão humana

A Lei de IA da União Europeia exige, para sistemas de IA de alto risco, medidas de supervisão humana proporcionais aos riscos, ao nível de autonomia e ao contexto de uso. Essa exigência é importante e bem fundamentada. Seu objetivo é reduzir a probabilidade de que riscos relevantes se materializem sem possibilidade de detecção, intervenção ou correção. A regulação também reconhece, em substância, o risco de confiança excessiva nas saídas do sistema. Portanto, supervisão humana não é requisito decorativo. É componente central da governança regulatória contemporânea de IA.

Ao mesmo tempo, é necessário reconhecer com precisão o quanto esses marcos já fazem e onde eles param. O artigo 14 da Lei de IA não exige apenas a presença formal de úm ser humano. Ele pressupõe capacidade de compreender saídas relevantes, permanecer atento ao viés de automação, interpretar o comportamento do sistema em contexto e intervir de modo efetivo quando necessário. O NIST AI RMF, especialmente por meio da função Govern, também avança ao estruturar responsabilização organizacional, papéis, políticas e supervisão para gestão de riscos de IA. Essas contribuições são substanciais. Elas ocupam parte importante do terreno da supervisão, da transparência e do uso responsável.

O que elas ainda não formalizam, entretanto, é a governança do compromisso concreto que usa a saída como base suficiente - ou insuficiente - para uma obrigação prática sob responsabilidade fiduciária identificável. Supervisionar o sistema significa verificar se ele opera dentro de parâmetros aceitáveis, se as saídas são plausíveis e se a intervenção é possível. Governar a decisão significa identificar como a saída foi incorporada à deliberação, que peso recebeu, se foi aceita, ajustada ou recusada, quem assumiu o julgamento e em que condições o compromisso poderá ser reconstruído e aprendido posteriormente. A primeira operação pertence à governança do sistema. A segunda pertence à DIG.

Um exemplo ajuda a tornar a diferença clara. Suponha que um sistema de IA recomende a aprovação de uma linha de crédito para um cliente corporativo. O supervisor humano verifica que o modelo opera dentro dos parâmetros esperados, que os dados de entrada são recentes e que a recomendação parece coerente com o padrão observado. A supervisão do sistema, nesse sentido, foi realizada. Mas a decisão de aprovar a linha de crédito ainda exige outra camada de inteligibilidade: como a recomendação foi tratada na deliberação, se outros elementos foram considerados, se houve contraste suficiente com o contexto do caso, quem assumiu o compromisso e com que consciência dos limites do modelo.

O reconhecimento do viés de automação reforça essa leitura. Se existe uma tendência cognitiva previsível de aceitar recomendações geradas por máquinas com excesso de confiança, a simples presença de um humano no circuito não garante que o julgamento humano tenha efetivamente operado. O humano pode estar presente e, ainda assim, sua participação limitar-se a validar aquilo que o sistema já apresentou com aparência de suficiência. Em contextos de autonomia ampliada, a dificuldade se torna mais aguda: não apenas homologar uma recomendação, mas naturalizar a delegação como se a delegação, por si só, resolvesse a responsabilidade.

Na era dos agentes autônomos, essa distinção se torna decisiva. Um agente pode planejar, acionar ferramentas, recuperar informações, executar transações ou disparar mudanças operacionais dentro de fronteiras autorizadas. Essas capacidades podem ser valiosas. Elas não transformam o agente em sujeito fiduciário do compromisso. A organização pode delegar execução; não pode delegar para fora de si a responsabilidade pelas condições sob as quais essa execução foi autorizada. Supervisão humana é necessária. Não é suficiente.

12.3 - As quatro posições da saída algorítmica

Para que a governança do último trecho seja inteligível, não basta afirmar genericamente que a IA participou da decisão. É necessário distinguir como a saída algorítmica participou do compromisso. Em alguns casos, ela aparece como um elemento analítico adicional. Em outros, como recomendação explícita. Em outros ainda, torna-se a base predominante do julgamento ou o gatilho de execução automatizada. Se essas posições permanecem indiferenciadas, a governança perde precisão exatamente onde deveria ganhá-la.

Esta obra propõe, no plano disciplinar, quatro posições possíveis da saída algorítmica no compromisso. A proposta não é uma taxonomia exaustiva de sistemas de IA. Ela classifica a forma como a saída da IA entra no compromisso decisório. A importância prática da distinção está na proporcionalidade: quanto mais central é a saída para o compromisso, maior tende a ser a exigência de qualificação da evidência, explicitação das condições de validade, atribuição fiduciária e reconstrução posterior.

Tabela 12.1 - Quatro posições da saída algorítmica no compromisso decisório

Posição	Papel no processo decisório	Implicação de governança
1. Insumo entre outros	O sistema informa a deliberação por meio de análise, projeção, classificação ou síntese.	Registrar a contribuição e seu tratamento dentro da base evidencial mais ampla.
2. Recomendação estruturada	O sistema propõe um curso de ação, como aprovar, rejeitar, escalar, priorizar, reter, interromper ou repriorizar.	Registrar a recomendação, se foi aceita, modificada ou rejeitada, e quem assumiu o julgamento.
3. Base predominante do compromisso	A saída se torna a base principal da decisão, com limitada complementação substantiva.	Aumentar o escrutínio sobre condições de validade, confiança, status evidencial e responsabilidade fiduciária.
4. Execução delegada	O sistema ou agente executa ação dentro de limites autorizados sem deliberação humana a cada ocorrência.	Definir escopo da delegação, monitoramento, limites de autonomia e recondução da responsabilidade à autoridade humana ou institucional.

A tabela não substitui o argumento em torno dela. Sua função é impedir um colapso frequente: tratar toda decisão apoiada por IA como se o sistema tivesse ocupado a mesma posição no compromisso. A distinção importa porque a proporcionalidade depende da posição. Um sistema que fornece um sinal entre vários não exige a mesma densidade de governança de um sistema cuja saída é aceita como base principal do compromisso, e nenhum desses casos é idêntico à execução delegada por um agente autônomo.

A quarta posição merece atenção especial. Autonomia operacional e titularidade fiduciária não são equivalentes. Um agente pode agir de modo autônomo; isso não o transforma em sujeito fiduciário de responsabilidade. A delegação ainda precisa originar-se de uma instância humana ou institucional identificável, com autoridade formal para defini-la, justificá-la, monitorá-la e responder por ela. O sistema pode executar; a organização é quem se compromete.

As quatro posições, portanto, não são uma hierarquia moral nem uma escala simplista de boa ou má IA. São gradações de dependência algorítmica no compromisso. Quando aumenta a dependência de IA, aumenta também a necessidade de tornar visível como essa dependência operou. Distinguir essas posições é o que permite que o último trecho deixe de ser uma zona indiferenciada entre recomendação e ação.

12.4 - RAG, evidência gerada e a nova superfície evidencial

A IA generativa e a geração aumentada por recuperação - RAG - acrescentam uma complicação adicional ao último trecho. Um modelo preditivo ou classificador costuma produzir escore, probabilidade, rótulo ou categoria recomendada. Um sistema generativo, por outro lado, pode produzir narrativa, análise, resumo, interpretação jurídica, recomendação operacional ou justificativa decisória. Uma arquitetura RAG pode, além disso, ancorar essa resposta em documentos, políticas, contratos, regulações, chamados, arquivos, e-mails ou bases de conhecimento institucional. O resultado frequentemente parece mais completo do ponto de vista evidencial do que de fato é.

RAG é relevante porque introduz uma nova camada entre fonte e compromisso. O decisor pode deixar de interagir diretamente com o documento, a política ou o dado. Passa a interagir com uma resposta gerada a partir de fragmentos recuperados. Essa resposta pode ser útil e, em muitos contextos, melhorar o enraizamento factual. Mas enraizamento não é governança. RAG pode melhorar relevância; não governa o compromisso.

Essa distinção importa em ambientes altamente regulados. Materiais públicos de autoridades bancárias europeias e organismos financeiros internacionais indicam que bancos vêm testando e integrando IA e IA generativa em áreas como atendimento ao cliente, detecção de fraude, análise jurídica, programação, processos internos, avaliação de crédito e modelagem de risco, e que algumas instituições usam técnicas como RAG e ajuste fino para tornar modelos de uso geral mais aplicáveis a casos específicos. Esses exemplos não devem ser tratados como origem de DIG. Devem ser compreendidos como contextos de alta maturidade nos quais o problema aparece com especial nitidez: quanto mais sofisticada se torna a camada de recuperação e geração, mais importante se torna governar o compromisso que se apoia nela.

Para DIG, RAG altera a superfície evidencial em pelo menos quatro sentidos. Primeiro, cria necessidade de rastreabilidade da fonte: quais documentos, versões, datas, responsáveis e permissões informaram a resposta gerada? Segundo, cria necessidade de adequação da recuperação: o sistema recuperou as fontes corretas, vigentes e pertinentes? Terceiro, cria necessidade de controle da síntese: a resposta permaneceu fiel ao material recuperado ou inferiu além dele? Quarto, cria necessidade de peso decisório: a resposta gerada foi tratada como informação de contexto, recomendação, base predominante do compromisso ou gatilho de ação delegada?

Considerações de segurança e confiança reforçam o mesmo ponto. Aplicações de grandes modelos de linguagem estão expostas a riscos como injeção de comandos, tratamento inseguro da saída, vazamento de dados, fontes envenenadas, agência excessiva e vulnerabilidades de cadeia de suprimentos. Esses riscos não são apenas problemas de segurança da aplicação quando a saída se aproxima do compromisso. Se uma camada de recuperação comprometida ou mal governada produz uma resposta que depois é tratada como evidência, a fragilidade passa do sistema para a decisão. DIG, portanto, não governa RAG como tecnologia. Governa o compromisso que trata uma saída baseada em RAG como suficientemente confiável para agir.

É por isso que AI TRiSM, NIST AI 600-1, ISO/IEC 42005 e referências semelhantes importam para este capítulo sem substituir seu objeto. Elas fortalecem a governança de confiança, risco, segurança, risco de IA generativa e avaliação de impacto. DIG faz a pergunta seguinte: quando esses sistemas e saídas governados são efetivamente usados para comprometer a organização, que status evidencial lhes foi atribuído, quem aceitou esse status e como o compromisso resultante poderá ser reconstruído?

12.5 - O que DIG acrescenta

Se o último trecho é o intervalo em que a saída algorítmica se aproxima do compromisso, o que DIG acrescenta nesse intervalo não é uma nova tecnologia nem uma camada paralela de supervisão do sistema. DIG acrescenta a aplicação, no contexto da contribuição algorítmica, das condições mínimas que esta obra já formalizou como núcleo da governança de decisões em sentido forte. DIG não cria um objeto inteiramente novo no último trecho. Ela reaplica seu próprio núcleo ao ponto em que a presença da IA torna mais sensível a passagem entre evidência, julgamento e compromisso.

A primeira condição é a rastreabilidade do compromisso. Quando a IA participa da decisão, não basta registrar genericamente que o sistema foi usado. A organização precisa conseguir mostrar como a saída entrou na deliberação: como um insumo entre outros, como recomendação estruturada, como base predominante do julgamento ou como ação delegada ao sistema dentro de limites previamente autorizados. Sem essa distinção, a organização pode demonstrar que a tecnologia esteve presente, mas ainda assim não reconstruir o papel efetivo que ela desempenhou na formação do compromisso.

A segunda condição é a qualificação da evidência. A saída algorítmica não pode ser tratada como evidência neutra ou autoevidente. Ela possui origem, condições de validade, limites de confiança, premissas embutidas e dependência de contexto. Um modelo pode ter sido treinado em dados historicamente corretos e ainda operar sob premissas que não se sustentam no caso concreto. Um sistema RAG pode recuperar documentos relevantes e ainda sintetizá-los de modo que exagere a certeza. Um agente pode produzir um plano plausível e ainda comprimir uma cadeia de inferências cuja robustez não estava explícita ao decisor. Qualificar a saída como evidência significa tornar esses atributos visíveis antes do compromisso.

A terceira condição é a separação entre decisão e contexto. Quando o resultado aparece, a organização precisa distinguir, ao menos razoavelmente, o que decorreu da decisão e o que decorreu de mudanças paralelas no ambiente. Esse problema já existia antes da IA, mas a IA o torna mais delicado. Se a saída algorítmica foi tratada como base predominante, torna-se mais importante perguntar se o resultado decorreu da qualidade da recomendação, do contexto, da forma como o humano incorporou a saída, da camada de recuperação ou de fatores externos que nenhum dos lados controlava.

A quarta condição é a comparabilidade entre decisões. Quando a saída algorítmica participa do compromisso, a organização precisa comparar, ao longo do tempo, padrões de aceitação, modificação, rejeição e delegação. Sem comparabilidade, cada decisão apoiada por IA permanece um caso isolado. Com comparabilidade, torna-se possível observar se certos contextos levam a aceitação automática excessiva, se determinadas classes de decisão exigem contraste humano mais denso, se saídas de RAG estão sendo tratadas como mais conclusivas do que deveriam ou se a delegação operacional gera ganhos em um domínio e fragilidades em outro.

A quinta condição é a atribuição fiduciária de responsabilidade. Esta é a condição mais sensível do último trecho. À medida que a contribuição algorítmica se aproxima do compromisso, cresce a tentação de difundir responsabilidade - atribuindo-a ao modelo, ao agente, ao algoritmo ou ao sistema. DIG rejeita essa difusão. Mesmo quando a saída do sistema é a base predominante do julgamento, ou quando a execução é delegada dentro de limites autorizados, a responsabilidade pelo compromisso permanece rastreável a uma pessoa, instância ou autoridade organizacional identificável. O sistema pode informar, recomendar, priorizar, sintetizar, recuperar e até executar. Nem por isso se torna o sujeito fiduciário do compromisso.

Essas cinco condições não operam com a mesma intensidade em todas as posições da saída algorítmica. A proporcionalidade, formalizada no Capítulo 10, torna-se novamente decisiva. Quando a saída funciona apenas como um insumo entre outros, a disciplina pode exigir rastreabilidade e qualificação mais leves. Quando aparece como recomendação estruturada, o registro de como essa recomendação foi tratada já ganha importância. Quando se torna base predominante do julgamento, a qualificação da evidência e a atribuição fiduciária se intensificam. Quando a ação é delegada ao sistema, os limites da delegação, a origem humana da autorização e a recondução da responsabilidade precisam estar especialmente explícitos.

A relação entre AI TRiSM e DIG deve, portanto, ser preservada com precisão. AI TRiSM pode oferecer uma camada operacional de confiança, risco e segurança para sistemas e aplicações de IA, incluindo controles e monitoramento em tempo de execução. DIG acrescenta outra exigência: a governança fiduciária do ponto em que a saída é tratada como evidência suficientemente válida para sustentar compromisso. Uma ajuda a responder se o sistema e sua operação estão protegidos, monitorados e controlados. A outra pergunta se a decisão que usou essa saída foi assumida sob condições justificáveis, rastreáveis, atribuíveis e capazes de gerar aprendizagem.

No último trecho, DIG formaliza o ponto em que a contribuição de IA entra no compromisso. Exige que o papel da saída seja rastreável, que seu status como evidência seja qualificado, que o resultado possa ser distinguido do contexto, que decisões comparáveis produzam aprendizagem cumulativa e que a responsabilidade fiduciária permaneça atribuível mesmo quando a autonomia do sistema aumenta. Não se trata de governar a IA como um todo. Trata-se de governar a participação da IA no ponto mais sensível: aquele em que recomendação, aceitação, delegação e compromisso deixam de ser temas técnicos separados e passam a compor uma única questão fiduciária.

12.6 - O que precisa permanecer visível no último trecho

O último trecho só se torna governável quando certos elementos permanecem visíveis. Essa visibilidade não deve ser confundida com formulário universal, modelo obrigatório ou lista de implementação. Trata-se de uma exigência disciplinar: se esses elementos desaparecem do registro, a organização pode ainda afirmar que a IA foi governada, mas terá dificuldade para demonstrar que o compromisso decisório foi governado.

O primeiro elemento é a identidade e o papel da contribuição de IA. A organização precisa saber não apenas que um sistema de IA participou, mas que tipo de contribuição ele fez. Foi um escore, uma classificação, um resumo gerado, uma resposta baseada em recuperação, uma ação recomendada ou uma execução realizada por agente? O objetivo não é inventário técnico por si só. O objetivo é impedir que uma afirmação genérica como 'a IA foi usada' esconda a posição que a saída ocupou no compromisso.

O segundo elemento é o status evidencial da saída. Uma saída algorítmica pode ser tratada como informação de contexto, sinal de apoio, recomendação, base evidencial predominante ou gatilho de ação delegada. Cada status carrega uma carga de governança diferente. Uma resposta gerada a partir de documentos recuperados, por exemplo, pode parecer mais autorizada porque cita ou reflete fontes institucionais. Essa aparência não resolve seu peso evidencial. A organização ainda precisa saber se as fontes estavam vigentes, autorizadas, completas e adequadamente sintetizadas.

O terceiro elemento é o ato humano ou institucional realizado sobre a saída. O decisor aceitou, modificou, rejeitou, sobrepôs seu julgamento ou autorizou o sistema a agir dentro de fronteiras previamente definidas? É aqui que a linguagem da supervisão costuma ficar imprecisa demais. Um humano pode ter visto a saída. Isso não significa que a julgou. Um comitê pode ter recebido a recomendação. Isso não significa que deliberou sobre seus limites. DIG pergunta pelo ato, não apenas pela presença: o que a instância responsável efetivamente fez com a saída?

O quarto elemento é a condição de validade reconhecida no momento do compromisso. Se o modelo era sabidamente forte apenas em determinadas populações, classes de produto, horizontes temporais ou ambientes operacionais, esse limite não deve desaparecer no ponto de decisão. Se a base de fontes do RAG estava incompleta ou recém-atualizada, essa condição importa. Se um agente atuou dentro de mandato delimitado, a fronteira importa. Governar o compromisso exige que limitações conhecidas acompanhem a saída até o registro da decisão, em vez de permanecerem isoladas na documentação técnica.

O quinto elemento é a responsabilidade. No último trecho, a responsabilidade não deve se dissolver no sistema, no fornecedor, no modelo, na plataforma ou no fluxo de trabalho. Todos eles podem participar. Nenhum deles, nos termos desta obra, torna-se o sujeito fiduciário do compromisso material. A instância humana ou institucional responsável pode ser individual, colegiada, delegada ou previamente autorizada. Mas precisa permanecer identificável.

O elemento final é a reconstrução posterior. Um registro do último trecho deve permitir que um revisor futuro pergunte de onde veio a qualidade do resultado: da saída do sistema, das fontes recuperadas, da interpretação humana, do contexto, do desenho da delegação ou da execução posterior ao compromisso. Sem essa possibilidade, a organização pode celebrar ou culpar a IA sem saber o que de fato ocorreu. O último trecho se torna, então, um atalho narrativo em vez de fonte de aprendizagem.

Essa é a ponte para a próxima etapa da obra. O Capítulo 13 examinará os componentes que a disciplina exige para se tornar mais operacional. O presente capítulo para antes disso. Ele não entrega uma arquitetura completa de responsabilidade humano-IA. Define por que tal arquitetura se torna necessária. Quando a saída algorítmica se aproxima do compromisso, a organização precisa de mais do que sistemas supervisionados. Precisa de papéis visíveis, evidência qualificada, julgamento atribuível e um registro capaz de sustentar aprendizagem posterior.

Pontos para reflexão

1. Quando um sistema de IA recomenda uma alternativa que sua organização aceita, o registro apenas mostra que a recomendação existiu - ou também mostra como ela foi avaliada, que peso recebeu na deliberação, quais limites foram reconhecidos e quem assumiu formalmente o compromisso correspondente?
2. Sua organização distingue explicitamente a supervisão do sistema de IA da governança da decisão que esse sistema ajuda a informar - ou ainda trata ambas como se fossem a mesma operação?
3. Se RAG ou IA generativa é usado para sintetizar evidências, a organização sabe quais fontes foram recuperadas, se estavam vigentes e autorizadas, e quanto peso decisório a resposta gerada recebeu?
4. Se marcos regulatórios reconhecem viés de automação e exigem supervisão proporcional, sua organização possui mecanismos para verificar que o julgamento humano efetivamente operou - e não apenas que um humano estava presente no circuito?

Leituras sugeridas

Referências normativas, regulatórias e de governança

UNIÃO EUROPEIA. Regulation (EU) 2024/1689 - Artificial Intelligence Act. Official Journal of the European Union, 2024. Art. 14. Referência central para este capítulo. Ajuda a compreender por que a supervisão humana é necessária, por que deve ser proporcional e por que DIG sustenta que a supervisão do sistema não esgota a governança do compromisso que usa o sistema.

ISO/IEC 42001:2023. Information Technology - Artificial Intelligence - Management System. Geneva: ISO/IEC, 2023. Referência importante para a governança do sistema de IA e seu uso organizacional responsável, em contraste com a governança do compromisso decisório.

NIST. Artificial Intelligence Risk Management Framework (AI RMF 1.0). Gaithersburg: National Institute of Standards and Technology, 2023. Referência central para a gestão voluntária de riscos de IA ao longo do ciclo de vida de produtos, serviços e sistemas de IA.

NIST. Artificial Intelligence Risk Management Framework: Generative Artificial Intelligence Profile. NIST AI 600-1. Gaithersburg: National Institute of Standards and Technology, 2024. Relevante para riscos de IA generativa e para distinguir gestão de risco do sistema da governança do compromisso que usa saídas generativas.

ISO/IEC 42005:2025. Information Technology - Artificial Intelligence (AI) - AI System Impact Assessment. Geneva: ISO/IEC, 2025. Relevante para avaliação de impacto de sistemas de IA e suas aplicações previsíveis. Sua relação com DIG é complementar: avaliar impacto do sistema não substitui governar o compromisso concreto.

Perspectivas aplicadas, segurança e sinais de contexto

GARTNER. Tackling Trust and Security in AI Models. 2024. Usado como referência contextual para AI TRiSM - gestão de confiança, risco e segurança para sistemas e aplicações de IA. Não é tratado como fundamento disciplinar primário.

OWASP. OWASP Top 10 for Large Language Model Applications. 2025. Útil para compreender riscos de segurança como injeção de comandos, tratamento inseguro da saída, fontes contaminadas, agência excessiva e outras vulnerabilidades relevantes para aplicações de LLM e RAG.

BANK FOR INTERNATIONAL SETTLEMENTS / FINANCIAL STABILITY INSTITUTE. Regulating AI in the Financial Sector: Recent Developments and Main Challenges. FSI Insights, 2024. Sinal contextual útil sobre IA generativa, RAG, provedores terceiros de modelos e preocupações de responsabilidade em ambientes financeiros altamente regulados.

EUROPEAN BANKING AUTHORITY. Special Topic - Artificial Intelligence. Usado como sinal contextual sobre IA, IA generativa, RAG, APIs em nuvem, modelos de terceiros e adoção cautelosa em bancos europeus. Reforça o contexto de adoção sem transformar bancos na origem de DIG.

O'NEIL, Cathy. Weapons of Math Destruction. New York: Crown, 2016. Complemento útil para compreender como sistemas algorítmicos aparentemente funcionais podem produzir decisões prejudiciais quando suas saídas são absorvidas sem escrutínio adequado, contraste contextual ou responsabilidade atribuível.

CAPÍTULO 13

Os componentes que a disciplina exige

O que a governança de decisões precisa para ser operacionalizada - e por que esse passo pertence a outro plano.

"Definir princípios sem identificar os instrumentos que podem operacionalizá-los é insuficiente. Entregar instrumentos sem antes formalizar os princípios que os sustentam é prematuro."

- Formulação autoral. Não é citação direta.

Os capítulos anteriores construíram uma linha argumentativa cumulativa. Mostraram que existe uma lacuna disciplinar entre a governança dos insumos e a governança do compromisso decisório. Examinaram os fundamentos que tornam essa lacuna inteligível: a natureza da decisão, a racionalidade limitada, a Doutrina do Compromisso, a atribuição causal e a hierarquia de evidências. Em seguida, declararam a disciplina, formalizaram seu ciclo, esclareceram suas pontes com marcos vizinhos e examinaram sua fronteira mais sensível - o último trecho da IA. O que agora existe já não é uma intuição. É uma subdisciplina delimitada por objeto, condições mínimas, fronteiras e critérios de inteligibilidade.

Este capítulo marca uma transição. A disciplina já não precisa ser declarada. A pergunta passa a ser como ela pode tornar-se institucionalizável: adotável por organizações, ensinável em formações profissionais, utilizável em auditoria e controle e progressivamente reconhecível como referência profissional em diferentes setores e regiões. Essa passagem não acontece automaticamente. Princípios podem ser coerentes e, ainda assim, permanecer inertes nas organizações se não admitirem tradução em instrumentos praticáveis.

Por isso, este capítulo não constrói os instrumentos. Ele identifica os componentes sem os quais qualquer instrumentação futura seria frágil, arbitrária ou apenas decorativa. A distinção é deliberada. Construir instrumentos exigiria classes operacionais, critérios de aplicação, lógica de calibração, regimes de delegação, escalas de maturidade e linguagem de uso suficientemente densas para orientar implementação. Isso pertence a outro plano. Este volume permanece no plano disciplinar: fundamenta, delimita, organiza e torna inteligível. Sua tarefa aqui é mapear o que a disciplina exige para tornar-se operacionalizável sem fingir que a metodologia já está concluída.

A resposta proposta aqui identifica sete elementos agrupados em cinco famílias de componentes. Dois são artefatos transversais que uma metodologia futura quase certamente exigirá: um inventário de decisões e um registro do compromisso decisório. As cinco famílias de componentes são uma gramática de evidências, uma arquitetura de responsabilidade humano-IA, um mecanismo de aprendizagem contínua, um instrumento de qualificação de contexto e uma lógica de maturidade. Cada um responde a um requisito já estabelecido nos capítulos anteriores, mas ainda não traduzido em instrumento dedicado.

O capítulo, portanto, tem uma ambição deliberadamente estreita. Ele não oferece uma metodologia pronta de DIG. Ele explicita o horizonte metodológico que decorre da disciplina. Ao fazer isso, também fornece um critério para trabalhos posteriores: uma metodologia futura que reivindique fidelidade a DIG terá de operacionalizar esses componentes sem perder o objeto que dá coerência à disciplina - o compromisso decisório material.

A passagem do núcleo disciplinar à futura metodologia deve, portanto, ser lida como uma tradução controlada: o núcleo mínimo estabelece o que não pode desaparecer; os componentes abaixo indicam os tipos de instrumentos que trabalhos futuros precisarão desenvolver se a disciplina quiser se tornar operacional sem perder seu objeto.

Tabela 13.1 - Os componentes que a disciplina exige

Exigência disciplinar	Componente ou artefato	Função em uma futura metodologia DIG
Identificar quais compromissos importam	Inventário de decisões	Classifica decisões por materialidade, reversibilidade, dependência de IA, frequência, partes afetadas e intensidade de governança.
Localizar o ato de compromisso	Registro do compromisso decisório	Preserva o ponto em que alternativas, evidência, responsabilidade, contexto e risco aceito convergem em compromisso.
Tornar a evidência qualificável	Gramática de evidências	Distingue tipos de base evidencial, robustez, limites e adequação ao contexto.
Evitar que a responsabilidade se dissolva na automação	Arquitetura de responsabilidade humano-IA	Esclarece julgamento, supervisão, delegação, execução, escalonamento e atribuição de responsabilidade.
Converter resultados em aprendizagem	Mecanismo de aprendizagem contínua	Reconecta compromisso, resultado, contexto, interpretação causal e recalibração futura.
Tornar visível a adequação contextual	Instrumento de qualificação de contexto	Registra condições que afetam validade, relevância e suficiência da evidência.
Apoiar adoção progressiva	Lógica de maturidade	Lê o grau em que o núcleo mínimo está presente com consistência proporcional.

13.1 - Da disciplina aos instrumentos

Uma vez declarada a disciplina, a questão decisiva passa a ser sua institucionalização. Uma disciplina que já possui objeto, condições mínimas e fronteiras discerníveis ainda precisa de instrumentos capazes de traduzir essas formulações em linguagem praticável, critérios distinguíveis e capacidades organizacionais reconhecíveis. Sem essa mediação, a disciplina permanece inteligível, mas difícil de adotar. Com ela, começa a aproximar-se do plano do método, da auditoria, do treinamento e da prática repetível.

Essa passagem precisa ser conduzida com cuidado. A história das disciplinas de governança mostra que instrumentos podem fortalecer um campo, mas também podem estreitá-lo prematuramente. Se uma metodologia futura de DIG for apresentada antes de a disciplina estar suficientemente estabilizada, o campo pode parecer apenas um conjunto de formulários, listas de verificação, níveis de maturidade ou requisitos de plataforma. Isso enfraqueceria o argumento. O instrumento deve servir ao objeto; o objeto não deve ser reduzido ao instrumento.

Os componentes identificados neste capítulo devem ser lidos como um sistema mínimo articulado. A gramática de evidências depende do contexto para determinar adequação. A arquitetura de responsabilidade depende de evidência qualificada e visibilidade contextual. A aprendizagem contínua depende de compromisso rastreável, responsabilidade atribuída e casos comparáveis. A maturidade lê o grau em que esses elementos estão presentes com consistência e inteligência proporcional. Nenhum componente permanece sozinho.

Por isso, o capítulo permanece deliberadamente contido. Ele não define a gramática operacional final, um regime fechado de delegação, um mecanismo completo de recalibração, um artefato formal de captura de contexto ou um instrumento validado de maturidade. Ele identifica o mapa do que será necessário. Nesse sentido, protege a distinção que orienta o livro desde o início: DIG é uma fundação disciplinar; uma metodologia baseada em DIG será uma tradução posterior dessa fundação.

13.2 - Inventário de decisões e registro do compromisso

Antes que as cinco famílias de componentes possam operar com consistência, dois artefatos transversais tornam-se quase inevitáveis: o inventário de decisões e o registro do compromisso decisório. Eles não são a metodologia inteira, mas oferecem o lugar básico em que a disciplina pode tocar a prática organizacional. O primeiro identifica as decisões que merecem governança. O segundo preserva o compromisso quando ele ocorre.

Um inventário de decisões é para DIG o que um catálogo de dados é, por analogia parcial, para a governança de dados: não a disciplina em si, mas um dispositivo de organização que torna visível o objeto governado. Sua função não é listar toda escolha rotineira feita pela organização. Sua função é identificar decisões cuja materialidade, reversibilidade, dependência de IA, recorrência, exposição regulatória ou consequência humana justifiquem governança explícita. Sem esse inventário, a centralidade decisória permanece um slogan. A organização pode declarar que decisões importam, mas não saber dizer quais decisões, de que perfil, sob qual titularidade e com que nível esperado de rigor.

O registro do compromisso decisório enfrenta outro problema. Mesmo quando a organização sabe quais decisões são materiais, ela ainda pode falhar em preservar o ponto em que uma alternativa específica se converteu em compromisso. Um registro futuro deverá capturar a decisão assumida, as alternativas que ainda estavam vivas no momento do compromisso, as evidências utilizadas, os limites conhecidos dessas evidências, o papel de IA ou modelos, a autoridade responsável, o contexto relevante, o risco aceito e a expectativa contra a qual a aprendizagem posterior será feita.

Isso não significa que toda decisão exija um dossiê pesado. A proporcionalidade permanece intacta. Um registro leve pode bastar para compromissos de menor consequência. Compromissos de alta materialidade, baixa reversibilidade ou forte dependência de IA exigirão maior densidade. O que não pode desaparecer é a função em si: o compromisso precisa ser reconstruível. Sem inventário, a disciplina não sabe onde concentrar atenção. Sem registro, ela não consegue reconstruir aquilo que governa.

13.3 - Gramática de evidências

O Capítulo 8 estabeleceu o princípio de que bases evidenciais diferem em robustez epistêmica. Também mostrou que a qualificação da evidência integra a governança de decisões em sentido forte. O que ele ainda não forneceu foi a linguagem operacional para tornar essa distinção reprodutível na prática organizacional. É por isso que a disciplina exige uma gramática de evidências.

Essa gramática não é apenas um catálogo de rótulos. Ela precisa permitir que a organização distinga que tipo de base está sendo usado, que força justificatória essa base pode razoavelmente sustentar, qual é sua aderência ao contexto do compromisso e quais limitações permanecem abertas no momento da deliberação. Sem essa mediação, a evidência continua entrando no processo como massa indiferenciada sob o rótulo genérico de análise.

No mínimo, essa gramática precisará distinguir dados diretamente verificados, projeções modeladas, correlações observadas, inferências causais, opiniões especializadas, referenciais externos, experiência gerencial acumulada, recomendações algorítmicas, conhecimento recuperado e *outputs* sintetizados por IA generativa. Esses elementos não possuem o mesmo status epistêmico. Uma previsão não é uma explicação causal. Um *benchmark* nem sempre é um caso comparável. Uma síntese baseada em RAG pode estar apoiada em fontes recuperadas e, ainda assim, permanecer vulnerável a documentos desatualizados, limites de acesso, erros de recuperação ou síntese excessivamente confiante.

O ponto não é excesso classificatório. O ponto é impedir que bases qualitativamente diferentes recebam o mesmo peso tácito no momento do compromisso. Em uma metodologia futura, essa gramática poderá tornar-se uma matriz de evidências, uma escala de confiança, uma convenção para memorandos decisórios ou uma classificação incorporada a plataformas. A forma exata pode variar por setor. A exigência disciplinar não varia: a organização precisa saber que tipo de evidência está usando e o que essa evidência pode razoavelmente sustentar.

Precedentes como Bradford Hill e GRADE mostram que a robustez da evidência pode ser tratada como objeto explícito, e não deixada apenas à intuição tácita. Eles não fornecem uma taxonomia organizacional pronta, mas demonstram que a classificação formal é possível e útil.

DIG, portanto, exige que a hierarquia epistêmica já afirmada como princípio se torne, no tempo certo, uma linguagem utilizável.

13.4 - Arquitetura de responsabilidade humano-IA

O Capítulo 12 mostrou que a participação da IA no compromisso pode ocupar posições diferentes e que a supervisão do sistema não equivale, por si só, à governança da decisão. Também mostrou que a presença humana no processo não garante julgamento substantivo e que a autonomia operacional ampliada não elimina a necessidade de reconectar o compromisso a uma origem humana e institucional. A partir daí, a necessidade de uma arquitetura de responsabilidade humano-IA torna-se inevitável.

Essa arquitetura deve distinguir supervisão, julgamento, delegação, execução, escalonamento e atribuição de responsabilidade. Um sistema pode ser supervisionado sem que isso esclareça quem assumiu o julgamento. Uma ação pode ser delegada sem que isso autorize a conclusão de que a responsabilidade migrou para o sistema. Um agente pode executar sequências relevantes sem tornar-se sujeito responsável pelo compromisso. DIG exige uma linguagem capaz de organizar quem julga, quem executa, quem supervisiona, quem autoriza a delegação e quem responde, em última instância, pelo compromisso quando ele se materializa.

Essa arquitetura torna-se mais exigente à medida que sistemas de IA passam de insumo para recomendação, de recomendação para base predominante e de base predominante para execução delegada. Referências adjacentes ajudam, mas não fecham o problema. A ISO/IEC 42001 apoia a governança organizacional de sistemas de IA. O NIST AI RMF e o NIST AI 600-1 apoiam a governança de riscos de IA e de IA generativa. A ISO/IEC 42005 ajuda a estruturar avaliação de impacto de sistemas de IA. AI TRiSM contribui com um vocabulário de mercado e operação em torno de confiança, risco e segurança. A gestão de risco de modelos, atualizada nos Estados Unidos pela SR 26-2, reforça a governança proporcional de modelos em contextos bancários. Nenhuma dessas referências, porém, estabelece sozinha a cadeia de responsabilidade pela qual um compromisso concreto que usa *output* de IA é assumido.

Uma metodologia futura de DIG precisará, portanto, de algo mais específico do que linguagem genérica de responsabilidade. Precisará de uma arquitetura que esclareça papel, autoridade, fronteira de delegação, gatilho de escalonamento, dever de revisão, possibilidade de *override* e atribuição final. Isso é especialmente importante em ambientes de agentes autônomos, nos quais autonomia operacional pode ser confundida com transferência de responsabilidade.

O perigo prático é conhecido: a organização diz que o modelo recomendou, o sistema aprovou, o agente executou ou o fluxo liberou. Essas frases podem descrever eventos operacionais. Elas não respondem, por si só, à pergunta de governança. DIG exige que o compromisso permaneça atribuível mesmo quando a cadeia técnica é distribuída. A cadeia técnica pode ser distribuída; o compromisso não pode ficar sem dono.

13.5 - Mecanismo de aprendizagem contínua

O Capítulo 7 demonstrou que aprendizagem decisória robusta exige mais do que memória narrativa. Exige separação entre decisão e contexto, comparabilidade entre compromissos e possibilidade de reconectar o resultado ao compromisso que o produziu. O Capítulo 10 acrescentou que a qualidade do que poderá ser aprendido depois depende da densidade do que foi registrado, qualificado e atribuído no momento do compromisso. Daí decorre a necessidade de um mecanismo de aprendizagem contínua.

Seu papel não é simplesmente arquivar o que aconteceu. É organizar a maneira pela qual compromisso e resultado podem voltar a conversar depois que o resultado emerge. Um resultado isolado - ganho de margem, falha regulatória, melhoria de eficiência, redução de risco, perda de clientes ou deterioração reputacional - não produz, por si só, aprendizagem disciplinar. Começa a produzir quando pode ser reconectado ao compromisso: qual alternativa foi assumida, em que condições, com base em qual evidência, sob responsabilidade de quem e em qual contexto.

A aprendizagem contínua também precisa proteger contra uma tentação organizacional comum: ajustar a narrativa ao resultado. Quando o resultado é favorável, a organização tende a enxergar a decisão original como mais sábia do que talvez tenha sido. Quando o resultado é adverso, pode tratar o compromisso original como ruim mesmo quando ele era justificável diante da evidência disponível naquele momento. Um mecanismo de aprendizagem coerente com DIG deve resistir às duas simplificações. Precisa comparar expectativa, evidência, contexto e resultado sem permitir que o resultado, sozinho, reescreva a qualidade do processo.

Esse mecanismo também terá de sustentar a distinção entre o que plausivelmente derivou da decisão e o que plausivelmente derivou de forças contextuais paralelas. Caso contrário, a organização oscila entre dois erros simétricos: atribuir à decisão aquilo que o contexto produziu ou atribuir ao contexto aquilo que a decisão efetivamente determinou. Nos dois casos, a aprendizagem se distorce.

O ponto de chegada é o capital decisório. Uma metodologia futura deve permitir que compromissos governados se acumulem como corpo de conhecimento reutilizável. Não um mero arquivo de atas, apresentações e resultados, mas uma memória estruturada de compromissos, bases evidenciais, condições contextuais, resultados, interpretações causais e recalibrações. É nesse ponto que a aprendizagem decisória começa a tornar se ativo organizacional.

13.6 - Qualificação de contexto

Os capítulos anteriores mostraram que o contexto afeta tanto a validade da evidência quanto a inteligibilidade dos resultados. O Capítulo 7 deixou claro que a aprendizagem se degrada quando decisão e contexto não são distinguíveis. O Capítulo 12 mostrou que esse problema se torna ainda mais sensível quando *outputs* algorítmicos operam sob premissas que talvez já não se ajustem ao ambiente em que o compromisso está sendo assumido. DIG, portanto, exige um instrumento de qualificação de contexto.

Isso não significa uma descrição genérica do ambiente. Significa uma forma estruturada de identificar quais dimensões contextuais importam para cada perfil de compromisso e se a base mobilizada é adequada àquele contexto concreto. A mesma evidência pode ser suficiente em um cenário e inadequada em outro. A mesma recomendação algorítmica pode ser defensável sob relativa estabilidade e imprudente sob mudança abrupta de regime.

No mínimo, a qualificação de contexto precisará cobrir contexto temporal, organizacional, regulatório, mercadológico, operacional, contexto de dados e modelos e contexto tecnológico. Cada uma dessas dimensões pode afetar a adequação da base usada na deliberação. Uma informação pode estar correta e, ainda assim, desatualizada. Um modelo pode estar bem governado e, ainda assim, pouco aderente ao ambiente atual. Uma recomendação pode ser plausível e, ainda assim, inadequada ao momento regulatório ou competitivo em que o compromisso está sendo assumido.

Em ambientes mediados por IA, a qualificação de contexto também exige atenção às condições das fontes. Em arquiteturas RAG, por exemplo, a pergunta não é apenas se o sistema gerou uma resposta ancorada em fontes. É também qual fonte foi recuperada, se ela estava vigente, se era autorizada para aquela decisão, se controles de acesso moldaram a evidência recuperada, se havia fontes conflitantes e se a síntese gerada permaneceu dentro daquilo que o material recuperado podia sustentar. Nesse sentido, qualificação de contexto e qualificação de evidência tornam-se inseparáveis.

Sem esse instrumento, o contexto tende a reaparecer apenas depois, como explicação ad hoc para sucesso, fracasso ou desvio. Com ele, a disciplina ganha a possibilidade de tornar a adequação contextual visível antes do compromisso, e não somente depois que o resultado tornou as omissões custosas.

13.7 - Lógica de maturidade

A disciplina não pode ser concebida em termos binários, como se estivesse simplesmente presente ou ausente. Os capítulos anteriores já mostraram que qualificação de evidência, rastreabilidade, responsabilidade, comparabilidade, aprendizagem e qualificação de contexto podem aparecer com diferentes graus de consistência e densidade. DIG, portanto, exige uma lógica de maturidade capaz de reconhecer desenvolvimento progressivo sem trivializar o objeto da disciplina.

Essa lógica é necessária porque organizações não institucionalizam DIG de uma vez. Uma organização pode ter rastreabilidade razoável do compromisso e ainda carecer de uma gramática robusta de evidências. Outra pode atribuir responsabilidade com clareza e, ainda assim, ter aprendizagem contínua fraca. Outra pode comparar casos de modo incipiente sem ainda qualificar contexto com disciplina. Sem linguagem para reconhecer essas gradações, o progresso permanece opaco e a adoção oscila entre maximalismo impraticável e diluição conceitual.

Os eixos naturais dessa lógica já estão dados pelo núcleo mínimo: rastreabilidade do compromisso, qualificação da evidência, separação entre decisão e contexto, comparabilidade entre decisões e atribuição de responsabilidade. O que a maturidade deve ler não é a mera quantidade de controles, mas o grau em que essas condições estão presentes com consistência e inteligência proporcional em relação à natureza do compromisso.

Um modelo futuro de maturidade poderá eventualmente distinguir estágios como opaco, registrado, rastreável, qualificado, aprendível e institucionalizado. Este livro não congela esses níveis. Ele apenas estabelece o princípio que qualquer lógica de maturidade crível precisará preservar. A organização mais madura não é a que formaliza tudo ao máximo, mas a que sabe variar rigor proporcionalmente sem permitir que as condições mínimas do compromisso governado desapareçam.

Isso importa para a adoção. Se maturidade for tratada como formalização máxima, DIG será rejeitado como burocracia. Se for tratada como aspiração vaga, DIG se tornará retórica. Uma lógica disciplinada de maturidade precisa evitar os dois fracassos: deve mostrar como organizações podem progredir sem confundir progresso com papelada nem com slogan.

13.8 - Separar disciplina e instrumentação

Este capítulo deliberadamente não construiu nenhum dos componentes que identificou. Essa contenção não é omissão; é uma escolha disciplinar. A distinção entre o que a disciplina exige e como esses requisitos serão depois instrumentados protege a integridade dos dois planos. Sem ela, a obra correria o risco de confundir fundação com implementação e reduzir uma proposta disciplinar a uma de suas possíveis traduções operacionais.

A razão conceitual é direta. Uma disciplina deve oferecer objeto, princípios, condições mínimas, fronteiras e critérios de inteligibilidade. Instrumentos pertencem a outro nível. Eles convertem esses princípios em linguagem aplicável, estruturas verificáveis e rotinas de uso. Quando esse segundo nível é introduzido cedo demais, o primeiro tende a se contrair. A disciplina começa a parecer a racionalização teórica de um kit específico de ferramentas, e não um corpo de conhecimento com validade mais ampla.

Há também uma razão metodológica. Instrumentos precisam adaptar-se a setores, jurisdições, linhas de base de maturidade, densidades regulatórias e ambientes tecnológicos diferentes. Uma gramática de evidências adequada a uma organização farmacêutica não assumirá necessariamente a mesma forma operacional usada por um banco, uma cooperativa, um órgão público ou uma indústria de bens de consumo. O mesmo vale para arquiteturas de responsabilidade, mecanismos de aprendizagem, instrumentos de contexto e modelos de maturidade. A disciplina deve permanecer anterior à sua operacionalização concreta.

Para o leitor, a consequência é importante. O fato de o livro ainda não construir os instrumentos não significa que ele se feche na abstração. Significa algo mais exigente: entrega o critério pelo qual instrumentos futuros poderão ser julgados. Uma vez que a disciplina explicitou por que cada componente é necessário e quais dimensões deve cobrir, qualquer instrumentação posterior terá de responder a esses requisitos se quiser permanecer coerente com DIG.

Uma futura metodologia de governança de decisões pode, portanto, emergir deste capítulo, mas não pode simplesmente ser anunciada. Terá de ser desenvolvida, testada, contestada, adaptada e validada em setores e regiões diferentes. Este capítulo marca a direção desse trabalho. Não pretende tê-lo concluído.

Pontos para reflexão

1. Sua organização possui uma linguagem minimamente estruturada para qualificar a robustez da evidência que sustenta compromissos de maior consequência - ou bases diferentes ainda entram na deliberação sob o rótulo indiferenciado de análise?
2. Se sua organização usa sistemas de IA que participam de decisões materiais, existe uma arquitetura reconhecível de responsabilidade que distingue quem julga, quem executa, quem supervisiona, quem autoriza a delegação e quem responde pelo compromisso?
3. Se a governança de decisões exige componentes específicos para ser institucionalizada, sua organização já sabe quais desses componentes possui de modo incipiente, quais precisariam ser desenvolvidos e quais dependeriam de metodologia mais formal?
4. Sua organização conseguiria identificar hoje suas famílias de decisões mais materiais e preservar um registro comparável dos compromissos assumidos dentro delas?

Leituras sugeridas

Referências fundamentais e conceituais

DAMA INTERNATIONAL. DAMA-DMBOK: Data Management Body of Knowledge. 2nd ed. Bradley Beach: Technics Publications, 2017. Referência útil para compreender como uma disciplina pode passar de princípios abstratos para funções, componentes e categorias operacionais sem perder coerência conceitual.

ARGYRIS, Chris; SCHÖN, Donald A. Organizational Learning II: Theory, Method, and Practice. Reading, Mass.: Addison-Wesley, 1996. Referência central para o componente de aprendizagem e para a distinção entre memória, aprendizagem e recalibração institucional.

PEARL, Judea. Causality: Models, Reasoning, and Inference. 2nd ed. Cambridge: Cambridge University Press, 2009. Mantido porque os componentes do capítulo pressupõem reconstrução causal e aprendizagem posteriores.

HILL, Austin Bradford. "The Environment and Disease: Association or Causation?" Proceedings of the Royal Society of Medicine, v. 58, n. 5, p. 295-300, 1965. Relevante como precedente de critérios explícitos para avaliação da força evidencial.

Referências normativas, regulatórias e de governança

ISO/IEC 42001:2023. Information Technology - Artificial Intelligence - Management System. Geneva: ISO/IEC, 2023. Usada como referência adjacente para sistemas de gestão de IA, não como substituto da governança do compromisso.

NIST. Artificial Intelligence Risk Management Framework (AI RMF 1.0). Gaithersburg: National Institute of Standards and Technology, 2023. Relevante para governança de riscos de IA e para distinguir governança do sistema de governança do compromisso.

NIST. Artificial Intelligence Risk Management Framework: Generative Artificial Intelligence Profile (NIST AI 600-1). Gaithersburg: National Institute of Standards and Technology, 2024. Relevante para riscos de IA generativa e para o tratamento de evidência gerada, sintetizada ou recuperada em futura instrumentação DIG.

ISO/IEC 42005:2025. Artificial intelligence - AI system impact assessment. Geneva: ISO/IEC, 2025. Relevante para avaliação de impacto e compreensão contextual de sistemas de IA e de suas aplicações previsíveis.

FEDERAL RESERVE. SR 26-2: Revised Guidance on Model Risk Management. Board of Governors of the Federal Reserve System, 2026. Usada como referência supervisória atual de gestão de risco de modelos em contextos bancários relevantes. A SR 11-7 permanece historicamente importante, mas não deve mais ser tratada como referência atual principal.

ISO 31000:2018. Risk Management - Guidelines. Geneva: ISO, 2018. Relevante como referência adjacente para proporcionalidade e tratamento da incerteza.

Sinais de mercado e de contexto operacional

GARTNER. AI Trust, Risk and Security Management (AI TRiSM). Usado aqui como sinal de mercado e operação para gestão de confiança, risco e segurança em IA, não como fonte disciplinar fundacional.

GARTNER. Magic Quadrant for Decision Intelligence Platforms. January 2026. Usado como sinal de mercado sobre plataformas centradas em decisões e tração do ecossistema, não como prova de que a governança do compromisso já esteja resolvida.

CAPÍTULO 14

Perspectivas setoriais

Por que a mesma disciplina assume formas diferentes — e por que isso a fortalece

"Uma disciplina que só funciona em um setor não é uma disciplina. É um procedimento local."

— Formulação autoral. Não é citação direta.

O capítulo anterior identificou os componentes de que a disciplina precisará para tornar-se operacionalizável e explicou por que a construção completa desses instrumentos pertence a outro plano. Resta, então, uma pergunta inevitável: se a disciplina é uma só, como ela se comporta em setores cujas decisões diferem radicalmente em materialidade, velocidade, reversibilidade, densidade regulatória, dependência de IA e consequência organizacional?

A resposta adotada aqui é simples na formulação e exigente em suas implicações: a disciplina permanece a mesma, mas sua manifestação varia. O núcleo mínimo não muda. As cinco condições da Governança da Inteligência Decisória — DIG — permanecem as mesmas: rastreabilidade do compromisso, qualificação de evidências, separação entre decisão e contexto, comparabilidade entre compromissos e atribuição fiduciária de responsabilidade. O ciclo decisório governado permanece o mesmo. O princípio da proporcionalidade permanece o mesmo. O que muda é o modo como tudo isso aparece em cada setor: a base evidencial predominante, o regime regulatório aplicável, a velocidade da decisão, o grau de dependência algorítmica, a materialidade envolvida e a forma de opacidade que surge quando o compromisso não é governado com clareza suficiente.

Essa variação não enfraquece a disciplina; ela ajuda a verificar sua robustez. Uma disciplina que precise ser reinventada do zero em cada setor não é transferível. É local, circunstancial e dependente do ambiente que a produziu. Uma disciplina que preserva objeto, princípios e condições mínimas, permitindo manifestações proporcionais ao contexto, demonstra algo mais exigente: pode ser ensinada, comparada, auditada e adaptada entre ambientes sem perder sua identidade.

Este capítulo não oferece manuais setoriais nem roteiros operacionais completos. Também não pretende entregar a instrumentação específica de cada indústria. Seu papel é mais preciso: mostrar que a mesma disciplina continua reconhecível quando atravessa ambientes decisórios muito diferentes. Cada perspectiva a seguir ilumina uma dimensão que, em outro setor, talvez apareça com menor intensidade. Em conjunto, essas perspectivas mostram que a variação setorial não ameaça a disciplina. Ao contrário, é uma das formas pelas quais sua força se revela.

Uma ressalva é especialmente importante. Instituições financeiras, regulação bancária europeia, gestão de risco de modelos, DORA, BCBS 239, RAG e governança forte de IA em bancos não devem ser lidos como origem de DIG. Eles são ambientes de referência de alta maturidade nos quais a necessidade de DIG aparece com nitidez incomum. O objeto da disciplina não é o setor bancário, nem um setor, jurisdição, regulação ou categoria tecnológica específica. Seu objeto é o compromisso decisório material. Por isso, a disciplina é, por desenho, multissetorial e multirregional.

Em síntese, este capítulo examina a transferibilidade de DIG. A tese central é direta: a mesma disciplina pode aparecer com ênfases e intensidades diferentes sem perder sua identidade. O que varia entre setores é a manifestação do núcleo, não o núcleo em si.

14.1 — Transferibilidade disciplinar

Este capítulo não pretende produzir uma teoria exaustiva dos setores nem substituir o conhecimento de domínio de cada indústria. Seu propósito é mais delimitado: mostrar, em termos comparativos, que o objeto formalizado nesta obra — o compromisso decisório material governado por evidência, responsabilidade e possibilidade de aprendizagem posterior — continua reconhecível em contextos organizacionais muito distintos. As perspectivas a seguir devem ser lidas como demonstrações de transferibilidade, não como prova conclusiva de implementação setorial ou como roteiro completo para cada domínio.

Uma disciplina é transferível quando seus princípios, condições e lógica permanecem reconhecíveis em contextos distintos. Isso não significa aplicação idêntica. Significa que a estrutura conceitual permanece estável mesmo quando mudam o setor, o tipo de compromisso, a velocidade da decisão, a densidade regulatória, a materialidade envolvida e o repertório de evidências. É precisamente essa continuidade sob variação que separa uma disciplina de um procedimento meramente local.

A governança de dados oferece uma analogia útil. O DAMA-DMBOK pode ser aplicado em bancos, hospitais, varejistas, fabricantes, órgãos públicos e empresas de tecnologia. Os dados diferem. A regulação difere. O perfil de risco, o ciclo de vida e o uso de negócio também diferem. Ainda assim, a lógica permanece reconhecível: qualidade, linhagem, segurança, arquitetura, metadados e responsabilidades de gestão. Essa continuidade é o que torna a disciplina ensinável, auditável e comparável entre setores.

A gestão de riscos oferece outra analogia. A ISO 31000 pode ser usada em ambientes muito diferentes porque seu objeto não é um processo local, mas a incerteza em relação aos objetivos. O tratamento do risco varia conforme o contexto, mas a estrutura de raciocínio permanece inteligível. DIG propõe exigência semelhante para o compromisso decisório: a variação de manifestação setorial não deve dissolver a identidade da disciplina.

As cinco condições do núcleo mínimo de DIG não pertencem a uma única indústria. São condições da disciplina. O que muda de um ambiente para outro é o modo como se manifestam: com que densidade, sob qual pressão temporal, sob qual regime regulatório, com que tipo de evidência, com qual participação de IA e com que tipo de consequência produzida pela opacidade do compromisso.

Transferibilidade, portanto, não deve ser confundida com uniformidade. Uma disciplina transferível não exige que uma decisão de desenvolvimento farmacêutico seja governada exatamente da mesma forma que uma aprovação de crédito corporativo, uma decisão de precificação no varejo ou uma decisão de investimento em capacidade industrial. Exige algo mais robusto: que em todos esses casos ainda se possa reconhecer o mesmo objeto — o compromisso decisório material — e os mesmos requisitos mínimos de governança, ainda que apareçam de maneira proporcional ao contexto.

Essa variação é plenamente compatível com o princípio da proporcionalidade formalizado anteriormente nesta obra. A intensidade da governança deve ser calibrada à natureza do compromisso. Como a natureza do compromisso varia entre setores, espera-se que a disciplina apareça com ênfases e densidades diferentes. Em alguns contextos, a regulação torna a rastreabilidade mais visível. Em outros, a velocidade pressiona a forma que a governança pode assumir. Em outros ainda, a qualificação de contexto ou a responsabilidade em decisões apoiadas por IA torna-se o ponto decisivo.

Por isso, este capítulo trabalha com perspectivas setoriais, e não com tipologias fechadas de implementação. Seu objetivo não é prescrever como cada setor deve operacionalizar DIG, mas mostrar por que a disciplina permanece reconhecível quando o ambiente muda. É nesse sentido que a transferibilidade fortalece a disciplina: o núcleo permanece estável, mesmo quando sua manifestação varia.

14.2 — Saúde e Ciências da Vida

Saúde e Ciências da Vida oferecem uma perspectiva particularmente reveladora porque reúnem decisões de elevada consequência clínica, regulatória, econômica e reputacional. A expressão é deliberadamente mais ampla que uma visão estritamente farmacêutica. Abrange não apenas desenvolvimento de medicamentos, mas também dispositivos médicos, diagnósticos, terapias avançadas, serviços de saúde, pesquisa clínica e outras atividades nas quais o compromisso opera sob forte pressão de evidência, responsabilidade e consequência.

Nesse ambiente, a rastreabilidade do compromisso deixa de ser simples boa prática de governança e passa a ser requisito operacional. Muitas vezes não basta saber que uma decisão foi tomada. É preciso reconstruir quem a assumiu, com base em quê, sob quais premissas de risco e com que consciência dos limites evidenciais presentes no momento. Quando a consequência toca segurança, eficácia, acesso, conformidade ou a trajetória clínica de pacientes, a opacidade do compromisso torna-se muito menos tolerável.

Essa perspectiva também torna especialmente visível a relação entre materialidade e irreversibilidade. Em outros setores, uma decisão pode ser materialmente relevante e ainda permitir correção relativamente rápida. Em Saúde e Ciências da Vida, muitos compromissos têm ciclos longos de desenvolvimento, custos afundados relevantes, consequências regulatórias e irreversibilidade prática depois que certo estágio foi ultrapassado. Isso eleva a densidade necessária de qualificação de evidências e torna a proporcionalidade mais exigente, não menos.

O setor também evidencia com clareza incomum a contribuição e o limite da IA. Modelos já participam de descoberta molecular, priorização de alvos, diagnósticos, interpretação de imagens, farmacovigilância, otimização de fluxos de pacientes e planejamento operacional. Ainda assim, uma saída tecnicamente plausível não resolve, por si só, o compromisso que pode influenciar. Quanto mais a contribuição algorítmica se aproxima de consequência clínica ou regulatória, maior a necessidade de distinguir saída do sistema, julgamento profissional, responsabilidade institucional e regime evidencial exigido naquele contexto.

Por fim, Saúde e Ciências da Vida tornam visível a coexistência de múltiplos regimes de evidência em um único compromisso. Dados clínicos, literatura científica, evidências de mundo real, julgamento especializado, viabilidade operacional, interpretação regulatória e sustentabilidade econômica podem coexistir na mesma decisão. DIG importa aqui porque oferece um modo de governar o ponto em que essas bases heterogêneas são reunidas e tratadas como suficientes — ou insuficientes — para sustentar o compromisso.

O setor reforça, portanto, um ponto central da disciplina: abundância de evidências não equivale a suficiência evidencial. Um comitê, conselho, patrocinador, autoridade clínica ou instância executiva pode receber grande volume de material técnico e ainda precisar de um modo disciplinado de identificar que tipo de evidência está efetivamente carregando o compromisso. Sem essa distinção, a densidade científica pode ocultar opacidade decisória.

14.3 — Serviços financeiros

Serviços financeiros iluminam a disciplina por outro ângulo. A consequência do compromisso permanece alta, mas o ambiente impõe pressão maior sobre velocidade, densidade de modelos, exposição acumulada, dependência de terceiros, resiliência digital e responsabilização formal. Decisões materiais aparecem em múltiplas escalas: da realocação estratégica de carteiras e mudanças de apetite a risco até decisões recorrentes de crédito, fraude, cobrança, precificação, prevenção à lavagem de dinheiro, capital, liquidez e limites executadas em grande volume.

É nesse ponto que o princípio da proporcionalidade se torna especialmente visível. Nem toda decisão financeira pode ou deve receber o mesmo regime de governança. Ao mesmo tempo, a instituição não pode tolerar opacidade em compromissos que, isolada ou cumulativamente, possam afetar capital, liquidez, conduta, confiança do cliente, integridade de mercado ou posição regulatória. DIG importa precisamente porque oferece linguagem para distinguir avaliação bem modelada de compromisso governado.

O setor também torna muito clara a função dos modelos e da IA. *Credit scoring*, detecção de fraude, monitoramento de PLD, alocação, previsão, testes de estresse, precificação e sistemas de próxima melhor ação há muito participam estruturalmente dos processos decisórios financeiros. Mas governança de modelos e governança de decisões não são a mesma coisa. Um modelo bem governado não explica, por si só, como sua saída foi usada em um compromisso concreto, que outras evidências foram consideradas, que confiança foi atribuída ao *output* ou quem aceitou a exposição correspondente sob autoridade fiduciária.

A governança bancária deve, portanto, ser lida aqui como referência de alta maturidade, não como origem de DIG. O setor desenvolveu práticas fortes em risco de modelos, agregação de dados de risco, resiliência operacional, terceiros, conduta e controles. Referências como BCBS 239, DORA e orientações revisadas de risco de modelos revelam como ambientes regulados maduros tornam mais visível a necessidade de governança do compromisso. Elas não fundam a disciplina. Elas mostram por que sua adoção se torna mais difícil de adiar quando dados, modelos, terceiros, IA e responsabilização convergem em alta velocidade.

Uma contribuição adicional dessa perspectiva é o problema da materialidade acumulada. Muitos compromissos financeiros são individualmente moderados ou até pequenos, mas em conjunto geram exposição comparável à de uma decisão única de alta materialidade. DIG importa aqui porque permite que a governança permaneça atenta tanto à consequência individual quanto aos padrões de repetição cujo efeito cumulativo se torna estrategicamente relevante.

O uso atual de IA generativa e RAG em bancos torna esse problema ainda mais sensível. Um assistente habilitado por RAG pode recuperar políticas internas, interpretações regulatórias, regras de produto, orientações de crédito ou cláusulas contratuais e sintetizar uma resposta que parece dotada de autoridade. Isso pode melhorar o enraizamento da resposta em fontes. Mas não governa o compromisso que trata essa resposta como base suficiente para agir. Em termos de DIG, a organização ainda precisa saber qual fonte foi recuperada, se estava vigente e era aplicável, como a síntese foi interpretada, se havia fontes conflitantes e quem assumiu o julgamento que converteu aquele *output* em compromisso.

Serviços financeiros, portanto, oferecem um dos argumentos mais fortes de adoção para DIG, mas não porque o setor bancário seja o berço da disciplina. Eles importam porque mostram, de forma concentrada, como dados governados, riscos governados, modelos governados, resiliência digital e supervisão de IA ainda podem deixar em aberto a pergunta decisiva: sob quais condições a instituição se comprometeu?

14.4 — Varejo e Bens de Consumo

Varejo e Bens de Consumo oferecem uma perspectiva distinta porque combinam alta frequência decisória, forte suporte analítico, automação crescente, sensibilidade de margem e efeitos cumulativos muito amplos. O objeto da disciplina permanece o mesmo, mas o setor torna especialmente visível um problema que outras indústrias não enfrentam com a mesma intensidade: a governança do volume.

Muitos compromissos no varejo têm materialidade moderada ou baixa quando considerados individualmente. Ainda assim, quando repetidos milhares ou milhões de vezes — em precificação, sortimento, reposição, promoções, prevenção de perda de clientes, priorização logística, segmentação de consumidores, ofertas de crédito e alocação de canais — podem produzir consequência igual ou superior à de uma única decisão de grande valor. DIG importa aqui porque oferece um modo de governar recorrência sem confundir recorrência com trivialidade.

Esse setor também traz o último trecho da IA para o primeiro plano. Motores de recomendação, previsões de demanda, ofertas personalizadas, precificação dinâmica, otimização de estoques, priorização de rotas e agentes operacionais já participam intensamente da tomada de decisões. A questão central não é se há IA. É como sua saída é incorporada ao compromisso: como um insumo entre outros, como recomendação estruturada, como base predominante do ato ou como execução delegada dentro de limites autorizados.

Varejo e Bens de Consumo pressionam a disciplina em uma direção específica: como governar escala sem transformar governança em atrito impraticável. Em setores de alto volume, a resposta não pode ser densidade documental máxima para cada caso. Também não pode ser abandono da governança. A resposta correta é uma manifestação proporcional do núcleo mínimo, compatível com automação, recorrência e materialidade acumulada.

Essa perspectiva também torna a comparabilidade especialmente importante. Organizações que não comparam padrões decisórios ao longo do tempo — entre campanhas, ciclos de preço, categorias de produto, fluxos de atendimento, segmentos de clientes e contextos regionais — tendem a oscilar entre histórias isoladas de sucesso e correções reativas. DIG importa porque dá estrutura à aprendizagem cumulativa em um setor no qual as decisões são numerosas, rápidas e cada vez mais mediadas por sistemas.

O setor também lembra à disciplina que valor e dano podem acumular silenciosamente. Um único ajuste de preço, recomendação, negativa de oferta ou alocação de estoque pode parecer menor. Em escala, tais compromissos podem alterar confiança do cliente, percepção de justiça, capital de giro, margem, desperdício e reputação da marca. A materialidade do padrão pode superar a materialidade da instância. Uma metodologia futura fundada em DIG precisará governar ambas.

14.5 — Agronegócio

O Agronegócio oferece perspectiva própria, especialmente quando observado pela realidade de cooperativas, redes de produtores, cadeias integradas e associados. Nesse ambiente, os compromissos são profundamente condicionados por sazonalidade, clima, volatilidade de preços, logística, ciclos biológicos, financiamento, política comercial, disponibilidade de insumos e consequência distribuída. A decisão não ocorre em abstração. Ela está vinculada a janelas de tempo que, uma vez perdidas, muitas vezes não são recuperáveis dentro do mesmo ciclo produtivo.

Por isso, o agronegócio torna especialmente visível a relação entre compromisso e contexto. Uma projeção preparada em determinado momento pode perder força se o regime climático mudar, se a logística se deteriorar, se os preços das *commodities* se deslocarem bruscamente, se aumentar o risco sanitário, se as condições de crédito se apertarem ou se políticas e condições comerciais se alterarem de modo inesperado. DIG importa aqui porque exige que o contexto não permaneça uma desculpa posterior. Ele deve ser tratado, antes do compromisso, como parte da adequação da base evidencial.

A perspectiva cooperativista também intensifica a dimensão fiduciária do compromisso. Decisões frequentemente afetam não apenas um balanço corporativo abstrato, mas a situação econômica concreta de produtores associados que suportam consequências de forma desigual e real. Nesse ambiente, identificar quem assumiu o julgamento, como alternativas foram consideradas e como riscos foram tratados adquire peso especial.

O agronegócio também torna a comparabilidade ao longo do tempo especialmente valiosa. Organizações capazes de comparar compromissos entre safras, regiões, perfis de produtores, arranjos comerciais, padrões climáticos, condições logísticas e perfis de risco começam a construir uma forma de capital decisório muito útil em um setor no qual as mudanças de contexto importam muito, mas padrões ainda existem. DIG importa porque oferece um modo disciplinado de preservar esses padrões sem fingir que uma safra reproduz mecanicamente a outra.

Por fim, esse setor mostra que a participação crescente da IA deve ser lida com cautela proporcional à realidade do campo. Recomendações baseadas em imagens de satélite, previsões climáticas, modelos de produtividade, dados de solo, sinais de mercado ou otimização logística podem ser altamente valiosas, mas sua aderência depende fortemente das condições em que são aplicadas. Quanto mais a recomendação se aproxima de realidades heterogêneas de produtores e cenários de ruptura, maior a necessidade de qualificação de contexto e de responsabilidade explícita no último trecho do compromisso.

O agronegócio, portanto, traz contribuição particularmente forte para DIG: mostra que a qualidade de uma decisão não pode ser separada da qualidade da interpretação contextual. Em alguns setores, o contexto aparece como pano de fundo. Aqui, frequentemente se torna um dos elementos decisivos da suficiência evidencial.

14.6 — Telecomunicações

Telecomunicações combinam três características com intensidade incomum: operação em escala massiva, altos requisitos de continuidade e regulação densa. Isso torna o objeto de DIG especialmente visível. Nesse setor, muitos compromissos são assumidos em ambientes nos quais a consequência do erro pode se deslocar rapidamente da decisão operacional para impacto no cliente, exposição regulatória, continuidade de serviço e reputação institucional.

Essa perspectiva destaca a importância da rastreabilidade com força particular. Decisões relevantes frequentemente precisam ser explicáveis não apenas dentro da empresa, mas também a reguladores, auditores, parceiros, clientes empresariais e usuários afetados. Não basta dizer que um sistema agiu ou que um processo rodou. A organização precisa saber o que foi comprometido, sob qual autoridade, com base em quê e com que visibilidade sobre as condições que tornaram aquele compromisso justificável naquele momento.

Telecomunicações também tornam visível a relação entre evidência, contexto e irreversibilidade parcial. Planejamento de capacidade, gestão de tráfego, regras de priorização, fatiamento de rede, resposta a falhas, ativação de serviços, prevenção de *churn*, precificação e investimentos dependem de projeções e premissas que podem perder aderência rapidamente diante de mudanças de mercado, picos de demanda, incidentes, restrições de espectro ou intervenção regulatória. DIG importa porque pergunta se aquela base evidencial continuava adequada ao compromisso concreto.

O setor também traz automação e o último trecho da IA para o primeiro plano. Telecomunicações já operam com altos graus de automação, monitoramento contínuo, detecção de anomalias e orquestração cada vez mais autônoma. Isso não elimina a necessidade de governança do compromisso. Torna-a mais urgente. Quanto mais o sistema age em velocidade e escala, mais importante se torna saber onde a delegação começa, quais são seus limites e quem responde pelo compromisso resultante.

Uma contribuição final dessa perspectiva está na coexistência entre compromissos de efeito distribuído e materialidade concentrada. Uma decisão pode parecer localizada em termos técnicos e, ainda assim, afetar disponibilidade de serviço, conformidade, confiança do cliente, receita, resiliência de rede e percepção pública simultaneamente. DIG importa aqui porque dá linguagem a esse cruzamento entre suporte técnico, continuidade operacional e consequência fiduciária.

Telecomunicações, portanto, ajuda a testar DIG sob condições de escala, continuidade e ação delegada. Mostra que quanto mais o ambiente se torna em tempo real, mais importante é preservar, em alguma forma, a distinguibilidade do compromisso em si.

14.7 — Manufatura

A Manufatura oferece outra perspectiva distintiva porque combina decisões operacionais de alta frequência com decisões estruturantes de longo horizonte, ambas fortemente ligadas a qualidade, eficiência, segurança, capital fixo, dependência da cadeia de suprimentos e margem. A mesma disciplina que deve governar o adiamento de uma manutenção, uma escolha de sequenciamento ou uma alteração de parâmetro de processo deve permanecer reconhecível em decisões sobre investimento em planta, automação relevante, qualificação de fornecedores, liberação de produto e desenho de capacidade.

Esse ambiente destaca a importância da repetibilidade sob controle. Em muitos contextos industriais, parte significativa dos compromissos relevantes surge em torno de escolhas recorrentes — manutenção, sequenciamento, resposta a desvios, liberação de qualidade, posicionamento de estoque, otimização de rendimento, vazão, retrabalho e paradas. DIG importa porque ajuda a garantir que repetição não se converta em opacidade. Alta frequência não dissolve a necessidade de rastreabilidade e comparabilidade posterior.

A manufatura também torna especialmente agudo o papel da qualificação de evidências. Muitas decisões são apoiadas por indicadores de processo, históricos de falha, dados de qualidade, condições de equipamento, comportamento de fornecedores, julgamento de engenharia, experiência dos trabalhadores, variação ambiental e, cada vez mais, recomendações algorítmicas. Essas bases não carregam todas o mesmo peso justificatório. Tratá-las como equivalentes pode produzir compromissos que parecem ricos em dados, mas permanecem evidencialmente frágeis no ponto em que a obrigação é assumida.

Outra contribuição do setor está na relação entre qualidade e contexto. A mesma decisão pode produzir efeitos muito diferentes conforme mix de produtos, condição da planta, capacidade da força de trabalho, confiabilidade de fornecedores, variação ambiental, idade dos equipamentos e pressão de demanda. DIG importa porque exige que essas diferenças contextuais sejam visíveis antes do compromisso, em vez de serem invocadas apenas depois para explicar um resultado inesperado.

A manufatura também pressiona a discussão sobre o último trecho da IA. *Analytics* industrial, manutenção preditiva, programação algorítmica, sistemas de visão, gêmeos digitais, robótica e controle automatizado participam cada vez mais de decisões com consequência operacional e de segurança. A questão principal não é apenas se esses sistemas performam bem em média. É como suas saídas são incorporadas ao compromisso, sob quais limites de delegação e com que responsabilidade fiduciária retida. Poucos setores mostram com tanta clareza quão rapidamente um compromisso pode se converter em desperdício, retrabalho, interrupção, acidente, deterioração de ativos ou erosão de margem.

O setor mostra, portanto, a dupla natureza da transferibilidade. DIG deve permanecer reconhecível em uma decisão operacional de alto volume e em uma decisão de capital de alto valor. O que muda não é o objeto, mas o regime de rigor exigido pela natureza do compromisso.

Tabela 14.1 — Variação setorial e ênfase estável de DIG

Perspectiva setorial	Pressão decisória predominante	Ênfase de DIG
Saúde e Ciências da Vida	Alta densidade evidencial, consequência clínica, exposição regulatória, ciclos longos e irreversibilidade parcial.	Qualificação de evidências, rastreabilidade, aderência ao contexto e responsabilidade institucional clara.
Serviços financeiros	Densidade de modelos, velocidade, exposição acumulada, responsabilização formal, resiliência digital e dependência de terceiros.	Separação entre governança de modelos e governança do compromisso; materialidade acumulada; responsabilidade humano-IA.
Varejo e Bens de Consumo	Alto volume, automação, decisões dinâmicas, pressão de margem e impacto cumulativo sobre clientes.	Governança proporcional de compromissos recorrentes e comparabilidade entre padrões decisórios.
Agronegócio	Sazonalidade, clima, logística, volatilidade de *commodities*, ciclos biológicos e consequência distribuída.	Qualificação de contexto, impacto sobre produtores, janelas temporais e aprendizagem entre safras e regiões.
Telecomunicações	Escala massiva, requisitos de continuidade, automação, pressão regulatória e disponibilidade de serviço.	Limites de delegação, rastreabilidade sob velocidade e visibilidade do compromisso em operações automatizadas.
Manufatura	Repetibilidade, qualidade, segurança, capital fixo, variação de processo e consequência operacional.	Qualificação de evidências, repetição sob controle e rigor proporcional entre compromissos operacionais e de capital.

14.8 — O que as perspectivas mostram

As perspectivas reunidas neste capítulo não esgotam os setores nos quais DIG pode operar. Saúde pública, seguros, logística, governo, educação, defesa, energia, construção, serviços intensivos em tecnologia e serviços profissionais poderiam revelar nuances adicionais. Ainda assim, os setores examinados são suficientes para mostrar um ponto mais básico: o mesmo objeto disciplinar permanece reconhecível sob manifestações muito diferentes.

Vistas em conjunto, as perspectivas não dissolvem o núcleo da disciplina. Ao contrário, tornam-no mais visível. Em Saúde e Ciências da Vida, destacam-se alta consequência e densidade evidencial. Em Serviços Financeiros, tornam-se mais explícitos velocidade, modelos, materialidade acumulada e responsabilização. Em Varejo e Bens de Consumo, volume, automação e efeito cumulativo vêm para o primeiro plano. No Agronegócio, contexto e sazonalidade tornam-se centrais. Em Telecomunicações, predominam continuidade, regulação, automação e escala. Na Manufatura, repetibilidade, capital fixo, qualidade, segurança e consequência operacional intensificam o problema.

Essa variação fortalece, e não enfraquece, a disciplina. Se as cinco condições do núcleo mínimo tivessem de desaparecer ou ser substituídas de um setor para outro, DIG seria pouco mais que um arranjo local para problemas locais. O que aparece aqui é o contrário. As cinco condições permanecem reconhecíveis em todos os lugares, ainda que se manifestem em proporções diferentes e sob pressões distintas.

Uma objeção plausível é que tamanha variação tornaria impraticável qualquer metodologia minimamente industrializável. Essa objeção só procede se futuras operacionalizações confundirem transferibilidade com uniformidade. A disciplina proposta aqui exige continuidade de objeto e de condições mínimas, não identidade de procedimento. Essa distinção já é familiar em outros campos de governança e é precisamente o que permite que uma disciplina permaneça estável enquanto seus instrumentos se adaptam ao contexto.

Outra objeção seria a de que cada setor já trata desses problemas por seus próprios meios e, portanto, uma disciplina comum seria desnecessária. Esta obra não nega a existência de práticas setoriais. Sustenta algo mais específico: essas práticas não eliminam, por si só, o valor de uma linguagem comum para governar o compromisso material enquanto tal. Uma disciplina não substitui a expertise local; ela torna diferentes manifestações locais comparáveis em torno de um objeto compartilhado.

Uma terceira objeção seria a de que a transferibilidade demonstrada aqui permanece abstrata demais. Essa objeção é legítima como demanda por trabalho futuro, mas não invalida o ponto disciplinar estabelecido neste capítulo. O livro não afirma que a instrumentação setorial esteja completa. Afirma que o objeto permanece reconhecível entre setores e que os futuros instrumentos da disciplina terão de acomodar essa variação sem perder coerência.

Essa conclusão tem implicação direta para os componentes identificados no capítulo anterior. Uma gramática de evidências que funcione apenas em Saúde e Ciências da Vida ou apenas em Serviços Financeiros não será transferível o suficiente. Uma arquitetura de responsabilidade que ignore diferenças entre compromissos de baixo volume e alta consequência e compromissos de alto volume e efeito cumulativo permanecerá estreita demais. Uma lógica de maturidade que ignore variações setoriais de velocidade, regulação, dependência de IA, contexto, reversibilidade e consequência será metodologicamente fraca. Nesse sentido, o capítulo faz mais que ilustrar setores; ele estabelece um teste de transferibilidade para a futura instrumentação de DIG.

A mesma conclusão vale em termos regionais. Uma metodologia futura não poderá ser desenhada como se uma única jurisdição, um único regulador, uma única língua ou uma única tradição supervisória esgotasse o problema. Europa, Estados Unidos, Brasil, Reino Unido, Ásia-Pacífico e outras regiões expressarão a disciplina por arquiteturas regulatórias e culturas organizacionais distintas. DIG precisa ser estável o bastante para preservar seu objeto e flexível o suficiente para manifestar-se sob diferentes condições jurídicas e institucionais. Por isso, a disciplina é multirregional além de multissetorial.

Em síntese, as perspectivas setoriais mostram que DIG não depende de uniformidade de aplicação, mas de estabilidade de princípios sob manifestações proporcionais ao contexto. O que este capítulo demonstra não é que já exista um modelo único de implementação transversal, mas que a disciplina permanece reconhecível em setores com realidades decisórias muito diferentes. Essa é uma das condições pelas quais uma subdisciplina emergente começa a merecer atenção institucional mais ampla.

Pontos para reflexão

1. Se sua organização atua em um setor regulado, a governança do compromisso decisório existe como disciplina identificável ou ainda aparece diluída em conformidade procedimental, aprovações técnicas e rotinas funcionais?
2. Em ambientes de alta automação e grande volume decisório, sua organização observa apenas a aparente correção de cada decisão individual ou também monitora os padrões cumulativos pelos quais pequenos compromissos geram grandes consequências?
3. Se a governança de decisões precisa ser transferível entre setores e contextos, os instrumentos que sua organização usa hoje conseguem acomodar diferenças de materialidade, velocidade, regulação, dependência de IA e consequência sem perder coerência?

Leituras sugeridas

Referências fundacionais e de transferibilidade

DAMA INTERNATIONAL. DAMA-DMBOK: Data Management Body of Knowledge. 2nd ed. Bradley Beach: Technics Publications, 2017. Referência importante para a analogia de transferibilidade disciplinar. O DMBOK mostra como uma disciplina de governança pode preservar um núcleo estável enquanto se adapta a setores e usos muito diferentes.

ISO 31000:2018. Risk Management — Guidelines. Geneva: ISO, 2018. Referência útil para o princípio de que uma disciplina pode adaptar-se ao contexto sem perder sua identidade.

EUROPEAN UNION. Regulation (EU) 2024/1689 — Artificial Intelligence Act. Official Journal of the European Union, 2024. Relevante porque aplica obrigações proporcionais a risco e contexto, lógica próxima à proporcionalidade utilizada por DIG.

KAPLAN, Robert S.; NORTON, David P. The Balanced Scorecard: Translating Strategy into Action. Boston: Harvard Business School Press, 1996. Precedente útil de estrutura transversal cujo objeto permanece estável embora sua aplicação varie significativamente entre ambientes.

Referências setoriais e regulatórias

BASEL COMMITTEE ON BANKING SUPERVISION. Principles for Effective Risk Data Aggregation and Risk Reporting. Basel: Bank for International Settlements, 2013. Referência útil do setor financeiro para agregação de dados de risco, reporte de risco e suporte à decisão.

EUROPEAN UNION. Regulation (EU) 2022/2554 — Digital Operational Resilience Act (DORA). Official Journal of the European Union, 2022. Relevante como exemplo setorial de resiliência operacional digital e dependência de terceiros críticos no setor financeiro.

FEDERAL RESERVE. SR 26-2: Revised Guidance on Model Risk Management. Board of Governors of the Federal Reserve System, 2026. Referência atualizada de risco de modelos; nesta obra, reforça a distinção entre governança de modelos e governança do compromisso.

EUROPEAN BANKING AUTHORITY. Risk Assessment Report of the European Banking Authority — Autumn 2024. Particularmente relevante pela discussão sobre adoção de IA e GPAI no setor bancário europeu.

Sinais de mercado e ecossistema

GARTNER. Magic Quadrant for Decision Intelligence Platforms. January 2026. Referência de mercado útil para a emergência da Inteligência Decisória como categoria transversal a setores. Seu uso aqui é contextual, não fundacional.

CAPÍTULO 15

Cultura decisória e liderança

O que muda dentro da organização quando o compromisso deixa de ser opaco — e de quem essa mudança depende.

"A cultura de uma organização não é o que ela diz sobre como decide. É o que ela tolera quando decide mal e ninguém pergunta por quê."

— Formulação autoral. Não é citação direta.

Os capítulos anteriores estabeleceram a arquitetura disciplinar de DIG. Definiram o objeto, explicaram as condições sob as quais ele existe, distinguiram a disciplina de referenciais adjacentes, examinaram o último trecho da IA, identificaram os componentes que uma metodologia futura exigirá e mostraram que a mesma lógica permanece reconhecível em diferentes setores sem perder identidade. A partir daí, surge uma consequência inevitável. Uma disciplina que governa compromisso não permanece confinada a registros, controles ou fronteiras conceituais. Se for sustentada, ela acaba mudando o que uma organização espera, permite, pergunta e aprende quando decide.

É nesse ponto que a cultura entra nesta obra. Não como objeto independente de DIG, nem como promessa de ampla transformação organizacional. DIG não é programa cultural, doutrina de liderança ou método de gestão da mudança. Seu objeto permanece sendo o compromisso decisório material. Ainda assim, uma disciplina que torna o compromisso mais visível também muda o ambiente cultural no qual esse compromisso é assumido. A organização passa a tratar a opacidade de outro modo. Torna-se menos aceitável que uma decisão consequencial seja defendida apenas por autoridade, hábito, resultado favorável, recomendação de modelo ou narrativa retrospectiva produzida depois do fato.

Esse efeito não é pequeno. Muitas organizações já têm uma cultura em torno dos dados. Celebram disponibilidade de dados, uso de painéis, sofisticação analítica e adoção de IA. Algumas também construíram práticas maduras de governança de dados, governança de riscos e governança de IA. Mas essas práticas não necessariamente produzem uma cultura na qual a decisão em si é tratada como objeto governável. Uma empresa pode ser fluente em métricas e ainda tolerar decisões cuja base evidencial, alternativas, responsabilidade e valor de aprendizagem permaneçam obscuros.

A pergunta cultural, portanto, não é se as pessoas na organização valorizam análise. É se a organização aprendeu a perguntar o que acontece quando a análise vira compromisso. Essa pergunta é mais estreita do que cultura em geral e mais exigente do que o slogan de ser orientada por dados. Ela pergunta se a organização consegue conviver com um novo padrão: decisões materiais devem ser explicáveis não apenas pelos resultados, mas pelas condições sob as quais foram assumidas.

A liderança se torna decisiva aqui porque nenhuma disciplina dessa natureza se institucionaliza sozinha. Ela pode ser argumentada por especialistas, implementada por equipes, embutida em sistemas e apoiada por controles. Mas só se torna real quando líderes permitem que ela mude o que conta como processo decisório aceitável, especialmente quando velocidade, conveniência, hierarquia e pressão empurram na direção oposta. Uma disciplina de governança do compromisso não sobreviverá se for aplicada apenas abaixo do nível em que os compromissos mais consequenciais são de fato assumidos.

Este capítulo examina, portanto, a relação entre disciplina, cultura e liderança. Esclarece o que cultura decisória significa nos termos deste livro, explica a passagem de uma cultura orientada por dados para uma cultura centrada em decisões, aborda o papel da liderança na institucionalização, examina tolerâncias e incentivos que preservam a opacidade e mostra por que o capital decisório não é apenas um repositório técnico, mas também um ativo cultural. Em seguida, preserva os limites do argumento ao explicar o que este capítulo não é. O objetivo não é oferecer um manual de liderança. É mostrar por que DIG, quando sustentado de forma consistente, muda as condições organizacionais sob as quais decisões se tornam legítimas.

15.1 - Cultura decisória

Cultura decisória, nos termos desta obra, é o conjunto de práticas, expectativas, tolerâncias e padrões de inteligibilidade que uma organização sustenta em relação a compromissos consequenciais. A definição é propositalmente mais estreita do que cultura organizacional em geral. Não se refere a clima, simbolismo, engajamento ou ao conjunto completo de crenças e comportamentos dentro da empresa. Refere-se a um domínio específico: como a organização assume, justifica, registra, distribui, contesta e aprende com decisões materiais.

Esse recorte importa. Em muitas organizações, cultura vira explicação residual: tudo aquilo que não se localiza claramente em processo, governança, estrutura ou tecnologia é atribuído à cultura. Esse uso pode ser conveniente, mas enfraquece a análise. Uma disciplina de governança decisória exige um conceito mais observável. Precisa saber o que as pessoas fazem, o que líderes toleram, o que comitês aceitam, o que os registros preservam, o que revisões realmente examinam e quais tipos de explicação são tratados como suficientes quando um compromisso produziu consequência.

Vista por esse ângulo, a cultura decisória pode ser lida por sinais pequenos, mas reveladores. Quando uma decisão de alta consequência dá certo, a organização ainda pergunta se o processo foi sólido? Quando falha, distingue entre julgamento frágil, má execução, contexto adverso e evidência insuficiente? Quando um modelo ou sistema de IA recomenda uma ação, a organização pergunta o que o sistema contribuiu e o que a autoridade humana assumiu? Quando a decisão é tomada pela alta liderança, o compromisso fica mais visível por ser mais material ou menos visível porque a autoridade o protege de escrutínio?

Essas perguntas revelam o status cultural do compromisso. Uma cultura decisória frágil pode possuir ativos de dados sofisticados, bons painéis, comitês formais e sistemas avançados de IA, mas ainda tolerar decisões cuja base real não possa ser reconstruída. Uma cultura decisória mais forte faz algo diferente. Não exige perfeição. Exige inteligibilidade. Aceita que decisões sejam tomadas sob racionalidade limitada, incerteza, pressão de tempo e evidência imperfeita, mas não aceita que esses limites permaneçam ocultos depois que a organização se comprometeu.

Essa distinção é essencial porque a opacidade costuma ser normalizada pelo sucesso. Um resultado favorável pode fazer um processo decisório frágil parecer aceitável. A organização celebra o resultado e perde interesse pela qualidade do compromisso. Com o tempo, essa tolerância vira cultura. As pessoas aprendem que o resultado pode absolver o processo, que a autoridade pode substituir clareza evidencial e que a explicação retrospectiva pode tomar o lugar da deliberação prévia. DIG contesta essa tolerância ao separar resultado e processo e ao exigir que o compromisso permaneça reconstruível.

O problema inverso também é comum. Quando surge um resultado adverso, a organização pode procurar um lugar conveniente para localizar a culpa: execução, condições de mercado, modelo, equipe de dados, função de risco ou pessoa que assinou a decisão. Sem um registro governado do compromisso, essa busca costuma ser menos um exercício de aprendizagem do que uma disputa por narrativa. Uma cultura decisória mais forte não elimina responsabilidade; torna a responsabilidade mais precisa. Pergunta o que se sabia, o que se assumiu, o que era incerto, quais alternativas permaneciam reais e quem aceitou o compromisso nessas condições.

Nesse sentido, cultura decisória não é atmosfera. Não é slogan sobre ser racional, orientado por dados, inovador ou prudente. É o padrão pelo qual uma organização torna inteligíveis para si mesma seus compromissos consequenciais. DIG não é idêntico a essa cultura, mas sua adoção sustentada a modifica. Altera o limiar do que pode permanecer tácito. Torna certas formas de ambiguidade mais difíceis de tolerar. Cria um vocabulário por meio do qual a organização distingue mera documentação de compromisso governado e mera experiência de aprendizagem.

Nota disciplinar: a cultura decisória pode ser observada em três lugares: no que é exigido antes do compromisso, no que é tolerado no momento do compromisso e no que se aprende depois do resultado. Se qualquer uma dessas dimensões permanece opaca, a organização pode ser sofisticada analiticamente sem ainda ser verdadeiramente centrada em decisões.

15.2 - A passagem para a centralidade decisória

Por mais de duas décadas, a expressão orientada por dados funcionou como sinal de maturidade organizacional. Ela nomeou uma aspiração legítima e importante: reduzir a dependência de intuição isolada, melhorar visibilidade, disciplinar relatórios, trazer evidência para a gestão e fazer da capacidade analítica uma fonte de vantagem competitiva. Esse movimento não deve ser descartado. Sem ele, a empresa centrada em decisões teria pouca base sobre a qual se apoiar.

O problema não é que a cultura orientada por dados tenha sido errada. O problema é que ela foi incompleta. Uma organização orientada por dados pode perguntar se os dados estão disponíveis, confiáveis, atualizados, governados e utilizáveis. Essas perguntas continuam necessárias. Mas não esgotam o problema de governança. A pergunta seguinte é o que acontece quando esses dados, juntamente com modelos, avaliações de risco, julgamento gerencial e saídas de IA, tornam-se base para um compromisso material. Nesse momento, o centro de gravidade se desloca.

Uma organização centrada em decisões não abandona dados. Reorganiza os dados em torno das decisões que importam. Não celebra painéis como fins em si mesmos. Pergunta quais compromissos esses painéis devem sustentar. Não trata uma recomendação de modelo como conclusão do julgamento. Pergunta se a recomendação se tornou insumo, conselho estruturado, base predominante ou execução delegada. Não mede maturidade apenas por capacidade analítica. Pergunta se consegue identificar seus compromissos materiais, qualificar a evidência que os sustenta, nomear a responsabilidade que os assume e aprender com decisões comparáveis ao longo do tempo.

A mudança, portanto, não é semântica. Ela altera as perguntas que a organização considera legítimas. Uma cultura orientada por dados pode perguntar: "temos os números?" Uma cultura centrada em decisões pergunta: "que compromisso esses números estão sendo usados para justificar?" Uma cultura orientada por dados pode perguntar: "o que o modelo recomenda?" Uma cultura centrada em decisões pergunta: "que papel a recomendação teve no compromisso e quem aceitou esse papel?" Uma cultura orientada por dados pode perguntar: "o resultado melhorou?" Uma cultura centrada em decisões pergunta: "o que aprendemos sobre a relação entre evidência, contexto, compromisso e resultado?"

Nenhuma organização se torna centrada em decisões por adotar um rótulo. A mudança ocorre quando a governança começa a alterar comportamentos. Comitês passam a pedir alternativas, não apenas o caminho preferido. Líderes aceitam expor incerteza em vez de convertê-la depressa demais em confiança. Registros decisórios tornam-se úteis porque preservam as condições do compromisso, não porque cumprem formalidade administrativa. Revisões posteriores deixam de perguntar apenas se a meta foi atingida e passam a perguntar o que se pode aprender sobre a decisão em si.

Essa mudança também esclarece por que DIG pode apoiar o movimento da maturidade orientada por dados para a inteligência decisória. A maturidade orientada por dados constrói a base informacional e analítica. A centralidade decisória reorganiza essa base ao redor de compromissos materiais. A inteligência decisória amplia a capacidade de apoiar, modelar, aumentar e automatizar decisões em escala. DIG governa o compromisso que resulta dessa capacidade ampliada. Sem essa governança, a empresa centrada em decisões pode permanecer uma aspiração embutida em ferramentas, e não uma realidade cultural incorporada à forma como a organização assume responsabilidade.

O efeito cultural é sutil, mas poderoso. As pessoas começam a compreender que uma decisão não está concluída quando a apresentação é aprovada, quando a recomendação é aceita ou quando o sistema dispara uma ação. Uma decisão se torna culturalmente visível quando a organização sabe o que foi comprometido, por quê, com base em que evidência, por quem e como a experiência retornará ao julgamento futuro. Esse é o ponto em que a centralidade decisória deixa de ser linguagem e se torna disciplina.

15.3 - Liderança como condição de institucionalização

Nenhuma disciplina de governança se institucionaliza apenas pela força conceitual. A governança de dados exigiu patrocinadores, papéis, responsáveis, conselhos, orçamento, políticas, ferramentas e atenção executiva reiterada. A governança de IA passa agora por processo semelhante. DIG, se quiser ir além da terminologia, exigirá o mesmo tipo de seriedade institucional. A liderança é decisiva porque controla as condições sob as quais a seriedade se torna durável.

A liderança importa primeiro pelo exemplo. Um líder que exige rastreabilidade dos outros enquanto trata suas próprias decisões como exceções enfraquece a disciplina em seu ponto mais visível. Quanto maior a materialidade de um compromisso, maior a necessidade de reconstrução. A senioridade não deveria reduzir o padrão; deveria elevá-lo. Se uma grande aquisição, entrada em mercado, retirada de produto, implantação de IA ou aceitação de risco não pode ser reconstruída porque veio do topo, a organização não institucionalizou a governança do compromisso. Apenas a aplicou onde a autoridade era menos difícil de contestar.

Isso não significa que toda decisão executiva precise se tornar cerimonial ou excessivamente documentada. O ponto não é simetria burocrática. É simetria fiduciária: os compromissos que mais importam não deveriam ser os menos governáveis. A liderança precisa demonstrar que a disciplina se aplica exatamente onde a consequência é maior. Caso contrário, a organização aprende que DIG é mecanismo de controle para níveis inferiores, não uma disciplina de governança para compromissos materiais.

A liderança também importa pelo apoio. A governança decisória consome atenção. Exige tempo antes do compromisso, clareza no momento do compromisso e revisão disciplinada depois dele. Pode desacelerar algumas decisões para melhorar a qualidade de outras. Pode exigir investimento em registros, papéis, capacitação, rotinas de revisão e, futuramente, ferramentas. Sob pressão, essas exigências competirão com velocidade, conveniência, autoridade informal e desejo de encerrar decisões rapidamente. Sem apoio da liderança, a disciplina será uma das primeiras coisas a ser simplificada até desaparecer.

O apoio, entretanto, não é apenas orçamento. É proteção ativa das condições. Líderes precisam proteger o tempo necessário para enquadrar bem os problemas. Devem resistir ao fechamento prematuro de alternativas quando uma direção já se tornou politicamente atraente. Devem permitir que a evidência seja qualificada mesmo quando essa qualificação enfraquece uma recomendação preferida. Devem autorizar revisões posteriores a examinar o compromisso, e não apenas defender o resultado. Esses são atos culturais porque redefinem o que a organização pode perguntar diante da autoridade.

A liderança importa, por fim, pela assunção fiduciária. Os capítulos centrais deste livro sustentaram que o compromisso não pode se dissolver na linguagem do sistema, do comitê, do processo ou do contexto. Alguém, ou algum corpo formalmente constituído, assume a responsabilidade por tratar a base disponível como suficiente para comprometer a organização. A liderança ocupa esse ponto com frequência maior do que qualquer outro ator. Portanto, não basta aos líderes patrocinar a governança decisória externamente. Eles precisam aceitar aparecer dentro dela como sujeitos responsáveis.

A obra de Peter Drucker sobre o executivo eficaz é útil aqui porque conecta desempenho executivo a premissas decisórias disciplinadas, e não a mera atividade. *Administrative Behavior*, de Simon, também permanece central, porque retrata organizações como sistemas de autoridade, racionalidade limitada e decisão. Essas referências sustentam a mesma conclusão por ângulos diferentes: a liderança não pode ser destacada da qualidade dos compromissos que autoriza ou normaliza.

O teste prático da liderança é simples. Quando uma decisão material é tomada sob pressão, a liderança torna o compromisso mais explícito ou menos? Preserva alternativas por tempo suficiente para que sejam reais ou apenas solicita análise para justificar uma direção já escolhida? Permite que a evidência apareça com suas limitações ou pressiona a organização a converter incerteza em confiança? Assume responsabilidade pelo compromisso ou permite que a responsabilidade se disperse na linguagem do comitê, do sistema ou do mercado?

Essas perguntas não definem estilo de liderança. Definem as condições institucionais sob as quais DIG pode sobreviver. Um líder carismático pode enfraquecê-las. Um líder cauteloso pode fortalecê-las. Um líder tecnicamente sofisticado ainda pode tolerar compromisso opaco. Um líder menos técnico pode insistir em melhor clareza evidencial. O que importa não é a personalidade, mas aquilo que a liderança normaliza em torno de decisões consequenciais.

Em síntese, o papel do líder na governança decisória não é substituir a disciplina por julgamento. É tornar possível o julgamento disciplinado. A liderança faz isso submetendo seus próprios compromissos à disciplina, protegendo as condições organizacionais que a sustentam e assumindo responsabilidade onde o compromisso é realmente feito. Sem isso, DIG permanece vocabulário elegante. Com isso, pode se tornar prática institucional.

15.4 - Tolerâncias, incentivos e a política da opacidade

A cultura é formada não apenas pelo que a organização valoriza, mas pelo que permite. É por isso que a epígrafe deste capítulo importa. Uma empresa pode declarar que valoriza evidência, transparência e julgamento responsável enquanto recompensa velocidade, certeza e resultados positivos independentemente do processo. Nesse ambiente, a cultura decisória será moldada menos pelos valores declarados e mais pelos incentivos vividos.

A opacidade frequentemente sobrevive porque é útil para alguém. Permite que a autoridade se mova rapidamente. Protege direções preferidas contra escrutínio. Preserva espaço para explicação retrospectiva. Permite que comitês pareçam alinhados enquanto a responsabilidade permanece difusa. Permite que modelos e sistemas sejam citados como se fossem atores responsáveis. Uma disciplina de governança do compromisso necessariamente confronta essas conveniências, não por acusação moral, mas por tornar mais difícil esconder as condições do compromisso.

É por isso que incentivos importam. Se líderes e equipes são recompensados apenas por resultados, podem aprender a tratar qualidade do processo como secundária. Se velocidade é recompensada sem consideração pela materialidade, compromissos de alta consequência podem ser apressados como se fossem rotineiros. Se adoção de IA é recompensada como símbolo de modernização, as pessoas podem se tornar menos dispostas a perguntar se a saída algorítmica realmente merece o peso que recebe. Se comitês são recompensados por alinhamento, podem evitar registrar dissenso, incerteza ou alternativas rejeitadas.

DIG não resolve sozinho o desenho de incentivos. Mas expõe as consequências decisórias desse desenho. Torna claro que uma organização não pode construir cultura centrada em decisões enquanto recompensa padrões que tornam compromissos menos reconstruíveis. Uma metodologia futura baseada em DIG poderá incluir mecanismos de inventário de decisões, registros, qualificação de evidência e ciclos de aprendizagem. Mas, antes mesmo desses instrumentos estarem formalizados, a pergunta cultural permanece: a organização recompensa compromisso governado ou apenas consequência favorável?

A política da opacidade também aparece em contextos seniores. Algumas decisões permanecem vagas porque a organização ainda negocia internamente. Algumas permanecem vagas porque foram politicamente difíceis. Algumas permanecem vagas porque a evidência era fraca e a autoridade forte. Algumas permanecem vagas porque ninguém quer preservar um registro que possa ser desconfortável no futuro. DIG não retira a política das organizações. Pode, porém, reduzir a legitimidade de esconder compromissos materiais atrás da conveniência política.

Uma cultura centrada em decisões, portanto, não é uma cultura sem discordância. É uma cultura em que discordância, incerteza e caminhos alternativos podem existir por tempo suficiente para melhorar o compromisso, em vez de serem apagados prematuramente em nome do alinhamento. É também uma cultura em que o alinhamento, uma vez alcançado, não elimina a necessidade de preservar a base sobre a qual a organização se comprometeu.

Esse ponto importa porque a governança pode ser distorcida em teatro de desempenho. Uma organização pode criar formulários, comitês e registros que reproduzem a linguagem da governança sem alterar a tolerância à opacidade. O teste não é se os artefatos existem. É se eles mudam o que se torna difícil esconder. Um registro decisório que nunca altera comportamento não é governança; é cerimônia. Um comitê que nunca preserva incerteza não é governança; é coreografia. Uma revisão que protege a narrativa em vez da aprendizagem não é governança; é gestão de reputação.

Por isso, cultura decisória deve ser conectada a incentivos e tolerâncias. Quando líderes recompensam premissas explícitas, incerteza honesta, tratamento cuidadoso das saídas de IA e aprendizagem disciplinada após o compromisso, a organização começa a normalizar outra cultura. A diferença não é retórica moral. É desenho institucional.

15.5 - Capital decisório como ativo cultural

O conceito de capital decisório foi introduzido anteriormente como produto cumulativo de compromissos governados, evidências qualificadas, resultados comparados e recalibrações derivadas deles. Neste capítulo, o conceito recebe uma interpretação adicional. Capital decisório não é apenas ativo analítico ou metodológico. É também ativo cultural porque muda a forma como uma organização se relaciona com seu próprio passado.

Toda organização tem memória. Guarda atas, apresentações, orçamentos, relatórios de projetos, achados de auditoria, notas de risco, retrospectivas e histórias. Memória, porém, não é o mesmo que capital. A memória pode ser fragmentada, seletiva, política ou dependente de indivíduos que eventualmente saem. Pode preservar o resultado sem preservar o compromisso. Pode lembrar quem venceu o argumento sem preservar a base evidencial que tornou a decisão justificável naquele momento.

O capital decisório começa quando compromissos passados se tornam reutilizáveis sem serem reduzidos a anedotas. Isso exige rastreabilidade do ato, qualificação da evidência, separação entre decisão e contexto, comparabilidade entre compromissos semelhantes e atribuição fiduciária de responsabilidade. Essas cinco condições permitem que a organização revisite decisões passadas sem depender apenas de memória, carisma ou simplificação retrospectiva.

O efeito cultural é significativo. Uma organização com capital decisório torna-se menos dependente da memória heroica de executivos e especialistas. Torna-se menos vulnerável a narrativas que explicam todo sucesso como sabedoria e todo fracasso como azar. Desenvolve uma relação mais disciplinada com a própria experiência. Pode perguntar, por exemplo, se decisões de certo tipo dependeram repetidamente de *benchmarks* frágeis; se recomendações de IA foram tratadas com excesso de confiança; se comitês preservaram alternativas até o momento do compromisso; se determinados contextos distorceram a interpretação da evidência; ou se compromissos semelhantes produziram resultados distintos sob diferentes condições de liderança.

O capital decisório também muda sucessão e continuidade. Quando a liderança muda, organizações muitas vezes perdem não apenas pessoas, mas memória decisória implícita: por que determinados caminhos foram abandonados, por que certos riscos foram aceitos, por que alguns mercados foram evitados, por que certos sistemas foram confiados, por que determinadas formas de evidência foram consideradas suficientes. Se esses elementos permanecem na memória pessoal, a sucessão enfraquece a aprendizagem. Se são preservados como compromisso governado, a sucessão se torna menos destrutiva para o julgamento.

Essa formulação também distingue capital decisório de um sistema geral de gestão do conhecimento. Gestão do conhecimento pode armazenar documentos, lições, procedimentos e repositórios. Capital decisório é mais estreito. Diz respeito à relação entre compromissos, evidências, resultados, responsabilidade e recalibração. Essa estreiteza é sua força. Permite que a organização aprenda não apenas com o que sabe, mas com a forma como se comprometeu sob incerteza.

Em síntese, capital decisório é mais do que resultado técnico da disciplina. É uma de suas expressões culturais mais importantes. Mostra que a organização começou a tratar seus compromissos não como eventos que terminam no resultado, mas como elementos de um repertório institucional que pode ser reconstruído, comparado e aprendido. Isso o torna um ativo cultural: melhora decisões futuras e altera a relação da organização com seu próprio passado decisório.

15.6 - O que este capítulo não é

A delimitação negativa importa especialmente aqui porque cultura e liderança tendem a atrair promessas vagas, prescrições genéricas e formulações mais amplas do que o escopo desta obra permite. Sem essa contenção, a governança do compromisso poderia facilmente ser confundida com programa de transformação cultural, manual executivo ou teoria geral da organização. Nenhuma dessas leituras corresponde ao que este capítulo procurou fazer.

Primeiro, este capítulo não é um programa de transformação cultural. Ele não oferece roteiro de gestão da mudança, não prescreve jornadas de engajamento e não define intervenções organizacionais destinadas a alterar crenças, valores ou comportamentos em escala. DIG, no plano disciplinar, não é disciplina da cultura. É disciplina de governança do compromisso. O que esta obra sustenta é algo mais delimitado e defensável: quando essa disciplina é adotada de modo consistente, tende a produzir consequências culturais verificáveis.

Segundo, este capítulo não é um manual de liderança. Ele não prescreve perfil ideal de líder, estilo de gestão, catálogo de virtudes ou modelo psicológico do executivo. Sua contribuição é mais específica: identificar as dimensões pelas quais a liderança se torna condição para institucionalizar a disciplina: exemplaridade prática, apoio institucional e assunção fiduciária de responsabilidade.

Terceiro, este capítulo não é governança do negócio em sentido amplo. DIG não substitui governança corporativa, governança estratégica, governança de desempenho, governança de dados, gestão de riscos ou governança de tecnologia. O efeito cultural que DIG pode produzir é específico: tornar o compromisso decisório mais inteligível, justificável, atribuível e aberto à aprendizagem. Isso pode irradiar consequências para a organização como um todo, mas não transforma a disciplina em uma teoria total da direção empresarial.

Quarto, este capítulo não é metodologia de gestão do conhecimento. O capital decisório, como desenvolvido nesta obra, não é idêntico a um sistema corporativo genérico para capturar, indexar e disseminar conhecimento. Seu escopo é mais estreito e mais exigente. Diz respeito ao acúmulo de compromissos governados, evidências qualificadas, resultados comparados e recalibrações derivadas. O objetivo não é resolver todo o problema do conhecimento organizacional; é mostrar como a disciplina transforma decisões passadas em base culturalmente relevante para compromissos futuros.

Quinto, este capítulo não é uma defesa moralizante da boa decisão. A obra não afirma que organizações devam decidir melhor porque isso seria moralmente superior em sentido genérico, nem trata a opacidade decisória como falha moral em si. A linguagem permanece disciplinar. A questão não é que a organização deva ser mais virtuosa ao decidir. A questão é que, sem inteligibilidade do compromisso, a responsabilidade se dissolve, a aprendizagem se degrada e a disciplina não se institucionaliza.

Essa delimitação não deve ser lida como proibição de que esses domínios reapareçam em outro plano. Dizer que DIG não é cultura organizacional, desenvolvimento de liderança, redesenho de processos ou governança empresarial em sentido amplo não significa negar que tais dimensões possam ser mobilizadas depois, quando a disciplina for traduzida em métodos, *frameworks* e formas de operacionalização. Significa apenas preservar a hierarquia entre os planos.

Em síntese, este capítulo não é programa de mudança cultural, não é manual de liderança, não é governança do negócio em sentido amplo, não é metodologia de gestão do conhecimento e não é tratado moral sobre boas decisões. Seu escopo é mais específico e, por isso mesmo, mais rigoroso: mostrar como a governança do compromisso, quando sustentada ao longo do tempo, tende a produzir cultura decisória mais explícita e capital organizacional mais inteligível, e por que a liderança se torna condição para que essa consequência exista de forma estável.

Pontos para reflexão

1. Se sua organização se descreve como orientada por dados, ela também governa formalmente o ponto em que dados, análises e saídas de IA se convertem em compromisso material?
2. Quando líderes seniores assumem compromissos de alta consequência, esses compromissos permanecem reconstruíveis com a mesma disciplina esperada dos demais decisores?
3. O que sua organização tolera quando uma decisão material produz resultado inesperado: investigação da base do compromisso ou busca por narrativa, contexto, falha do sistema ou culpa?
4. Sua organização já acumula capital decisório ou seu passado ainda depende principalmente de casos isolados, memória executiva e narrativas retrospectivas?

Leituras sugeridas

Perspectivas fundamentais e culturais

SCHEIN, Edgar H.; SCHEIN, Peter A. *Organizational Culture and Leadership*. 5. ed. Hoboken: Wiley, 2017. Referência clássica para compreender cultura como conjunto de pressupostos compartilhados que se tornam naturais dentro da organização.

SIMON, Herbert A. *Administrative Behavior*. 4. ed. New York: Free Press, 1997. Base importante para compreender organizações como sistemas de racionalidade limitada, autoridade e decisão.

DRUCKER, Peter F. *The Effective Executive*. New York: Harper & Row, 1967. Relevante para associar responsabilidade executiva a julgamento disciplinado e premissas decisórias explícitas.

KAHNEMAN, Daniel. *Thinking, Fast and Slow*. New York: Farrar, Straus and Giroux, 2011. Importante para a dimensão cognitiva da cultura decisória, especialmente vieses, excesso de confiança e julgamento sob incerteza.

ARGYRIS, Chris; SCHÖN, Donald A. *Organizational Learning II: Theory, Method, and Practice*. Reading, Mass.: Addison-Wesley, 1996. Central para entender como organizações transformam, ou deixam de transformar, experiência em aprendizagem reutilizável.

DAMA INTERNATIONAL. *DAMA-DMBOK: Data Management Body of Knowledge*. 2. ed. Bradley Beach: Technics Publications, 2017. Paralelo disciplinar útil: mostra como um corpo de conhecimento em governança pode influenciar rotinas e vocabulário para além do escopo técnico imediato.

Referências normativas e de governança

UNIÃO EUROPEIA. Regulation (EU) 2024/1689 — Artificial Intelligence Act. Official Journal of the European Union, 2024. Relevante para transparência, supervisão humana e gestão proporcional de riscos; DIG estende a preocupação ao compromisso que usa o sistema.

ISO/IEC 42001:2023. Information Technology — Artificial Intelligence — Management System. Geneva: ISO/IEC, 2023. A norma governa a gestão responsável de IA; DIG governa a responsabilidade fiduciária do compromisso que usa saídas do sistema como evidência.

Apoio ético e crítico

JONAS, Hans. *The Imperative of Responsibility: In Search of an Ethics for the Technological Age.* Chicago: University of Chicago Press, 1984. Útil para compreender por que a expansão do poder tecnológico amplia a responsabilidade.

O'NEIL, Cathy. *Weapons of Math Destruction.* New York: Crown, 2016. Relevante para compreender como decisões algorítmicas mal governadas podem produzir efeitos sistêmicos.

CAPÍTULO 16

Ética, responsabilidade e confiança

Por que a dimensão ética de DIG não é moralização — e por que a confiança é consequência, não pressuposto.

"A primeira responsabilidade ética de quem decide não é acertar. É tornar inteligível como a decisão foi tomada."

— Formulação autoral. Não é citação direta.

O capítulo anterior mostrou que a adoção sustentada da Governança da Inteligência Decisória — DIG — tende a produzir consequências culturais observáveis, e que a liderança é uma condição para que essas consequências se enraízem. A partir daí, uma nova pergunta se torna inevitável: que tipo de questão ética aparece quando o compromisso decisório deixa de ser opaco e passa a ser tratado como objeto de governança? A pergunta importa porque, nos ambientes organizacionais, a ética costuma aparecer de duas formas insatisfatórias: como linguagem excessivamente moralizante ou como rótulo técnico aplicado a sistemas de inteligência artificial. DIG exige outro caminho.

A questão ética em DIG não é saber se a organização decide bem ou mal em algum sentido moral absoluto. Também não se trata de perguntar, em abstrato, se seus líderes são virtuosos. A pergunta é mais delimitada e, justamente por isso, mais exigente: em que condições um compromisso organizacional pode ser tratado como eticamente inteligível — isto é, como uma decisão cujas bases, responsabilidades e efeitos podem ser questionados sem depender de intuições privadas, narrativas convenientes ou justificativas reconstruídas apenas depois do resultado?

Essa distinção é decisiva porque a ética nas decisões organizacionais, especialmente quando há participação de inteligência artificial, tende a oscilar entre dois extremos. Em um extremo, o debate se moraliza, e tudo passa a depender de intenções presumidas, virtudes proclamadas ou declarações genéricas de responsabilidade. No outro extremo, a ética é reduzida a uma lista técnica de conformidade, como se aderir a controles procedimentais bastasse para resolver o problema. Este capítulo segue uma terceira via: mostra que a ética emerge das próprias condições que tornam o compromisso inteligível, atribuível e aberto à revisão.

Por isso, o capítulo não introduz um novo objeto. Ele retorna ao núcleo que a obra já construiu. Rastreabilidade do compromisso, qualificação da evidência, separação entre decisão e contexto, comparabilidade e atribuição fiduciária de responsabilidade não são apenas requisitos técnicos. São também condições que impedem que o compromisso decisório se torne moralmente opaco.

Essa leitura se torna ainda mais importante quando a inteligência artificial participa do compromisso. O problema ético já não pode ser tratado apenas como questão de "IA confiável" ou de "modelos responsáveis". A obra já demonstrou, no capítulo sobre o último trecho da IA, que supervisionar o sistema não é o mesmo que governar a decisão que usa a saída do sistema como base. O mesmo vale aqui. Um sistema pode estar tecnicamente bem governado e, ainda assim, a responsabilidade pelo compromisso permanecer obscura se ninguém puder explicar como sua saída foi avaliada, que peso recebeu, em que contexto foi aceita e quem assumiu o julgamento correspondente.

Nesse caso, a dimensão ética não é uma camada externa acrescentada à governança do sistema; é a exigência de que o compromisso permaneça rastreável até a organização, mesmo quando a contribuição algorítmica se torna central.

É nesse contexto que a noção de confiança também precisa ser reposicionada. No discurso corporativo e regulatório, a confiança frequentemente aparece como algo a ser "construído" ou "fortalecido", quase como se fosse um insumo anterior à governança. A proposta desta obra inverte essa lógica: a confiança legítima aparece como consequência de condições decisórias tornadas visíveis. Ela não é ponto de partida; é resultado de um processo que pode ser reconstruído.

O capítulo se desenvolve em três movimentos principais. Primeiro, mostra por que a ética deve ser entendida aqui como dimensão do compromisso, não como uma camada externa agregada à disciplina. Em seguida, explicita o núcleo fiduciário dessa dimensão ética. Por fim, reposiciona a confiança como consequência da inteligibilidade, e não como pressuposto abstrato para o uso de IA ou para aceitação do processo decisório.

16.1 - Ética como dimensão do compromisso

A dimensão ética de DIG não é acrescentada à disciplina como uma exigência externa. Ela já está presente nas condições que esta obra formalizou para que o compromisso decisório possa ser governado em sentido forte. A ética aqui não aparece como um conjunto paralelo de deveres morais, nem como apêndice normativo agregado ao final da governança de decisões. Ela emerge do modo como a própria disciplina exige que o compromisso seja assumido: com evidência qualificável, responsabilidade atribuível, processo reconstruível e possibilidade de aprendizagem posterior.

Essa formulação evita um desvio frequente. Em muitos debates organizacionais, "ética" é tratada como linguagem complementar, colocada ao lado de estratégia, operações, tecnologia e conformidade, como se fosse possível decidir primeiro e depois examinar se a decisão foi "ética". A perspectiva desta obra é diferente. Certas condições de governança já carregam implicações éticas dentro de si mesmas. A atribuição fiduciária de responsabilidade — condição C5 do núcleo mínimo de DIG — é um exemplo direto.

Exigir que alguém, ou alguma instância organizacional identificável, responda pelo julgamento que transformou evidência em compromisso não é apenas requisito técnico de governança; é também condição ética, porque impede que os efeitos de uma decisão existam sem relação clara com quem a assumiu.

O mesmo vale para a qualificação da evidência, condição C2. Decidir com base em uma evidência cuja robustez não foi examinada significa transferir para a consequência uma fragilidade que poderia ter sido explicitada antes do compromisso. A rastreabilidade do compromisso, condição C1, também possui essa dimensão: quando não é possível reconstruir como a decisão foi assumida, a prestação de contas e a aprendizagem ficam comprometidas. Em todos esses casos, a ética não entra depois da governança. Ela aparece no próprio requisito de tornar o compromisso inteligível.

Dito de forma direta, a ética em DIG não é uma ética das intenções; é uma ética das condições. A pergunta central não é "o decisor pretendia fazer o bem?" nem "a organização se considera virtuosa?". Essas perguntas pertencem a outro plano e não podem ser resolvidas por uma disciplina de governança. A pergunta que DIG torna respondível é outra: o compromisso foi assumido sob condições que tornam a responsabilidade atribuível, a base verificável e a aprendizagem possível? Essa é a contribuição específica da obra.

Essa leitura também ajuda a explicar por que a ética aqui não pode ser reduzida à conformidade técnica. Em ambientes de dados e IA, tornou-se comum tratar ética como mitigação de vieses, equidade, transparência, interpretabilidade, supervisão humana ou aderência regulatória. Tudo isso importa. Mas não basta. Um sistema pode estar formalmente em conformidade e, ainda assim, o compromisso que o utiliza como base permanecer opaco quanto ao peso dado à sua saída, às alternativas descartadas, à instância que assumiu o julgamento e às condições sob as quais a responsabilidade poderá ser demandada depois.

A ética em DIG, portanto, não se encerra na adequação do sistema; ela exige também a inteligibilidade do compromisso.

A mesma lógica vale para a relação entre decisão e contexto. Quando a obra insiste na necessidade de separar decisão e contexto para que a aprendizagem seja robusta, ela não está apenas defendendo melhor análise causal. Está protegendo uma condição ética elementar: que o resultado não seja usado, de forma conveniente, para absolver retrospectivamente compromissos mal assumidos ou para condenar compromissos que eram razoáveis diante das condições conhecidas naquele momento. Uma organização que não distingue decisão e contexto tende a transformar o passado em narrativa autolegitimadora.

Uma organização que pratica essa separação cria condições mais honestas — em sentido disciplinar, não moralizante — para aprender com aquilo que efetivamente assumiu.

Por isso, a dimensão ética de DIG pode ser formulada como consequência de levar a sério as próprias condições da disciplina. Quando o compromisso é rastreável, a responsabilidade se torna respondível. Quando a evidência é qualificada, a organização deixa de depender cegamente de uma base cuja fragilidade nunca foi explicitada. Quando há comparabilidade, padrões de acerto, erro e dependência excessiva se tornam visíveis. Quando a responsabilidade fiduciária é atribuída, a decisão deixa de se esconder na coletividade, no sistema ou nas circunstâncias. Nada disso exige retórica moralizante. Exige disciplina suficiente para tornar o compromisso inteligível.

Em síntese, a ética em DIG não é uma lista adicional de deveres. Ela está presente nas próprias condições que tornam o compromisso governável. Rastreabilidade, qualificação da evidência, separação entre decisão e contexto, comparabilidade e atribuição fiduciária são, ao mesmo tempo, condições de governança e condições mínimas de responsabilidade. A disciplina não pretende decidir o que é moralmente bom em abstrato. Ela propõe algo mais específico e verificável: formalizar as condições sob as quais o compromisso deixa de ser espaço de opacidade e passa a ser objeto de responsabilidade inteligível.

16.2 - Responsabilidade fiduciária

Antes de avançar, é necessário explicitar o regime de uso do termo fiduciário nesta seção. Nesta obra, responsabilidade fiduciária não pretende transpor automaticamente, para todo contexto, uma doutrina jurídica específica e tecnicamente fechada. Seu uso é, em primeiro lugar, organizacional e disciplinar: designa a responsabilidade ampliada suportada pela instância humana ou institucional que converte evidência, contexto, risco e julgamento em compromisso decisório de consequência material.

O termo preserva afinidade com o campo jurídico na medida em que enfatiza dever de justificação, imputabilidade e consequência; mas não deve ser confundido, por definição, com todas as formas positivas de dever fiduciário reconhecidas por regimes legais específicos.

A escolha do termo é intencional. Ela busca marcar que, no ponto do compromisso, a decisão deixa de ser operação analítica ou funcional e passa a exigir uma forma mais densa de responsabilidade do que a mera participação no processo. Se a ética em DIG é uma ética das condições, seu núcleo deve ser buscado exatamente onde a disciplina torna o compromisso respondível. Esse ponto é a responsabilidade fiduciária. A condição C5 — atribuição fiduciária de responsabilidade — reaparece aqui em sua forma ética mais clara: não há compromisso eticamente inteligível quando ninguém pode ser reconduzido ao julgamento que o assumiu.

Esse requisito rejeita três formas recorrentes de dissolução da responsabilidade. A primeira é a dissolução na coletividade. Expressões como "o comitê decidiu", "a área aprovou" ou "foi uma decisão da organização" podem registrar algo sobre o processo, mas frequentemente ocultam quem, de fato, assumiu o julgamento fiduciário. A deliberação colegiada é legítima; o anonimato decisório não é. Quando a coletividade funciona como abrigo para a impossibilidade de atribuição, a governança perde justamente o ponto em que responsabilidade deveria se tornar visível.

A segunda forma é a dissolução no sistema. O problema se torna mais agudo quando modelos, classificadores, recomendadores, copilotos e agentes autônomos entram em cena. Expressões como "o modelo recomendou", "o algoritmo classificou", "o agente executou" ou "o sistema decidiu" descrevem corretamente parte do processo técnico, mas não resolvem a pergunta central da disciplina: quem respondeu pelo compromisso que se materializou a partir dali? Sistemas podem produzir saídas, recomendações ou execuções delegadas. A responsabilidade pelo compromisso que autoriza, aceita ou se apoia nessas saídas continua pertencendo à organização.

A terceira forma é a dissolução no contexto. Ela aparece quando o compromisso é justificado retrospectivamente por frases como "o mercado exigia", "o regulador não deixou alternativa", "as circunstâncias impuseram" ou "o contexto tornou inevitável". Decisões reais são obviamente tomadas sob restrições. A obra nunca negou isso; ao contrário, tratou o contexto como componente indispensável da inteligibilidade do compromisso. O problema começa quando o reconhecimento da restrição passa a funcionar como apagamento do julgamento. Toda decisão é condicionada; isso não significa que toda decisão deixa de ser decisão.

A importância de C5 está justamente em rejeitar essas três dissoluções sem recorrer a apelo moral abstrato. DIG não resolve o problema dizendo apenas que seria "errado" esconder-se na coletividade, no sistema ou no contexto. Resolve exigindo, em termos disciplinares, que a responsabilidade permaneça atribuível. O efeito ético decorre da estrutura, não de um sermão sobre virtude.

Esse ponto tem grande relevância para organizações que buscam ser centradas em decisões. A centralidade decisória não significa apenas mapear decisões ou acelerar fluxos de aprovação. Significa reconhecer que o compromisso material precisa permanecer ligado a uma instância capaz de responder por ele. Uma organização pode ter *dashboards* sofisticados, modelos avançados, ritos colegiados e políticas formais; ainda assim, se o compromisso final não puder ser reconduzido a uma responsabilidade identificável, o núcleo ético de DIG não se realiza.

A responsabilidade fiduciária, nesse sentido, não é punição antecipada. Também não é personalização indevida de todo erro. Ela é uma condição de inteligibilidade institucional. Sem ela, a organização pode até registrar que algo aconteceu, mas não consegue explicar quem assumiu a suficiência da base, quem aceitou o risco residual, quem tratou a recomendação como adequada e quem autorizou a transformação da análise em obrigação prática. A ética do compromisso começa quando essa pergunta deixa de ser evitável.

16.3 - Ética no último trecho da IA

A dimensão ética torna-se especialmente aguda quando a inteligência artificial participa do compromisso decisório. Não porque a IA crie do nada problemas éticos inexistentes nas decisões humanas. Problemas de responsabilidade, evidência, consequência e prestação de contas já estavam presentes. O que muda é a densidade desses problemas quando a contribuição algorítmica se aproxima do ponto de compromisso.

O primeiro risco ético nesse contexto é preservar a forma da responsabilidade sem preservar sua substância. Quando um sistema recomenda uma alternativa e um humano a aceita com escrutínio insuficiente, a organização pode continuar dizendo que havia "um humano no circuito" e que a decisão foi supervisionada. A afirmação pode ser procedimentalmente verdadeira e disciplinarmente frágil. A presença humana só tem valor ético quando o julgamento humano opera de modo substantivo: interpreta, compara, questiona, reconhece limites e assume responsabilidade.

O segundo risco é a normalização da delegação. À medida que agentes e sistemas deixam de apenas recomendar e passam a executar sequências de ação, cresce a tentação de tratar a delegação operacional como se ela resolvesse, por si só, a responsabilidade. A lógica implícita seria: se o sistema foi autorizado a agir dentro de certos limites, o problema fiduciário já estaria solucionado. Esta obra sustenta o contrário. O que pode ser delegado é a execução; o que não se transfere é a origem humana e institucional da responsabilidade pelo compromisso.

O terceiro risco é a opacidade sobre o status da saída algorítmica. Um sistema pode produzir previsão, classificação, ranqueamento, recomendação, justificativa ou ação. Se a organização não distingue claramente que posição essa saída ocupou no compromisso, a responsabilidade se embaralha. Uma saída usada como apoio analítico não exige o mesmo grau de escrutínio de uma saída que funcionou como base predominante do julgamento ou como gatilho para execução automática. A ausência de distinção impede saber se a organização atribuiu à saída um peso justificatório proporcional ao que ela poderia sustentar.

Por isso, a ética do último trecho depende não apenas de saber se a IA esteve presente, mas de saber como ela entrou no compromisso. Foi um insumo entre outros? Foi uma recomendação estruturada? Foi a base predominante? Foi execução delegada? Essa distinção não é meramente técnica. Ela define o grau de responsabilidade, a intensidade de revisão, a necessidade de qualificação da evidência e o tipo de rastreabilidade requerido.

Nesse ponto, a relação entre governança de IA e DIG precisa ser preservada com precisão. O EU AI Act, a ISO/IEC 42001, o NIST AI RMF e, em nível mais operacional, AI TRiSM já tratam de dimensões diretamente relevantes para a ética da IA: transparência, supervisão humana, gestão de riscos, uso responsável, mitigação de vieses, proteção de dados, segurança e monitoramento. DIG não substitui essas referências. O que faz é complementar seu alcance no ponto em que a saída do sistema é convertida em compromisso. A disciplina não pergunta apenas se o sistema está suficientemente governado.

Pergunta se a decisão que usou o sistema como evidência foi assumida sob condições que tornam a responsabilidade atribuível e o processo reconstruível.

Essa distinção também vale para RAG, IA generativa e agentes autônomos. Uma resposta enraizada em fontes recuperadas pode parecer mais confiável, mas ainda precisa ser qualificada: quais fontes foram recuperadas, estavam vigentes, eram autorizadas, continham conflito, foram corretamente sintetizadas ou foram extrapoladas pela geração? A presença de fontes não transforma automaticamente uma síntese em evidência suficiente. RAG pode melhorar o enraizamento; não governa o compromisso. A organização continua precisando dizer como a saída foi tratada e quem assumiu a obrigação resultante.

A ética no último trecho da IA é, portanto, uma ética de permanência da responsabilidade. Ela impede que a organização transfira ao sistema, à interface, à automação ou ao fornecedor o estatuto do compromisso. Sistemas podem classificar, recomendar, sintetizar, priorizar ou executar dentro de limites autorizados. A organização continua respondendo pelo compromisso material que permite, aceita ou se apoia nessas operações.

16.4 - Confiança como consequência

A confiança é frequentemente invocada, em programas de dados e inteligência artificial, como se fosse uma precondição de adoção. Fala-se em "construir confiança" para que pessoas aceitem modelos, painéis, automações, agentes ou novas rotinas decisórias. A formulação é compreensível, mas, nos termos desta obra, contém uma inversão. A confiança que importa aqui não deve preceder a governança; deve emergir dela. Essa distinção corrige um erro recorrente de sequência.

Programas que buscam "gerar confiança" antes de formalizar as condições que a produzem tendem a operar no plano da expectativa, não da governança. Podem melhorar adesão discursiva, reduzir resistência inicial ou criar sensação de segurança, mas não resolvem o problema central se o compromisso continua pouco inteligível, mal atribuído ou apoiado em evidências cuja robustez permanece tácita.

A lógica vale para o processo decisório em geral e se torna ainda mais importante quando a IA participa do compromisso. Uma organização não confia legitimamente em recomendações algorítmicas porque um fornecedor afirmou que o modelo é robusto, porque a interface parece convincente ou porque o sistema performou bem em média em testes anteriores. A confiança deve nascer de algo mais exigente: saber como a saída foi tratada, que peso carregou no julgamento, quais limites foram reconhecidos e quem assumiu a responsabilidade correspondente.

Essa formulação evita outro desvio: tratar a confiança como estado psicológico suficiente para legitimar a decisão. A obra não nega que percepções de confiança importem. O que ela nega é que sejam suficientes. Uma organização pode sentir-se confiante em seus processos e, ainda assim, operar com rastreabilidade fraca, evidência pouco qualificada, responsabilidade difusa e aprendizagem frágil. Da mesma forma, pode inicialmente desconfiar de um processo mais disciplinado justamente porque esse processo expõe, com mais clareza, os limites, incertezas e condições reais do compromisso.

Quando o compromisso é governado em sentido forte, a organização não apenas passa a confiar mais no processo; ela também se torna mais capaz de detectar onde a cadeia anterior falhou. Se o valor esperado não foi capturado, a disciplina cria condições para investigar se o problema estava nos dados mal preparados, no contexto insuficientemente qualificado, em um *insight* superestimado, em uma saída algorítmica mal ponderada ou no julgamento que converteu tudo isso em compromisso. DIG não "prova" automaticamente a origem de toda falha. O que faz é tornar as falhas mais visíveis, reconstruíveis e abertas à crítica.

Por isso, a confiança aqui não decorre de uma promessa de infalibilidade. Decorre da capacidade de saber onde o processo funcionou e onde falhou quando confrontado com o resultado. Nesse sentido, confiança e aprendizagem aparecem como efeitos convergentes da mesma disciplina.

A mesma lógica se aplica à liderança e à cultura decisória. Se a confiança é consequência, ela não é produzida por proclamação. Líderes não geram confiança duradoura apenas porque pedem confiança. Geram-na, no máximo, sustentando as condições que a tornam possível: qualificação da evidência, rastreabilidade do compromisso, atribuição de responsabilidade, distinção entre decisão e contexto e comparabilidade entre compromissos semelhantes. A cultura decisória se torna mais confiável não porque comunica responsabilidade, mas porque pratica condições que tornam a responsabilidade verificável.

Em síntese, DIG não trata a confiança como ativo psicológico a ser produzido antes da disciplina. Trata-a como resultado de uma disciplina que torna o compromisso inteligível. A organização não confia porque alguém disse que deveria confiar; confia porque pode verificar. E, justamente porque pode verificar, também passa a localizar com mais precisão onde dados, contexto, *insight*, modelo ou julgamento deixaram de sustentar o valor esperado do compromisso.

16.5 - O que este capítulo não é

A delimitação negativa é especialmente importante aqui porque a ética, sobretudo quando articulada à inteligência artificial, tende a atrair dois desvios simétricos: a expansão moralizante do argumento e sua redução tecnicista. Sem essa delimitação, a disciplina poderia ser confundida, de um lado, com um tratado de filosofia moral aplicada à organização e, de outro, com mera extensão da governança técnica de sistemas. Este capítulo buscou evitar ambos os atalhos.

Primeiro, este capítulo não é um tratado de filosofia moral. DIG não define o que é bom, justo ou correto em sentido absoluto, nem pretende oferecer uma teoria normativa completa dos fins organizacionais legítimos. A obra não afirma quais valores últimos uma organização deve perseguir, nem arbitra, em abstrato, entre visões concorrentes de justiça, utilidade, dignidade ou bem comum. Seu objeto permanece mais delimitado: as condições sob as quais o compromisso decisório pode ser assumido de modo inteligível, atribuível e reconstruível. A normatividade que aparece aqui não é a de uma ética substantiva dos fins; é a de uma ética fiduciária e procedimental das condições do compromisso.

Essa distinção merece ser explícita porque uma objeção plausível diria que, mesmo recusando a moralização, DIG opera com valores normativos implícitos — por exemplo, ao tratar inteligibilidade, atribuição de responsabilidade e possibilidade de aprendizagem como bens desejáveis. A objeção é válida até certo ponto. A obra de fato assume que compromissos inteligíveis e atribuíveis são preferíveis a compromissos opacos. O que ela não faz é transformar essa premissa em filosofia moral totalizante. Ela a trata como condição institucional mínima para que decisões consequenciais possam ser discutidas, justificadas e revistas em uma linguagem compartilhada.

Segundo, este capítulo não é um *framework* geral de ética em IA. O EU AI Act, a ISO/IEC 42001 e o NIST AI RMF, entre outras referências, já operam no domínio de ética, risco, transparência, supervisão e uso responsável de sistemas de IA. DIG não substitui esses marcos, nem busca absorvê-los. O que faz é complementar seu alcance no ponto em que a saída do sistema deixa de ser apenas elemento de governança técnica e passa a sustentar compromisso organizacional. A pergunta da disciplina não é apenas "o sistema é eticamente aceitável?". É também "como a decisão que usou esse sistema foi assumida, por quem, com base em quê e sob qual responsabilidade?".

Terceiro, este capítulo não é um programa de construção de confiança. A obra já argumentou que a confiança, em DIG, não deve ser tratada como pressuposto declarado de adoção, mas como consequência verificável da governança do compromisso. Portanto, o capítulo não oferece uma metodologia para "gerar confiança" em equipes, usuários, clientes, conselhos ou mercados por meio de comunicação, sensibilização ou adesão subjetiva. Seu ponto é outro: mostrar que a confiança se torna mais defensável quando a organização consegue reconstruir como o compromisso foi assumido, que evidência foi usada, quem respondeu por ele e o que se aprendeu depois.

Quarto, este capítulo não transforma DIG em moralização da liderança ou da cultura organizacional. O capítulo anterior já mostrou que liderança e cultura aparecem como condições de sustentação e consequências observáveis da disciplina, não como novos objetos que a substituem. O mesmo cuidado vale aqui. O fato de a opacidade do compromisso ter uma dimensão ética não autoriza concluir que DIG seja pedagogia moral para executivos, reforma cultural total da organização ou programa de virtudes corporativas.

O que a disciplina faz é mais delimitado: ao exigir responsabilidade atribuível, evidência qualificada, rastreabilidade e possibilidade de aprendizagem, ela torna mais difícil que decisões consequenciais continuem existindo em um espaço no qual ninguém responde, nada pode ser reconstruído e toda falha se dissolve em linguagem impessoal.

Quinto, este capítulo não confunde responsabilidade ética com infalibilidade decisória. A obra não afirma que uma decisão governada em sentido forte será necessariamente a melhor, a mais justa ou a mais correta em todos os sentidos relevantes. Também não promete que a presença de DIG elimina erro, conflito de fins ou efeitos adversos. O que sustenta é algo mais exigente e sóbrio: mesmo quando o resultado é negativo ou controverso, a disciplina pode tornar inteligível como o compromisso foi assumido, com base em quê e sob qual responsabilidade.

Essa delimitação tem função conceitual e defensiva. Sem ela, o leitor poderia exigir deste capítulo o que ele não pretende oferecer: uma teoria moral completa da decisão, um tratado abrangente de ética em IA ou um programa institucional de construção de confiança. Com ela, o capítulo preserva seu nível próprio. Sua contribuição é mostrar que a dimensão ética de DIG já está incorporada às condições mínimas da disciplina e que a confiança emerge quando essas condições operam de forma consistente.

Em suma, este capítulo não é filosofia moral substantiva, não é *framework* geral de ética em IA, não é programa de confiança, não é moralização da liderança e não promete infalibilidade decisória. Sua contribuição é mais delimitada e, justamente por isso, mais verificável: mostrar que rastreabilidade, qualificação da evidência, separação entre decisão e contexto, comparabilidade e atribuição fiduciária são, ao mesmo tempo, condições de governança e condições mínimas de responsabilidade ética pelo compromisso. É nesse sentido — e somente nesse sentido — que ética, responsabilidade e confiança são articuladas aqui como dimensões constitutivas de DIG.

Pontos para reflexão

1. Quando sua organização afirma que "decide de forma responsável", essa afirmação se traduz em condições verificáveis — como rastreabilidade do compromisso, qualificação da evidência e atribuição explícita de responsabilidade — ou permanece no plano da intenção declarada?
2. Se a responsabilidade por uma decisão apoiada por IA tende a se dissolver em fórmulas como "o sistema recomendou", sua organização possui mecanismos para reconduzir o compromisso àqueles que efetivamente o assumiram — ou essa difusão ainda é tratada como prática tolerável?
3. A confiança que sua organização deposita em seus processos decisórios nasce de condições verificáveis de governança — ou permanece como expectativa frágil, sustentada apenas enquanto os resultados parecem favoráveis?

Leituras sugeridas

Referências normativas e de governança

EUROPEAN UNION. Regulation (EU) 2024/1689 — Artificial Intelligence Act. Official Journal of the European Union, 2024. A regulação exige transparência, supervisão humana e gestão proporcional de riscos. A contribuição de DIG, nos termos desta obra, é complementar: estende essas exigências ao compromisso decisório que usa o sistema, não apenas ao próprio sistema.

ISO/IEC 42001:2023. Information Technology — Artificial Intelligence — Management System. Geneva: ISO/IEC, 2023. A norma governa o uso responsável do sistema; DIG governa a responsabilidade fiduciária do compromisso que utiliza esse sistema como evidência.

NIST. Artificial Intelligence Risk Management Framework (AI RMF 1.0). Gaithersburg: National Institute of Standards and Technology, 2023. Referência relevante para gestão de riscos de IA, especialmente por ajudar a delimitar a diferença entre governar riscos do sistema e governar o compromisso decisório que utiliza sua saída.

Apoio ético e filosófico

JONAS, Hans. The Imperative of Responsibility: In Search of an Ethics for the Technological Age. Chicago: University of Chicago Press, 1984. Referência filosófica importante para a ideia de que a ampliação do poder tecnológico também amplia a responsabilidade.

O'NEIL, Cathy. Weapons of Math Destruction. New York: Crown, 2016. Obra relevante para compreender como decisões algorítmicas mal governadas podem produzir efeitos sistêmicos verificáveis.

SIMON, Herbert A. Administrative Behavior. 4th ed. New York: Free Press, 1997. Referência mantida porque a racionalidade limitada do decisor reforça a necessidade de uma ética das condições, e não apenas dos resultados ou das intenções.

CAPÍTULO 17

Agenda de Pesquisa e Institucionalização

O que a disciplina abre como campo de investigação — e o que precisa existir para que ela avance de proposta a referência.

"Uma disciplina não se consolida quando seu fundador termina de escrevê-la. Ela se consolida quando outros a testam, criticam, ensinam e institucionalizam."

— Formulação autoral. Não é citação direta.

Este capítulo final não pretende encerrar a disciplina. Sua função é outra: fechar o livro abrindo a agenda que o próprio livro tornou possível. Os capítulos anteriores delimitaram o objeto, formalizaram o núcleo mínimo, organizaram o ciclo decisório governado, explicitaram a proporcionalidade, estabeleceram pontes com os marcos existentes, examinaram o último trecho da IA, identificaram os componentes que a instrumentação futura exigirá e demonstraram a transferibilidade da disciplina entre setores. O que falta agora é dizer, com a mesma clareza, o que tudo isso ainda não resolve.

Essa distinção é necessária por honestidade intelectual. Ao longo da revisão que sustenta esta obra, foram examinadas referências reconhecidas em governança de dados, gestão de riscos, governança de tecnologia, governança de IA, gestão de risco de modelos, inteligência decisória e tradições vizinhas de decisão. O argumento não é que essas referências falham em seus próprios domínios. O argumento é que, dentro dos limites dessa revisão, o compromisso decisório material ainda carece de uma linguagem disciplinar pública, estável e amplamente compartilhável. Dizer isso não significa declarar DIG consolidado. Significa afirmar que o objeto já pode ser formulado com clareza suficiente para justificar uma agenda de pesquisa, prática, crítica e institucionalização.

Por isso, o capítulo se encerra como agenda, não como proclamação. Nenhuma disciplina se estabelece apenas porque foi bem defendida em um livro. Disciplinas amadurecem quando suas proposições são testadas, criticadas, ensinadas, comparadas, traduzidas em prática e absorvidas por comunidades mais amplas do que aquela em que foram inicialmente formuladas. DIG seguirá esse caminho — ou permanecerá como uma proposta autoral, ainda que conceitualmente coerente.

A agenda que se abre possui três dimensões. A primeira é a pesquisa: perguntas que a disciplina agora torna formuláveis, mas que este livro ainda não respondeu empiricamente. A segunda é a institucionalização: as condições sob as quais DIG poderá deixar de ser apenas uma formulação autoral e começar a funcionar como referência reconhecível. A terceira é o ecossistema: o conjunto de atores sem os quais nenhuma disciplina desse tipo amadurece, por mais consistente que pareça seu argumento interno.

17.1 - O que a obra entregou

Ao longo de seu argumento, esta obra entregou um conjunto de contribuições que permite tratar a Governança da Inteligência Decisória — DIG — como uma proposta disciplinar coerente, delimitada e intelectualmente defensável. A primeira contribuição foi explicitar a lacuna entre a governança dos insumos e a governança do compromisso decisório material. A obra mostrou que dados, riscos, tecnologia, modelos e sistemas de IA já contam com referências relativamente maduras em seus próprios domínios, enquanto o ponto em que esses elementos convergem para produzir compromisso ainda permanece insuficientemente formalizado como objeto autônomo de governança.

A segunda contribuição foi a formalização do próprio objeto. A obra não tratou decisão como escolha genérica, preferência, intenção declarada, recomendação ou ação executada. Tratou decisão como compromisso material: o ponto em que uma alternativa se converte em obrigação prática, alocação de recursos, exclusão de caminhos concorrentes e responsabilidade identificável. Essa definição não é ornamental. Ela é a condição que permite à disciplina distinguir-se dos objetos vizinhos já governados por outros campos.

A terceira contribuição foi a identificação de um núcleo mínimo de cinco condições sem as quais a governança de decisões não existe em sentido forte: rastreabilidade do compromisso, qualificação da evidência, separação analítica entre decisão e contexto, comparabilidade entre compromissos e atribuição fiduciária de responsabilidade. Essas condições não aparecem como lista arbitrária. Elas emergem da própria sequência argumentativa e definem o limiar abaixo do qual a governança do compromisso ainda não começou efetivamente.

A quarta contribuição foi a formalização da lógica temporal da disciplina. A obra mostrou que o compromisso não aparece como ponto isolado, mas como centro de um ciclo governado composto por pré-compromisso, compromisso e pós-compromisso. Também mostrou que a intensidade do rigor não pode ser uniforme: precisa ser calibrada pela natureza do compromisso por meio do princípio da proporcionalidade. Com isso, DIG deixa de parecer uma intuição desejável e passa a apresentar-se como disciplina dotada de arquitetura temporal e normativa própria.

A quinta contribuição foi a delimitação de fronteiras. A obra mostrou, com progressiva precisão, o que DIG não é: não é governança de dados, não é governança de IA, não é gestão de riscos, não é governança de tecnologia, não é governança corporativa genérica, não é toda a inteligência decisória, não é DMN, não é gestão de risco de modelos e ainda não é uma metodologia, um modelo de implantação ou uma plataforma finalizada. Essa delimitação negativa importa porque impede que DIG seja inflada para além de seu objeto ou dissolvida no que já existia antes dela.

A sexta contribuição foi a formalização das pontes disciplinares. A obra explicou como DIG depende de camadas vizinhas sem repeti-las nem substituí-las. Dados governados, riscos avaliados, sistemas de IA supervisionados, infraestruturas tecnológicas controladas e decisões modeladas continuam relevantes, mas não esgotam a governança do compromisso que os utiliza. DIG aparece no ponto de conversão: não antes dos insumos, não no lugar deles, mas onde eles passam a sustentar obrigação prática sob responsabilidade identificável.

A sétima contribuição foi o tratamento explícito do último trecho da IA. A obra distinguiu a governança do sistema de IA da governança da decisão que usa o *output* desse sistema como evidência. Mostrou que a supervisão humana, embora necessária, não basta para constituir governança do compromisso em sentido forte. Também diferenciou as posições que a saída algorítmica pode ocupar no compromisso e mostrou por que a responsabilidade fiduciária não pode simplesmente se dissolver à medida que automação, arquiteturas baseadas em RAG e agentes autônomos ganham presença na vida organizacional.

A oitava contribuição foi a identificação dos componentes que a disciplina exigirá para se tornar operacionalizável sem ser reduzida prematuramente a um método proprietário: uma gramática de evidências, uma arquitetura de responsabilidade humano-IA, um mecanismo de aprendizagem contínua, um instrumento de qualificação de contexto e uma lógica de maturidade. O livro não construiu esses instrumentos de forma operacional fechada. Ele esclareceu por que eles são necessários e quais dimensões deverão cobrir em trabalhos metodológicos futuros.

A nona contribuição foi a transferibilidade. Ao mostrar que o mesmo núcleo mínimo permanece reconhecível em ambientes setoriais distintos, a obra sustenta que DIG não depende de um único setor, jurisdição, tipo de tecnologia ou regime regulatório para fazer sentido. A governança bancária, o uso de RAG em ambientes regulados e a gestão de risco de modelos podem oferecer referências fortes de maturidade e pressão de adoção, mas não são a origem de DIG. O que varia entre domínios não é a existência do objeto, mas a forma como a disciplina se manifesta conforme materialidade, reversibilidade, regulação, velocidade, dependência de IA e consequência.

Em conjunto, essas contribuições não equivalem à consolidação plena da disciplina. Mas também não são apenas uma intuição interessante. Elas tornam DIG julgável. Identificam um objeto, articulam condições mínimas, estabelecem fronteiras, mostram por que a empresa orientada por dados precisa de uma camada centrada em decisões e abrem um caminho coerente de desenvolvimento. Isso já constitui uma entrega substantiva para uma primeira edição.

17.2 - Agenda de pesquisa

Para que DIG avance além da proposta autoral, precisa gerar perguntas de pesquisa que possam ser testadas, criticadas, refinadas e, quando necessário, rejeitadas. Uma disciplina que não abre perguntas investigáveis pode ser retoricamente atraente, mas permanece cientificamente frágil. Uma disciplina que produz uma agenda de pesquisa começa a criar condições para amadurecimento cumulativo.

A primeira família de perguntas diz respeito ao núcleo mínimo. As cinco condições identificadas por esta obra são de fato necessárias e, em conjunto, suficientes para caracterizar a governança de decisões em sentido forte? Pesquisas futuras poderiam mostrar que uma delas é redundante, que outra deve ser decomposta em dimensões separadas ou que uma condição adicional é indispensável? Essa pergunta não é periférica. Ela toca o centro da formulação de DIG.

A segunda família diz respeito à proporcionalidade. O livro sustentou que a intensidade da governança deve ser calibrada pela natureza do compromisso, especialmente por sua materialidade, reversibilidade e dependência de IA. Essa proposição é plausível, mas permanece aberta à validação empírica. Em quais circunstâncias a proporcionalidade preserva rigor sem degenerar em opacidade? Quando se torna fraca demais? Quando passa a ser apenas um nome sofisticado para inconsistência discricionária? Trabalhos futuros precisarão examinar se o princípio se comporta, em compromissos reais, como esta obra propõe.

A terceira família diz respeito à evidência. O Capítulo 8 formalizou o princípio de que evidências diferem em robustez epistêmica, mas a disciplina ainda exige trabalho futuro sobre a gramática capaz de classificar essa diferença na prática organizacional. Que tipos de base evidencial aparecem com maior frequência em compromissos materiais? Como diferenciar evidência recuperada, evidência sintetizada, *outputs* de modelos, julgamento especializado, dados empíricos, raciocínio causal e precedentes analógicos quando todos aparecem na mesma decisão? Quanta variação setorial essa gramática pode tolerar sem perder comparabilidade?

A quarta família diz respeito à responsabilidade humano-IA. O último trecho da IA tornou visível um problema que não se resolve apenas com a invocação da supervisão humana. Pesquisas futuras precisarão perguntar como as organizações podem distinguir, de modo estável e auditável, saída do sistema, revisão humana, execução delegada e assunção fiduciária do compromisso. Em que condições a delegação é defensável? Em que ponto a participação humana se torna mera homologação? Como manter responsabilidade atribuível sem negar o papel operacional de sistemas cada vez mais autônomos?

A quinta família trata da aprendizagem decisória. A obra argumentou que aprendizagem robusta exige mais do que registro de resultados; exige disciplina causal, comparabilidade entre compromissos e possibilidade de recalibrar expectativas futuras. Essa proposição precisa agora de tratamento empírico. Em que condições as organizações conseguem distinguir decisão e contexto com disciplina suficiente para gerar aprendizagem reutilizável? Que tipos de compromissos produzem padrões comparáveis? Quando a aprendizagem aparente continua sendo apenas memória organizada, e não capital decisório?

A sexta família trata do contexto. Evidências e *outputs* algorítmicos não operam no abstrato; são sempre mediados pelo ambiente em que o compromisso é assumido. Pesquisas futuras precisarão testar como a qualificação de contexto se comporta em cenários de mudança de regime, ruptura competitiva, alteração regulatória abrupta, redesenho operacional, substituição tecnológica ou deriva acelerada de modelos. Com que velocidade o desencaixe contextual degrada a validade de bases evidenciais antes consideradas sólidas? Que capacidades organizacionais são necessárias para detectar essa degradação antes que ela se torne custosa?

A sétima família diz respeito à relação entre DIG e disciplinas vizinhas. As pontes formalizadas nesta obra são conceitualmente plausíveis, mas agora precisam ser examinadas na prática. Como DIG interage com estruturas maduras de governança de dados, gestão de risco de modelos, governança de IA, comitês de risco, auditoria, governança de tecnologia, modelagem de decisões baseada em DMN e plataformas de inteligência decisória? Em que circunstâncias DIG acrescenta clareza sem gerar duplicação conceitual? Em que circunstâncias pesquisas futuras poderiam mostrar que partes do objeto já são cobertas de modo mais amplo por arranjos existentes do que esta obra concluiu?

Há também uma família explicitamente epistemológica de perguntas, que precisa ser declarada sem hesitação: o que contaria como desconfirmação da proposta? A disciplina aqui formulada não deve ser blindada contra falsificação por retórica ou por apego ao próprio vocabulário. Seu status autônomo exigiria reconsideração se fosse demonstrado que um corpo público, compartilhável e suficientemente consolidado de prática ou teoria já governa o compromisso decisório material com a mesma densidade de critérios aqui formalizada; ou se evidências empíricas sustentadas demonstrassem que combinações existentes de governança de dados, gestão de riscos, governança de IA, governança de tecnologia, governança de modelos e rotinas internas de decisão já entregam, sem perda material, os atributos que DIG trata como distintivos.

Por fim, há a pergunta sobre desempenho. A obra não prometeu — e não poderia prometer — que organizações que governam melhor seus compromissos terão desempenho superior em toda circunstância. O argumento sugere, contudo, que elas podem tornar-se mais inteligíveis, mais auditáveis, mais resilientes e mais capazes de recalibração ao longo do tempo. Que formas de desempenho, redução de risco, captura de valor, força de conformidade, resiliência ou aprendizagem institucional se correlacionam com maior maturidade em DIG? Em quais condições? Com que defasagens? Para que a disciplina dialogue de modo crível com conselhos, reguladores, investidores e comitês executivos, essa linha de investigação será inevitável.

Em síntese, a agenda de pesquisa aberta por DIG não enfraquece a disciplina; dá-lhe um programa. O papel de uma primeira edição como esta não é encerrar essas perguntas prematuramente, mas torná-las visíveis o bastante para que outros possam testar, refinar e, quando necessário, corrigir a proposta.

17.3 - Condições de institucionalização

A institucionalização de uma disciplina não é um evento. É um processo cumulativo pelo qual um objeto inicialmente formulado em linguagem autoral passa a ser reconhecido, discutido, ensinado, testado e progressivamente absorvido no vocabulário e nas práticas de um campo mais amplo. Para DIG, esse processo exigirá mais do que a coerência interna deste livro. Exigirá condições externas convergentes que nenhum fundador, nenhuma organização e nenhum texto isolado conseguem produzir sozinhos.

A primeira condição é a existência de um corpo de conhecimento publicado. Esta obra busca ocupar um papel inaugural, mas nenhum corpo de conhecimento se consolida porque um único texto se declara suficiente. A estabilização da disciplina exigirá textos derivados, crítica, debate, reformulação, refinamento de glossário, comparação com estruturas vizinhas e, em algum momento, mais de uma fonte reconhecida de referência. Uma disciplina começa a tornar-se coletiva quando pode ser rearticulada para além de seu texto fundador sem perder seu objeto.

A segunda condição é a instrumentação metodológica. O Capítulo 13 identificou os componentes de que a disciplina precisa para tornar-se operacionalizável: gramática de evidências, arquitetura de responsabilidade humano-IA, aprendizagem contínua, qualificação de contexto e lógica de maturidade. A eles, uma metodologia futura poderá somar inventário de decisões, registro do compromisso decisório e critérios de proporcionalidade. Sem materiais futuros capazes de desenvolver esses componentes de modo coerente com os princípios aqui formalizados, DIG poderá permanecer intelectualmente robusta, mas praticamente frágil.

A terceira condição é a formação de uma comunidade de prática. Disciplinas não se consolidam apenas em bibliotecas; consolidam-se quando começam a organizar o vocabulário de pessoas que enfrentam problemas recorrentes em contextos reais. DIG avançará além da proposição autoral apenas se auditores, profissionais de risco, líderes de dados, profissionais de IA, guardiões de decisões, equipes de governança, pesquisadores e executivos começarem a usar suas distinções para interpretar e comparar compromissos de consequência. Uma disciplina viva precisa de uma comunidade que não apenas a leia, mas trabalhe com ela.

A quarta condição é a existência de trilhas de formação. Uma disciplina se torna ensinável quando seu objeto, seu vocabulário e seus problemas podem ser convertidos em trajetórias reconhecíveis de aprendizagem. Essas trajetórias não precisam ser idênticas em todos os ambientes, mas precisam existir. DIG só se tornará institucionalizável quando puder ser ensinada em educação executiva, programas de pós-graduação, trilhas profissionais, programas corporativos internos e comunidades de prática sem se dissolver em um discurso genérico sobre decisões melhores.

A quinta condição é o diálogo com padrões e marcos existentes. DIG não opera isoladamente. Sua institucionalização dependerá, em grau relevante, da capacidade de estabelecer pontes inteligíveis com os domínios que já estruturam dados, risco, tecnologia, modelagem, IA, resiliência e interoperabilidade decisória. DAMA-DMBOK, COBIT, ISO 31000, ISO/IEC 42001, EU AI Act, NIST AI RMF, DMN, OpenDI e referências setoriais como gestão de risco de modelos, BCBS 239 e DORA não eliminam a necessidade de DIG. Elas compõem o ambiente institucional em que DIG precisará ser compreendida.

No plano metadisciplinar, a leitura de Stephen Toulmin sobre a evolução coletiva dos conceitos oferece apoio útil para compreender a formação de DIG como estabilização progressiva de vocabulário, critérios e prática, e não como reivindicação de ruptura paradigmática forte. Isso importa porque DIG não deve depender da retórica da revolução. Seu argumento mais sólido está em identificar um objeto distinto e torná-lo cada vez mais discutível, ensinável, testável e governável.

A sexta condição é a validação empírica. Sem ela, a disciplina pode permanecer conceitualmente forte, mas institucionalmente frágil. Pesquisas precisarão testar se as cinco condições se sustentam em ambientes reais, se a proporcionalidade se comporta como o livro sugere, se os componentes propostos podem ser traduzidos em práticas estáveis e se a disciplina produz ganhos observáveis em inteligibilidade, responsabilização, captura de valor, governança de riscos ou aprendizagem organizacional. Um corpo de conhecimento pode nascer do argumento; amadurece apenas quando o argumento é testado pela realidade.

A sétima condição é um vocabulário público e compartilhável. DIG só se institucionalizará de fato quando seus conceitos centrais puderem circular para além da linguagem deste livro, de modo estável o suficiente para sustentar diálogo entre organizações, setores, reguladores, profissionais, fornecedores de tecnologia e comunidades acadêmicas. Esse vocabulário precisará ser ensinável, auditável, traduzível para contextos profissionais e flexível o bastante para sobreviver sem dependência de um único estilo autoral.

Tabela 17.1 - Condições de institucionalização de DIG

Condição	**O que precisa emergir**	**Por que importa**
Corpo de conhecimento	Textos, críticas, refinamentos e referências reconhecidas além do livro fundador.	Permite que a disciplina se torne coletiva, e não dependente do autor.
Instrumentação metodológica	Gramática de evidências, arquitetura humano-IA, ciclo de aprendizagem, qualificação de contexto, lógica de maturidade e registros decisórios.	Transforma a disciplina em prática utilizável sem reduzi-la a método proprietário.
Comunidade de prática	Pesquisadores, auditores, líderes de dados, risco, IA, governança e executivos usando as mesmas distinções.	Leva DIG da formulação conceitual para o uso profissional vivo.
Trilhas de formação	Educação executiva, módulos de pós-graduação, programas internos e trilhas profissionais.	Torna a disciplina ensinável sem diluí-la em aconselhamento genérico sobre decisões.
Diálogo com padrões	Pontes com governança de dados, IA, risco, tecnologia, DMN, OpenDI, modelos e referências setoriais.	Evita isolamento e preserva o objeto próprio: compromisso decisório material.

Validação empírica	Casos, estudos comparativos, pilotos, auditorias e evidências de maturidade entre setores e regiões.	Testa se a disciplina funciona fora do argumento do livro.
Vocabulário público	Termos que circulem entre organizações, profissões e jurisdições com significado estável.	Torna a disciplina compartilhável, auditável e institucionalmente durável.

Nenhuma dessas condições pertence apenas a este livro. Seu ponto é justamente mostrar que a disciplina precisa avançar para além da obra se quiser amadurecer. A tabela acima, portanto, não é uma lista de conclusão, mas um mapa do trabalho coletivo ainda necessário.

17.4 - Um chamado ao ecossistema

Esta obra fundamentou uma disciplina. Não a consolidou. A consolidação depende de contribuições que nenhum livro consegue produzir sozinho. Por isso, o capítulo se encerra como chamado ao ecossistema mais amplo. DIG não precisa de adesão imediata; precisa de circulação qualificada. Precisa entrar em movimento nos espaços em que uma disciplina é efetivamente testada: pesquisa, prática, regulação, ensino, tecnologia e comunidades profissionais.

Aos pesquisadores, o chamado é direto: tratem a disciplina não como formulação a ser reverenciada, mas como hipótese a ser submetida a escrutínio. As cinco condições mínimas são realmente necessárias e suficientes? A proporcionalidade se comporta como proposto quando encontra compromissos organizacionais reais? Setores diferentes exigem expressões diferentes da gramática de evidências? O capital decisório pode ser distinguido empiricamente de arquivo, precedente ou memória institucional? A obra abre essas questões para que outros as testem.

Aos profissionais — guardiões, analistas, gestores, líderes, auditores e responsáveis por governança, risco, dados, IA e decisões — o chamado é experimentar a linguagem da disciplina em contextos reais, mesmo antes de existir instrumentação completa. Isso não significa improvisar métodos sem princípios. Significa começar a observar onde, nas próprias organizações, o compromisso já aparece como objeto que os marcos existentes não capturam por completo. Uma disciplina começa a tornar-se real quando a prática reconhece, em seu próprio vocabulário, o problema que ela nomeia.

A reguladores e formuladores de políticas, o chamado é considerar se a governança do compromisso decisório — e não apenas a governança de dados, riscos, tecnologia ou sistemas — merece atenção normativa mais explícita à medida que aumenta a densidade algorítmica em decisões de consequência. Esta obra não propõe, neste momento, um modelo regulatório. Propõe algo anterior: que o objeto já está suficientemente visível para merecer consideração em futuros desenhos regulatórios e institucionais.

A plataformas e fornecedores de tecnologia, o chamado é perguntar como seus produtos podem apoiar — e não apenas automatizar — a governança do compromisso. O mercado já sabe produzir painéis, modelos, copilotos, agentes, orquestradores e plataformas decisórias. O próximo passo é mais exigente: apoiar rastreabilidade do compromisso, qualificação da evidência, inteligibilidade da responsabilidade humano-IA e aprendizagem entre decisões comparáveis. A tecnologia pode acelerar a disciplina, mas apenas se reconhecer o que a disciplina procura governar.

A comunidades profissionais e organismos intermediários — redes ligadas a dados, risco, auditoria, governança, decisão, padrões abertos, educação executiva e regulação setorial — o chamado é reconhecer o ponto comum em torno do qual essas agendas vizinhas podem dialogar sem se dissolverem umas nas outras: o compromisso decisório material. DIG pode tornar-se uma das linguagens por meio das quais essas comunidades coordenam um problema que, até aqui, tendeu a permanecer disperso entre campos adjacentes.

Há também um chamado implícito, mas decisivo, aos futuros desenvolvedores de métodos e modelos. O Capítulo 13 afirmou que este livro entrega o critério pelo qual futuros instrumentos poderão ser julgados. Essa afirmação só se torna significativa se outros tentarem construir tais instrumentos e submetê-los aos próprios critérios da disciplina. A obra, portanto, não pede para ser completada por repetição, mas por desenvolvimento disciplinado.

Esse chamado também esclarece por que o fechamento não deve ser lido como manifesto de autoridade final. DIG não se consolidará porque este livro deseja que isso aconteça. Consolidar-se-á apenas se outras pessoas, em outros contextos, reconhecerem que seu objeto é real, que suas distinções são úteis e que suas condições sustentam formas melhores de justificar, assumir e aprender com compromissos de consequência.

O chamado ao ecossistema pode, portanto, ser dito de modo simples: a disciplina está suficientemente fundamentada para entrar em circulação, mas sua consolidação dependerá de pesquisa, prática, regulação, tecnologia e linguagem compartilhada. Nenhum livro faz isso sozinho. Um livro pode apenas abrir o caminho com clareza suficiente para que outros decidam se ele merece ser percorrido.

17.5 - Fechamento

Esta obra começou com uma pergunta simples na forma e exigente no conteúdo: se as organizações já aprenderam a governar dados, riscos, tecnologia e, progressivamente, sistemas de IA, por que a governança do compromisso decisório material ainda ocupa posição periférica no campo mais amplo da governança organizacional?

A resposta desenvolvida ao longo do manuscrito não foi negar o valor das disciplinas existentes, nem afirmar que dados, risco, tecnologia, modelagem e IA são insuficientes em si mesmos. Ao contrário: a obra procurou mostrar que, justamente porque esses domínios se tornaram mais robustos e sofisticados, o ponto em que convergem para produzir compromisso ficou mais visível — e mais difícil de deixar sem governança explícita.

Uma objeção plausível à trajetória do livro diria que talvez ele tenha superestimado a novidade do problema, já que existem organizações capazes, em alguma medida, de reconstruir e justificar decisões materiais mesmo sem uma disciplina formal como DIG. A objeção é legítima.

Mas não invalida a tese central. Ela apenas confirma que práticas podem existir antes de uma disciplina se estabilizar. O mesmo ocorreu, de modos diferentes, com a governança de dados antes do DAMA-DMBOK e com a avaliação de evidências antes do GRADE. O objetivo deste livro nunca foi negar a existência de práticas. Foi sustentar que o campo ainda carece de uma linguagem pública, comparável e disciplinarmente explícita para governar esse objeto com maior estabilidade.

Outra objeção plausível diria que, mesmo se a disciplina estiver bem formulada, a diversidade dos contextos organizacionais é grande demais para permitir metodologia futura ou operacionalização comum mínima. Essa objeção também precisa ser levada a sério. A obra não nega a diversidade contextual. Ela a assume. Por isso, a disciplina foi construída ao redor de princípios, condições mínimas, proporcionalidade e transferibilidade, e não em torno de um processo universal rígido. Se uma metodologia futura não conseguir preservar essas propriedades, o problema estará menos na impossibilidade da disciplina e mais na inadequação de sua tradução metodológica.

Há ainda uma objeção mais sutil e igualmente séria: a proposta pode ser julgada normativa demais ou ambiciosa demais para um campo ainda não amplamente validado. Esse risco é real. É uma das razões pelas quais este capítulo final foi escrito como agenda, e não como proclamação. A obra afirma o suficiente para tornar o objeto visível e a disciplina julgável. Não afirma o suficiente para declarar o assunto encerrado.

Ainda assim, o percurso traçado pelo livro permite afirmar uma proposição com confiança razoável. Durante décadas, o apoio à decisão foi construído de modo predominantemente ascendente: da organização dos dados à produção de análises, da produção de análises ao apoio a *insights*, e do apoio a *insights* à sugestão de ações. Quanto mais fortes essas camadas se tornaram, mais visível ficou o custo de não governar o ponto em que todas elas são convertidas em compromisso. DIG emergiu, nesta obra, como resposta a essa visibilidade — não como substituto do que veio antes, mas como a camada ausente entre insumo governado e consequência governada.

Essa mudança traz outra implicação. Quando o compromisso passa ao centro, a organização não apenas melhora sua capacidade de decidir de forma mais inteligível; ela começa a tratar a decisão como ativo governável — capaz de ser justificado, auditado, comparado e aprendido. Esse movimento é o que o livro descreveu, por diferentes ângulos, como a transição de uma lógica predominantemente orientada por dados para uma lógica mais explicitamente centrada em decisões. O valor de dados, análises e IA não desaparece nessa transição. É reposicionado ao redor do ponto em que valor, risco, responsabilidade e aprendizagem efetivamente se materializam.

É nesse ponto que o livro alcança seu horizonte mais ambicioso e, ao mesmo tempo, mais contido. Ambicioso, porque sustenta que a decisão pode e deve ser tratada como ativo governável, e que governá-la exige uma subdisciplina própria dentro do campo mais amplo da inteligência decisória. Contido, porque reconhece que nenhum livro consegue, sozinho, produzir a validação empírica, a instrumentação metodológica, as comunidades profissionais e o vocabulário institucional necessários para transformar esse argumento em campo maduro.

Essa contenção é coerente com a própria tese da obra. Este livro não se propôs a ser uma solução pronta, uma plataforma, um manual ou um código completo de implantação. Propôs-se a algo mais fundamental: formular com disciplina um problema que se tornou visível o bastante para exigir linguagem própria. Se o objeto é real, o campo precisará agora decidir o que fazer com ele.

Ao final, portanto, a pergunta inicial retorna de modo mais preciso e mais exigente. Se as organizações já aprenderam a governar dados, riscos, tecnologia e, progressivamente, sistemas de IA, por que a governança do compromisso decisório material ainda permanece comparativamente difusa? A resposta proposta aqui é que a excelência dos insumos não elimina, por si só, a opacidade no ponto em que esses insumos são convertidos em compromisso. O que este livro propõe é que esse ponto deixe de ser tratado como subproduto inevitável de estruturas anteriores e passe a ser tratado como objeto de governança em si mesmo.

Este livro, portanto, entrega a disciplina, não sua consolidação. A consolidação dependerá de validação empírica, prática organizacional, instrumentação metodológica, comunidades profissionais e vocabulário institucional capaz de sobreviver para além deste texto. A abertura desse futuro não enfraquece a afirmação central. Define, com a cautela que a própria proposta exige, o lugar a partir do qual a obra fala.

Pontos para reflexão

1. Se a Governança da Inteligência Decisória — DIG — é apresentada como subdisciplina emergente, sua organização estaria disposta a testá-la em um contexto real e, com isso, contribuir para a validação empírica que a disciplina ainda exige?
2. Se esta obra entrega o critério pelo qual futuros instrumentos poderão ser julgados, de qual componente sua organização precisaria primeiro para começar: uma gramática de evidências, uma arquitetura de responsabilidade humano-IA, um mecanismo de aprendizagem contínua, qualificação de contexto, registro do compromisso decisório ou lógica de maturidade?
3. Se a consolidação da disciplina depende de um ecossistema mais amplo, que papel sua organização poderia desempenhar realisticamente nesse processo: experimentação, crítica, ensino, validação, instrumentação ou diálogo institucional?

Leituras sugeridas

Institucionalização e formação de campo

DAMA INTERNATIONAL. DAMA-DMBOK: Data Management Body of Knowledge. 2nd ed. Bradley Beach: Technics Publications, 2017. Referência importante como precedente de institucionalização disciplinar por meio de um corpo de conhecimento.

DAMA INTERNATIONAL. DAMA-DMBOK 2.0 Revised Edition. Bradley Beach: Technics Publications, 2024. Referência atual de manutenção e continuidade da estabilização de um corpo profissional de conhecimento.

ISO 31000:2018. Risk Management — Guidelines. Geneva: ISO, 2018. Analogia útil para compreender como uma disciplina transversal pode estabilizar-se sem depender de um único método proprietário de implementação.

TOULMIN, Stephen. Human Understanding: The Collective Use and Evolution of Concepts. Princeton: Princeton University Press, 1972. Apoio metadisciplinar para compreender a formação de disciplinas como estabilização progressiva de conceitos, critérios e práticas, e não como reivindicação forte de ruptura paradigmática.

Sinais de mercado e ecossistema

GARTNER. Magic Quadrant for Decision Intelligence Platforms. January 2026. Referência de mercado relevante para a emergência da inteligência decisória como categoria reconhecida. Nesta obra, funciona como sinal contextual, não como fundamento disciplinar primário.

OpenDI Standards. Open Decision Intelligence Standards. Available at: opendi.org. Referência importante do ambiente de padrões abertos com o qual DIG pode dialogar. OpenDI contribui para a formalização tecnológica e estrutural da decisão; DIG propõe a formalização disciplinar da governança do compromisso que essas estruturas ajudam a informar.

APÊNDICES

Material de referência para a Governança da Inteligência Decisória

Estes apêndices funcionam como instrumentos de consulta da obra. Eles não transformam DIG em metodologia pronta nem substituem o argumento desenvolvido nos capítulos. Sua função é estabilizar o vocabulário disciplinar, organizar o mapa de fontes, explicitar as cinco condições mínimas, sugerir percursos de leitura, esclarecer a relação com padrões abertos e indicar o horizonte metodológico futuro.

A — Glossário disciplinar

Este glossário reúne os principais termos da obra no sentido específico em que são usados aqui. Ele não pretende esgotar o vocabulário da inteligência decisória, da governança de IA, da gestão de riscos, da governança de dados ou da ciência da decisão. Seu objetivo é mais preciso: tornar a linguagem de DIG suficientemente estável para leitura, crítica, ensino e desenvolvimento metodológico futuro.

Governança de IA — Governança de sistemas de IA, seu ciclo de vida, riscos, condições de uso, monitoramento, supervisão e controles organizacionais. DIG depende dessa governança quando a IA participa de decisões, mas governa outro objeto: o compromisso que usa a saída da IA como evidência, recomendação, base predominante ou execução delegada.

AI TRiSM — Referência de mercado e operação associada à gestão de confiança, risco e segurança em IA. Nesta obra, aparece como camada adjacente para confiança, monitoramento, robustez, segurança e proteção em implantações de IA, não como fundamento epistemológico de DIG.

Saída algorítmica — Previsão, classificação, pontuação, recomendação, síntese ou ação executada por modelo, sistema de IA, copiloto ou agente. Seu status de governança depende de como entra no compromisso: insumo, recomendação, base predominante ou execução delegada.

Racionalidade limitada — Condição permanente em que decisores operam com informação incompleta, atenção limitada, capacidade limitada de processamento e previsão imperfeita. DIG parte dessa condição, e não de um ideal de racionalidade perfeita.

Rastreabilidade do compromisso (C1) — Condição mínima de DIG que exige a reconstrução do compromisso: entre quais alternativas foi assumido, com quais evidências, sob qual responsabilidade e em qual contexto.

Comparabilidade entre compromissos (C4) — Condição mínima que exige a possibilidade de agrupar e comparar compromissos de perfil semelhante ao longo do tempo, permitindo aprendizagem cumulativa e não apenas episódica.

Ética das condições — Abordagem ética de DIG: a dimensão ética não está apenas em intenções declaradas ou resultados favoráveis, mas nas condições de governança sob as quais o compromisso é assumido — rastreabilidade, qualificação da evidência, atribuição de responsabilidade, reconstrução e aprendizagem.

Empresa centrada em dados — Organização que trata dados como ativo central, governado, reutilizável e protegido ao longo de seu ciclo de vida. Nesta obra, essa centralidade continua necessária, mas incompleta se os dados não forem convertidos em decisões governadas.

Empresa orientada por dados — Organização que usa dados e análises de forma sistemática para informar ações. DIG não rejeita essa orientação; sustenta que a maturidade orientada por dados revela uma pergunta seguinte: como o compromisso decisório produzido a partir dos dados é governado.

Capital decisório — Repositório organizacional cumulativo de compromissos governados, evidências qualificadas, resultados comparáveis, interpretações causais e recalibrações derivadas. É produto de aprendizagem decisória sustentada, não simples arquivo de decisões passadas.

Inventário de decisões — Artefato metodológico futuro voltado a identificar e classificar decisões materiais por materialidade, reversibilidade, dependência de IA, frequência, exposição e partes afetadas. É análogo ao catálogo de dados apenas na função de dar visibilidade; seu objeto é o compromisso, não o dado.

Empresa centrada em decisões — Organização que estrutura dados, análises, IA, processos, papéis e mecanismos de aprendizagem ao redor das decisões materiais pelas quais valor, risco e responsabilidade se tornam consequência organizacional.

Separação decisão-contexto (C3) — Condição mínima que exige distinguir, de modo ao menos razoável, o que plausivelmente decorreu da decisão e o que decorreu de fatores contextuais paralelos.

Registro do Compromisso Decisório — Artefato futuro pelo qual um compromisso material poderia ser registrado: decisão assumida, autoridade responsável, alternativas, evidências, contribuição de IA, contexto, riscos aceitos, critérios de sucesso e plano de aprendizagem. A obra antecipa sua necessidade, mas não entrega um modelo fechado.

Inteligência Decisória — Campo mais amplo que integra métodos, tecnologias, análises, IA, conhecimento comportamental e práticas organizacionais para melhorar decisões. DIG é uma subdisciplina emergente de governança dentro desse campo.

Governança da Inteligência Decisória — DIG — Subdisciplina emergente de governança no campo mais amplo da inteligência decisória. Seu objeto é o compromisso decisório material, não a tomada de decisão como um todo, nem dados, nem o sistema de IA, nem uma plataforma.

Camada decisória — Espaço disciplinar em que evidências qualificadas, riscos avaliados, saídas algorítmicas, julgamento contextual e responsabilidade humana convergem em compromisso organizacional material.

Aprendizagem decisória — Processo pelo qual a organização reconecta compromissos passados a resultados, separa decisão de contexto, compara casos estruturalmente semelhantes e recalibra julgamentos futuros.

Curadoria decisória — Papel ou função futura voltada a preservar a inteligibilidade, os registros, a comparabilidade e o valor de aprendizagem das decisões materiais. A obra ainda não a declara como função padronizada.

Empresa com inteligência decisória — Organização centrada em decisões que usa inteligência decisória, IA, automação, aprendizagem e governança para melhorar decisões em escala, preservando a governabilidade do compromisso.

Ponte disciplinar — Articulação entre DIG e marcos vizinhos. DIG recebe insumos já governados — dados, riscos, saídas de IA, controles tecnológicos — e devolve inteligibilidade, aprendizagem e governança do compromisso.

Lacuna disciplinar — Espaço entre a governança dos insumos e a governança do compromisso que os utiliza. É o problema central que motiva a obra.

Doutrina do Compromisso — Formulação autoral segundo a qual a decisão, em sentido forte, se constitui no compromisso, e não na detecção da oportunidade, intenção, recomendação ou execução. Organiza a sequência oportunidade, enquadramento, alternativas e compromisso.

Qualificação da evidência (C2) — Condição mínima que exige tornar visível a base evidencial do compromisso quanto a tipo, robustez, aderência ao contexto e limitações reconhecidas.

Suficiência evidencial — Status de uma base evidencial julgada adequada para sustentar compromisso de determinada materialidade, reversibilidade e dependência de IA. É proporcional, não absoluta.

Atribuição fiduciária de responsabilidade (C5) — Condição mínima que exige que o compromisso decisório material permaneça rastreável a uma autoridade humana ou organizacional identificável. A responsabilidade não é transferida ao sistema de IA.

Responsabilidade fiduciária — Nesta obra, responsabilidade elevada assumida pela instância humana ou institucional que assume compromisso material. O termo é usado principalmente em sentido organizacional e disciplinar, não como sinônimo automático de dever fiduciário jurídico estrito.

Ciclo decisório governado — Estrutura temporal de DIG, organizada em pré-compromisso, compromisso e pós-compromisso. O ciclo não é fluxo de trabalho; é a forma temporal do objeto governado por DIG.

Supervisão humana — Condição necessária em muitos contextos mediados por IA, mas insuficiente por si só para DIG. A supervisão do sistema deve ser distinguida da governança do compromisso que usa a saída do sistema.

Rastreabilidade da fonte de conhecimento — Requisito futuro especialmente relevante em ambientes RAG: capacidade de reconstruir fonte, versão, data, proprietário, autoridade, trecho recuperado e eventual conflito entre fontes que sustentaram uma saída gerada e usada em decisão.

Último trecho da IA — Intervalo entre a produção de uma saída algorítmica e sua conversão — ou não conversão — em compromisso organizacional. É o ponto em que governança de IA e DIG se encontram com maior nitidez.

Compromisso decisório material — Objeto central de DIG: ponto em que uma alternativa se torna obrigação prática, alocação de recursos, exclusão de caminhos concorrentes e responsabilidade identificável.

Materialidade — Peso de um compromisso em termos financeiros, operacionais, reputacionais, regulatórios, sociais ou estratégicos.

Materialidade acumulada — Possibilidade de decisões repetidas de baixo impacto unitário, sobretudo automatizadas ou semiautomatizadas, produzirem efeito agregado material.

Núcleo mínimo — Cinco condições sem as quais DIG não existe em sentido forte: C1 rastreabilidade do compromisso, C2 qualificação da evidência, C3 separação decisão-contexto, C4 comparabilidade e C5 atribuição fiduciária de responsabilidade.

Gestão de risco de modelos — Governança do desenvolvimento, uso, validação, monitoramento e controles de modelos. É domínio adjacente forte. DIG governa o compromisso que usa a saída do modelo como parte da base evidencial.

OpenDI — Iniciativa de padrões abertos no ecossistema da inteligência decisória. Contribui para modelagem, estrutura e interoperabilidade de decisões; DIG contribui para a governança do compromisso sustentado por essas estruturas.

Proporcionalidade — Princípio constitutivo de DIG segundo o qual a intensidade da governança deve ser calibrada à natureza do compromisso, especialmente materialidade, reversibilidade, dependência de IA e efeito acumulado.

RAG — Geração aumentada por recuperação: arquitetura em que a saída gerada é fundamentada, ao menos em parte, em fontes recuperadas. RAG pode melhorar o enraizamento da resposta; não governa, por si só, o compromisso.

Transferibilidade — Propriedade de uma disciplina cujos princípios permanecem reconhecíveis entre setores e regiões, ainda que sua manifestação varie conforme o contexto.

Confiança verificável — Consequência da governança do compromisso, não seu pressuposto. Surge quando a organização consegue reconstruir como decidiu, com quais evidências, sob qual responsabilidade e com que possibilidade de aprendizagem posterior.

B — Mapa de fontes verificadas

Este mapa organiza as principais fontes utilizadas pela obra segundo seu papel evidencial. Ele não substitui as leituras sugeridas ao final de cada capítulo. Seu objetivo é mostrar que tipo de autoridade sustenta cada camada do argumento: fundacional, adjacente, normativa, setorial ou contextual.

Referências de mercado e ecossistema são separadas deliberadamente das fontes fundacionais e normativas. Elas são sinais úteis de relevância, adoção ou reconhecimento de categoria, mas não têm a mesma força epistemológica de obras acadêmicas primárias, normas, regulações ou materiais supervisórios.

1. Fontes fundacionais e conceituais

ARGYRIS, Chris; SCHÖN, Donald A. Organizational Learning II: Theory, Method, and Practice. Reading, Mass.: Addison-Wesley, 1996. Base para a dimensão de aprendizagem da obra.

DAVENPORT, Thomas H. "Competing on Analytics." Harvard Business Review, v. 84, n. 1, jan. 2006. Suporte histórico para a gestão orientada por analytics e para a pergunta posterior sobre a governança das decisões informadas por esses recursos.

DRUCKER, Peter F. The Effective Executive. New York: Harper & Row, 1967. Apoio executivo para julgamento disciplinado e premissas decisórias explícitas.

GIGERENZER, Gerd; SELTEN, Reinhard (orgs.). Bounded Rationality: The Adaptive Toolbox. Cambridge, Mass.: MIT Press, 2001. Complementa Simon ao tratar racionalidade limitada como adaptação, não apenas limitação.

GUYATT, Gordon H. et al. "GRADE: an emerging consensus on rating quality of evidence and strength of recommendations." BMJ, v. 336, n. 7650, p. 924–926, 2008. Precedente disciplinar para qualificação formal de evidências.

HILL, Austin Bradford. "The Environment and Disease: Association or Causation?" Proceedings of the Royal Society of Medicine, v. 58, n. 5, p. 295–300, 1965. Apoio para critérios explícitos de avaliação evidencial.

HOWARD, Ronald A.; ABBAS, Ali E. Foundations of Decision Analysis. Upper Saddle River: Pearson, 2015. Base da linhagem de análise de decisão ligada a compromisso e alternativas.

KAHNEMAN, Daniel. Thinking, Fast and Slow. New York: Farrar, Straus and Giroux, 2011. Base para heurísticas, vieses e julgamento sob incerteza.

KEENEY, Ralph L.; RAIFFA, Howard. Decisions with Multiple Objectives: Preferences and Value Tradeoffs. New York: Wiley, 1976. Apoio para decisões com objetivos múltiplos e *trade-offs*.

KLEIN, Gary. Sources of Power: How People Make Decisions. Cambridge, Mass.: MIT Press, 1998. Visão naturalística da expertise e da decisão sob pressão.

MARCH, James G.; SIMON, Herbert A. Organizations. New York: John Wiley & Sons, 1958. Leva a racionalidade limitada para estruturas organizacionais.

O'NEIL, Cathy. Weapons of Math Destruction. New York: Crown, 2016. Apoio para riscos de decisões algorítmicas mal governadas.

PEARL, Judea. Causality: Models, Reasoning, and Inference. 2. ed. Cambridge: Cambridge University Press, 2009. Fonte fundacional para aprendizagem causal.

PEARL, Judea; MACKENZIE, Dana. The Book of Why: The New Science of Cause and Effect. New York: Basic Books, 2018. Formulação acessível da escada da causalidade e do raciocínio contrafactual.

PRATT, Lorien Y.; MALCOLM, N. E. The Decision Intelligence Handbook. Sebastopol: O'Reilly Media, 2023. Apoio para o campo mais amplo da inteligência decisória.

SIMON, Herbert A. Models of Man, Social and Rational. New York: John Wiley & Sons, 1957. Fonte fundacional sobre racionalidade limitada.

SIMON, Herbert A. "Rational Decision Making in Business Organizations." American Economic Review, v. 69, n. 4, p. 493–513, 1979. Apoio para *satisficing* e decisão organizacional sob restrições.

STAW, Barry M. "Knee-Deep in the Big Muddy." Organizational Behavior and Human Performance, v. 16, n. 1, p. 27–44, 1976. Apoio para escalada de compromisso como risco de governança decisória.

TETLOCK, Philip E.; GARDNER, Dan. Superforecasting. New York: Crown, 2015. Apoio para calibração, disciplina preditiva e revisão de crenças.

TOULMIN, Stephen. Human Understanding: The Collective Use and Evolution of Concepts. Princeton: Princeton University Press, 1972. Apoio metadisciplinar para formação de disciplinas como estabilização coletiva de conceitos e critérios.

2. Tradições adjacentes explicitamente distintas de DIG

OBJECT MANAGEMENT GROUP. Decision Model and Notation (DMN). DMN modela decisões de negócio e regras de negócio. DIG governa compromisso material, evidência, responsabilidade, contexto e aprendizagem.

PFEFFER, Jeffrey; SUTTON, Robert I. Hard Facts, Dangerous Half-Truths, and Total Nonsense. Boston: Harvard Business Review Press, 2006. Apoio para gestão baseada em evidências como tradição vizinha.

ROUSSEAU, Denise M. "Is There Such a Thing as Evidence-Based Management?" Academy of Management Review, v. 31, n. 2, p. 256–269, 2006. Base acadêmica para uso gerencial disciplinado de evidências.

SPETZLER, Carl; WINTER, Hannah; MEYER, Jennifer. Decision Quality. Hoboken: Wiley, 2016. Apoio para qualidade decisória como tradição vizinha, distinta de DIG.

3. Referências normativas, regulatórias e de governança

DAMA INTERNATIONAL. DAMA-DMBOK: Data Management Body of Knowledge. 2. ed. Bradley Beach: Technics Publications, 2017; DAMA-DMBOK 2.0 Revision, 2024. Referência central de governança de dados e precedente disciplinar. A revisão de 2024 é tratada como atualização de manutenção, não como novo objeto de governança.

ISACA. COBIT 2019 Framework: Governance and Management Objectives. Schaumburg: ISACA, 2019. Referência para governança e gestão de informação e tecnologia empresarial.

ISO. ISO 31000:2018 Risk Management — Guidelines. Geneva: ISO, 2018. Referência para risco como efeito da incerteza sobre objetivos e para proporcionalidade por contexto.

ISO/IEC. ISO/IEC 23894:2023 — Artificial intelligence — Guidance on risk management. Geneva: ISO/IEC, 2023. Referência adjacente para gestão de riscos relacionados à IA.

ISO/IEC. ISO/IEC 42001:2023 — Artificial intelligence — Management system. Geneva: ISO/IEC, 2023. Referência para sistemas de gestão de IA, distinta da governança do compromisso que usa saídas de IA.

ISO/IEC. ISO/IEC 42005:2025 — Artificial intelligence — AI system impact assessment. Geneva: ISO/IEC, 2025. Referência adjacente para avaliação de impacto de sistemas de IA e suas aplicações previsíveis.

EUROPEAN UNION. Regulation (EU) 2024/1689 — Artificial Intelligence Act. Official Journal of the European Union, 2024. Referência para regulação de IA baseada em risco, transparência, supervisão humana e proporcionalidade.

NIST. Artificial Intelligence Risk Management Framework (AI RMF 1.0). Gaithersburg: National Institute of Standards and Technology, 2023. Referência para governança voluntária de riscos de IA, com funções de governar, mapear, medir e gerenciar.

NIST. Artificial Intelligence Risk Management Framework: Generative Artificial Intelligence Profile (NIST AI 600-1). Gaithersburg: NIST, 2024. Referência para riscos específicos de IA generativa e considerações de confiabilidade.

FEDERAL RESERVE. SR 26-2 — Revised Guidance on Model Risk Management. Board of Governors of the Federal Reserve System, 2026. Referência supervisória atual de gestão de risco de modelos para organizações bancárias supervisionadas pelo Federal Reserve; SR 11-7 permanece como referência histórica.

EUROPEAN UNION. Regulation (EU) 2022/2554 — Digital Operational Resilience Act (DORA). Official Journal of the European Union, 2022. Referência para resiliência operacional digital no setor financeiro europeu e risco de terceiros de TIC.

BASEL COMMITTEE ON BANKING SUPERVISION. BCBS 239 — Principles for Effective Risk Data Aggregation and Risk Reporting. Basel: BIS, 2013. Referência para agregação de dados de risco e reporte de risco em bancos; apoia tomada de decisão, mas não origina DIG.

4. IA, RAG, segurança e contexto setorial

GARTNER. AI Trust, Risk and Security Management (AI TRiSM). Referência de mercado e operação para confiança, risco, segurança, monitoramento e proteção em implantações de IA.

OWASP. Top 10 for Large Language Model Applications, 2025. Referência para riscos de segurança em aplicações de modelos de linguagem, como injeção de *prompt*, tratamento inseguro de saída, envenenamento de dados e vulnerabilidades de cadeia de suprimentos.

EUROPEAN BANKING AUTHORITY. Special topic — Artificial intelligence. Contexto setorial para adoção de IA em bancos europeus, incluindo IA generativa e preocupações relacionadas a RAG.

BANK FOR INTERNATIONAL SETTLEMENTS / Financial Stability Institute e materiais IFC sobre IA e IA generativa em instituições financeiras e bancos centrais. Contexto institucional para RAG, IA generativa, modelos de terceiros, APIs em nuvem e preocupações supervisórias em ambientes de alta maturidade.

EUROPEAN CENTRAL BANK. Guide on effective risk data aggregation and risk reporting, 2024. Contexto supervisório que mostra desafios persistentes de agregação e reporte de dados de risco em instituições significativas.

5. Sinais de mercado e ecossistema

GARTNER. Magic Quadrant for Decision Intelligence Platforms. janeiro de 2026. Sinal de reconhecimento de mercado para arquiteturas centradas em decisões, não prova disciplinar primária.

OpenDI. Open Decision Intelligence Standards e materiais introdutórios. Sinal de movimento do ecossistema em direção à estruturação e interoperabilidade de decisões.

KOZYRKOV, Cassie. "Introduction to Decision Intelligence." Medium, 2 ago. 2019. Usado para situar inteligência decisória como campo, não como fundamento isolado de DIG.

MCKINSEY GLOBAL INSTITUTE. Big Data: The Next Frontier for Innovation, Competition, and Productivity. 2011. Contexto histórico para crescimento de dados e analytics.

MCKINSEY & COMPANY. The State of AI: Global Survey 2025. Sinal contextual de adoção de IA e desafios de escala.

Nota final: este mapa de fontes é deliberadamente hierárquico. DIG não se apoia apenas em sinais de mercado. Sinais de mercado indicam relevância; fontes acadêmicas, normativas, regulatórias e supervisórias têm papel evidencial mais forte no argumento.

C — Índice das cinco condições

As cinco condições abaixo definem o núcleo mínimo sem o qual DIG não existe em sentido forte. Elas não são boas práticas opcionais; são o limiar do compromisso governado. Sua manifestação pode ser mais leve ou mais densa conforme a proporcionalidade, mas nenhuma deve desaparecer quando uma decisão se torna materialmente consequente.

Condição	**Definição**	**Pergunta principal**	**Momento do ciclo**
C1 Rastreabilidade do compromisso	O compromisso deve ser reconstruível entre alternativas, evidências, responsabilidade e contexto.	A decisão pode ser reconstruída depois?	Compromisso
C2 Qualificação da evidência	A base evidencial deve ser visível quanto a tipo, robustez, aderência ao contexto e limitações.	Que tipo de evidência sustentou o compromisso?	Pré-compromisso e compromisso
C3 Separação decisão-contexto	O resultado deve ser distinguido, de modo ao menos razoável, entre o que plausivelmente decorreu da decisão e o que decorreu do contexto paralelo.	Como aprender sem confundir resultado e causa?	Pós-compromisso
C4 Comparabilidade	Compromissos de perfil semelhante devem poder ser comparados ao longo do tempo.	A aprendizagem pode se tornar cumulativa?	Pós-compromisso
C5 Atribuição fiduciária de responsabilidade	O compromisso deve ser rastreável a uma autoridade humana ou organizacional identificável.	Quem assumiu o julgamento que converteu evidência em compromisso?	Compromisso

As cinco condições devem ser lidas em conjunto. Rastreabilidade sem qualificação de evidência produz compromisso visível, mas frágil. Qualificação de evidência sem responsabilidade produz documentação técnica sem titularidade fiduciária. Aprendizagem sem separação decisão-contexto vira retrospectiva. Comparabilidade sem definição estável de decisão vira arquivo de casos diferentes. Responsabilidade sem reconstrução vira atribuição formal sem governança.

D — Guia de leitura por perfil

A obra foi concebida para leitura integral, mas diferentes leitores podem precisar de portas de entrada distintas. Os caminhos abaixo são sugestões, não restrições.

Lideranças executivas e conselhos — Prefácio → Capítulos 1–3 → Capítulos 9–12 → Capítulos 15–17. Pergunta central: a organização consegue demonstrar a qualidade dos compromissos por meio dos quais dados e IA se tornam consequência?

Líderes de dados e governança de dados — Capítulos 1, 3, 8, 11, 13 e 17. Pergunta central: onde dados governados se tornam base evidencial para compromisso governado?

Líderes de IA, analytics e plataformas de inteligência decisória — Capítulos 2, 9, 11, 12, 13 e Apêndice E. Pergunta central: como a capacidade centrada em decisões pode se tornar governável no compromisso, e não apenas automatizável?

Profissionais de risco, conformidade e auditoria interna — Capítulos 3, 6, 7, 10, 11, 12, 16 e Apêndice C. Pergunta central: a organização consegue auditar o compromisso, e não apenas o sistema, o dado, o risco ou o resultado?

Pesquisadores e leitores acadêmicos — Leitura integral, com atenção especial aos Capítulos 4–9, Capítulo 17 e Apêndice B. Pergunta central: o objeto é suficientemente distinto para justificar uma subdisciplina emergente?

Construtores de metodologia e *frameworks* — Capítulos 10–13, Apêndice C e Apêndice F. Pergunta central: quais instrumentos operacionalizariam a disciplina sem reduzi-la a burocracia?

Lideranças setoriais — Capítulos 12, 14, 15, 16 e Apêndice F. Pergunta central: como o núcleo estável de DIG varia conforme materialidade setorial, regulação, dependência de IA e reversibilidade?

E — Relação com OpenDI, padrões abertos e DMN

DIG deve ser posicionado em relação a padrões abertos e iniciativas de modelagem de decisões sem ser absorvido por eles. Este apêndice esclarece essa relação porque ela tende a ser importante para adoção, desenho de plataformas, metodologia futura e diálogo institucional.

OpenDI e DIG

OpenDI opera no ecossistema mais amplo da inteligência decisória. Sua contribuição principal está na formalização tecnológica e estrutural da decisão: modelagem, interoperabilidade, representação e conexão entre componentes decisórios. DIG opera em outro plano. Formaliza a governança do compromisso que essas estruturas podem ajudar a informar.

A relação é complementar. OpenDI pode ajudar a tornar decisões mais estruturadas e interoperáveis. DIG pergunta se o compromisso sustentado por essas estruturas foi assumido sob condições de evidência qualificada, responsabilidade atribuível, rastreabilidade e aprendizagem. Um esclarece estrutura; o outro governa compromisso.

DMN e DIG

Modelo e Notação de Decisão (DMN) é um padrão adjacente muito relevante porque modela decisões de negócio e regras de negócio com precisão. É especialmente útil para decisões repetíveis, regras e lógica decisória. DIG não deve ignorar DMN; deve se distinguir dele.

A distinção é direta: DMN ajuda a especificar como uma decisão de negócio ou regra é modelada. DIG governa o compromisso material que trata evidências, regras, saídas de modelos, riscos e julgamento como base suficiente para ação organizacional. DMN pode apoiar a camada decisória; não substitui a governança do compromisso.

Padrões abertos e metodologia futura de DIG

Uma metodologia futura derivada de DIG poderá precisar dialogar com catálogos de dados, inventários de modelos, sistemas de fluxo de trabalho, plataformas decisórias, repositórios de auditoria, ferramentas de governança de IA, bases de conhecimento RAG e padrões de modelagem de decisões. Essa futura articulação técnica não deve ser confundida com a tese disciplinar da obra. A disciplina vem primeiro: o compromisso decisório material deve ser tratado como objeto governável. Só depois os artefatos de implementação podem ser desenhados com responsabilidade.

F — Da orientação por dados à centralidade decisória: horizonte metodológico

Este apêndice consolida a transição organizacional que aparece ao longo da obra. Ele não introduz uma metodologia pronta. Identifica o horizonte que uma metodologia futura baseada em DIG precisará desenvolver, testar e validar.

Estágio	Centro de gravidade	Relevância de DIG
Consciência sobre dados	Reconhecimento de que dados importam.	Mostra que a decisão informal já não é suficiente.
Orientação por dados	Uso sistemático de dados e análises para informar ações.	Mostra a diferença entre *insight* e compromisso.
Consciência decisória	Reconhecimento de que algumas decisões são materiais e merecem tratamento explícito.	Introduz a necessidade de inventários de decisões e rastreabilidade do compromisso.
Centralidade decisória	Dados, análises, IA, papéis e aprendizagem são organizados ao redor das decisões materiais.	Torna visível a camada decisória como objeto de governança.
Inteligência decisória em escala	Inteligência decisória, IA, automação e aprendizagem operam em escala.	Aumenta a necessidade de governar saídas, responsabilidade e evidência no último trecho.

Governança habilitada por DIG	Compromissos materiais são rastreáveis, evidencialmente qualificados, atribuíveis, comparáveis e aprendíveis.	Representa governança institucionalizada do compromisso, não apenas ferramental decisório avançado.

O horizonte metodológico futuro pode ser formulado de modo mais concreto. Uma metodologia derivada de DIG precisaria, ao menos, dos instrumentos abaixo, sempre proporcionais à materialidade, reversibilidade, dependência de IA e efeito acumulado:

Instrumento futuro	**Finalidade**	**Por que importa**
Inventário de decisões	Identificar decisões materiais e classificá-las por perfil.	Sem inventário, decisões permanecem eventos difusos, não objetos governáveis.
Registro do Compromisso Decisório	Registrar compromisso, alternativas, evidências, contribuição de IA, responsabilidade e contexto.	Sem registro, o compromisso não pode ser reconstruído.
Gramática de evidências	Classificar evidências por tipo, robustez, contexto e limitações.	Sem qualificação, volume de informação substitui qualidade epistemológica.
Matriz humano-IA de responsabilidade	Esclarecer se a IA atuou como insumo, recomendação, base predominante ou execução delegada.	Sem essa distinção, a responsabilidade pode se dissolver no sistema.
Rastreabilidade de fontes em RAG	Rastrear fontes recuperadas, versões, autoridade, conflitos e síntese gerada.	Sem rastreabilidade da fonte, a geração fundamentada pode ser superestimada.
Ciclo de aprendizagem decisória	Comparar expectativa, resultado, contexto e interpretação causal.	Sem aprendizagem, a organização acumula memória, mas não capital decisório.
Lógica de maturidade	Avaliar a consistência das cinco condições mínimas na organização.	Sem lógica de maturidade, a adoção permanece episódica e difícil de institucionalizar.

Este horizonte deve ser lido com contenção. Ele indica para onde a disciplina aponta; não afirma que a obra já entregou um método validado. A sequência adequada permanece: primeiro o objeto, depois a disciplina, depois os instrumentos, depois a metodologia, depois validação empírica e adoção institucional.

Sobre o Autor

Quando iniciei minha trajetória neste campo, ainda nos anos 1990, um dos meus primeiros contatos foi com o DSS Agent, tecnologia da MicroStrategy. Já naquele momento se falava em sistemas de apoio à decisão, tema que permaneceu próximo do centro do meu trabalho profissional. Nesse sentido, considero-me parte de uma geração pioneira no Brasil que acompanhou de perto o surgimento e a transformação desse universo.

Desde então, permaneci continuamente envolvido com dados, análises, modelagem, indicadores, plataformas analíticas e tomada de decisão. Trabalhei muitas vezes de forma discreta, mas discrição nunca significou distância do problema. Significou observá-lo de perto, aprender com ele na prática e acompanhar as sucessivas eras pelas quais o campo passou: DSS, *data warehouse*, OLAP, inteligência de negócios, *big data*, aprendizado de máquina, *stack* moderno de dados, governança de dados, IA e, agora, inteligência decisória.

Uma parte significativa do meu trabalho foi dedicada a transformar modelos de negócio, indicadores e regras em estruturas de dados e ambientes analíticos utilizáveis. Muito dessa construção ocorreu antes que os *frameworks* hoje mais consolidados existissem. Foi, em larga medida, um trabalho pioneiro: traduzir lógica de negócio em estruturas capazes de apoiar decisões.

Durante a maior parte da minha carreira, atuei do lado de quem fornece soluções, plataformas e capacidades ao mercado. Essa posição não diminui a autoridade da observação. Ao contrário, permitiu enxergar, em diferentes setores e organizações, onde o atrito aparece repetidamente: entre tecnologia e operação, dados e julgamento, recomendação e responsabilidade, capacidade e valor.

É dessa trajetória que esta obra nasce. Depois de muitos anos acompanhando a evolução do campo, proponho aqui um novo eixo organizador: a decisão no centro. Não apenas dados, nem apenas modelos, nem apenas tecnologia, mas o ponto em que tudo isso se converte em compromisso organizacional consequente.

Uma última clarificação é necessária. A inteligência artificial foi utilizada como apoio na construção desta obra. Ela não escreveu o livro de forma autônoma. O enquadramento do problema, a modelagem conceitual, a arquitetura editorial, a curadoria e o julgamento final sobre o conteúdo foram conduzidos pelo autor. A IA serviu como apoio em pesquisa, organização, iteração e estruturação. O resultado, portanto, não é substituição humana, mas combinação deliberada entre cognição humana e capacidade aumentada por IA — algo que, por si só, pertence à transição que este livro examina.

Matias Rein
www.linkedin.com/in/matias-rein

www.ingramcontent.com/pod-product-compliance
Lightning Source LLC
LaVergne TN
LVHW040341051026
849518LV00001B/262
* 9 7 8 6 5 0 2 0 8 3 2 3 9 *